AF287113

Tel.: 01805 / 30 99 99
(0,14 €/Min., Mobil max. 0,42 €/Min.)
www.buchredaktion.de

Katrin Rohnstock, Jahrgang 1960, ist Geschäftsführerin des Unternehmens Rohnstock Biografien, das sich auf das Schreiben von Autobiografien, Familien- und Firmengeschichten spezialisiert hat. Seit 2012 widmet sich die Germanistin auch einem Projekt zur Erkundung der DDR-Wirtschaftsgeschichte. Als Autorin und Herausgeberin legte sie zahlreiche Publikationen vor, u. a. *Mein letzter Arbeitstag. Abgewickelt nach 89/90. Ostdeutsche Lebensläufe* (edition berolina, 2014) und *LPG. Zwangskollektivierung oder Zukunftsmodell?* (edition berolina, 2015).

Die Kombinatsdirektoren

Jetzt reden wir weiter!

Neue Beiträge zur DDR-Wirtschaft und was daraus zu lernen ist

Herausgegeben von ROHNSTOCK BIOGRAFIEN

b edition berolina

ROHNSTOCK BIOGRAFIEN

Die in diesem Band versammelten Beiträge basieren zum Großteil auf ausgewählten Wirtschafts-Erzählsalons mit ehemaligen DDR-Kombinatsdirektoren, veranstaltet vom VEREIN ZUR FÖRDERUNG LEBENSGESCHICHTLICHEN ERINNERNS UND BIOGRAFISCHEN ERZÄHLENS e.V. in Kooperation mit ROHNSTOCK BIOGRAFIEN in den Jahren 2013/14. Die Texte wurden aufgeschrieben und bearbeitet von Katrin Rohnstock, Antje Käske, Ralf Pasch und Levin D. Röder.

**ROHNSTOCK
BIOGRAFIEN**

www.rohnstock-biografien.de

ℰ𝑏 edition berolina

ISBN 978-3-95841-058-9

2. Auflage
Alexanderstraße 1
10178 Berlin
Tel. 01805/30 99 99
FAX 01805/35 35 42
(0,14 €/Min., Mobil max. 0,42 €/Min.)

© 2017 by BEBUG mbH / edition berolina, Berlin
Redaktion: Levin D. Röder, Antje Käske
Mitarbeit: Julia Langhans, André Simon, Maximilian Mrachacz
Lektorat: Gitte Hartung, Ruth Haake
Fotos: Antje Käske, Sebastian Bertram
Umschlaggestaltung: BEBUG mbH, Berlin
Druck und Bindung: GGP Media GmbH, Pößneck

www.buchredaktion.de

Inhalt

Katrin Rohnstock

Grußwort der Herausgeberin

Liebe Leserinnen und Leser,

als wir das Projekt »Generaldirektoren erzählen« am 21. September 2012 mit der Tagung »Krise und Utopie. Was heute aus der DDR-Planwirtschaft für ein zukünftiges Wirtschaften gelernt werden kann« aus der Taufe hoben, hätte niemand gedacht, ja, geglaubt, dass wir 2016 einen zweiten Band der »Kombinatsdirektoren« publizieren würden. Die DDR-Wirtschaft schien mit der Wiedervereinigung 1990 erledigt zu sein. Spätestens Mitte der 1990er Jahre sollte der marode Kuchen der »Mangelwirtschaft« gewöhnlich durch die »Treuhänder« der siegreichen Marktwirtschaft verteilt/entsorgt sein.

Wir haben uns dem kollektiven Vergessen und der Meinung entgegengestellt, dass es nichts zu erinnern, nichts zu erfahren, nichts zu lernen gibt aus der 40-jährigen Anstrengung, eine lebenswerte Alternative zur kapitalistischen Weltordnung zu entwerfen.

Der vorliegende Band versammelt ausgewählte Beiträge der mittlerweile 50 Erzählsalons, die wir seit 2012 monatlich im Salon von ROHNSTOCK BIOGRAFIEN veranstalteten. In jeden dieser Salons luden wir einen Generaldirektor eines zentralgeleiteten DDR-Kombinats ein, uns teilhaben zu lassen an der Entwicklung seiner Wirkungsstätte. Im zweiten Teil der Veranstaltung tauschen sich 20 bis 50 Kollegen, Mitstreiter und Wirtschaftsexperten über die geschilderten Ereignisse aus, ergänzen, widersprechen, relativieren. Wir haben uns bemüht, in der vorliegenden Publikation die Lebendigkeit, Widersprüch-

lichkeit und Komplexität der Auseinandersetzungen ein-
zufangen. Dabei ergaben sich viele Fragen, die das Buch
nicht beantwortet. Unsere Hoffnung ist, dass Sie, liebe
Leserinnen und Leser, mithelfen, Antworten zu finden.

Die Vielzahl der vorgetragenen Standpunkte verdeut-
licht zugleich, dass die Meinungen der sogenannten No-
menklatura alles andere als homogen waren. So haben
uns die Beiträger immer wieder vor Augen geführt, wie
viele Vorschläge eingebracht, wie viele Konzepte und
Strategien entwickelt und ausprobiert, wie differenziert
Ansichten und Vorbehalte diskutiert wurden. In ihnen
spiegeln sich die Konflikte der DDR-Wirtschaftsentwick-
lung.

Konflikte sind das Zentrum von Geschichten – jede
Geschichte handelt an einem konkreten Ort, zu einer bestimmten Zeit, mit einzigartigen Charakteren. Sie erzählt,
indem sie Handlungen wie Perlen auf eine Kette fädelt,
einen Entwicklungsprozess. Dieser rote Faden ist der
Spannungsbogen der Geschichte, wie wir sie verstehen:
als vielstimmigen Chor von Menschen, die sie gelebt, erfahren und reflektiert haben. Auf diese Weise hoffen wir
den Vorurteilen zu entkommen, die sich als Patina der
herrschenden Geschichtsauffassung auf der Erinnerung
an den vergangenen Staat abgelagert haben.

Wir wollten aber auch einen Rückfall in die zu
DDR-Zeiten gebildeten Stigmatisierungen verhindern,
die zwischen Verherrlichung und selbstkritischer Zer-
fleischung schwankten. Es ging uns darum, lebendig zu
erkunden, welche Konfliktstrukturen es gab und wie damit umgegangen wurde.

Dieses konkrete Herangehen war für die Protagonisten
unserer Salons ebenso ungewöhnlich und überraschend
wie die Ergebnisse, die sie zutage förderten: Gewohnt,
Referate zu halten, Standpunkte zu vertreten und State-

ments abzugeben, mussten sich die Kombinatsdirektoren öffnen, Handlungen nachvollziehbar schildern, den Zuhörern die Zusammenhänge erklären. Die sich daraus ergebende Demut gegenüber dem geschilderten Gegenstand ist es, welche die in diesem Buch versammelten Geschichten so sympathisch und authentisch macht.

Wir sind davon überzeugt, dass sich die DDR-Wirtschaft nur volkswirtschaftlich verstehen lässt. Deshalb versucht dieser zweite Band einen Bogen zu schlagen von der Rohstoff- und Energiewirtschaft über die Preispolitik bis hin zur Konsumgüterproduktion. Dazu haben wir von insgesamt 50 Generaldirektoren-Erzählsalons 11 ausgewählt. Wir haben die Veranstaltungen, die immer nach dem gleichen Schema ablaufen – Anmoderation, Vortrag, Diskussion – mitgeschnitten, abgeschrieben und bearbeitet. In zwei Fällen konnten wir nicht auf die lebendigen Erzählungen zurückgreifen. Einmal (bei Wolfgang Neupert vom *VEB Kombinat Sportgeräte Schmalkalden*) hatte das Tonbandgerät versagt. Und im Fall von Mikroelektronik-Staatssekretär Karl Nendel, der aus gesundheitlichen Gründen nicht zur Verfügung stand, entschieden wir uns, einen Auszug aus seiner Autobiografie zu veröffentlichen, an der wir derzeit arbeiten.

Ergänzt werden die Erfahrungsberichte der Kombinatsdirektoren durch Kurzportraits der Protagonisten/ Diskussionsteilnehmer sowie ein Glossar zu Begriffen aus der DDR-Ökonomie.

Mit den in diesem Band versammelten Beiträgen ist der Stoff, den die ehemaligen Protagonisten der DDR-Wirtschaft zu bieten haben, weder erschöpfend erkundet noch dargestellt. Jeder Industriezweig, jedes Kombinat hat seine Besonderheiten. Um die Erfahrungen der Menschen, die darüber Auskunft erteilen können, zu erhalten, sind wir auf der Suche nach Unterstützung. In der Hoffnung, dass die Beiträge dieses Buches Ihre Neugier auf die DDR-Wirtschaft wecken, wünschen wir eine anregende Lektüre!

Über Ihre Meinung, liebe Leserin, lieber Leser, freuen wir uns unter *www.kombinatsdirektoren.de.*

Wir bedanken uns bei allen Erzählerinnen und Erzählern für ihre Offenheit und ihr Vertrauen! Dem *Verein zur Förderung lebensgeschichtlichen Erinnerns und biografischen Erzählens* und insbesondere Bettina Kurzek danke ich für die jahrelange Unterstützung und fachliche Betreuung des Projekts. Mein besonderer Dank gilt dem Wirtschaftshistoriker Prof. Dr. Jörg Roesler, der uns bei allen Erzählsalons als wissenschaftlicher Berater zur Seite stand und uns die Beiträge der Generaldirektoren in ihrem jeweiligen historischen Kontext erklärte.

Berlin, im Oktober 2016

Jörg Roesler

Strukturpolitische Entwicklungen der DDR-Industrie

Das Wirtschaftssystem der DDR wurde bewusst als Gegenmodell zum marktverfassten kapitalistischen System in der Bundesrepublik geschaffen. Den SED-Vorstellungen lagen weniger die spärlichen Hinweise von Marx und Engels über die sozialistische Gesellschaftsordnung zugrunde als die Ablaufschemata der sowjetischen Planung. Das sowjetische Planungssystem hatte sich während der Weltwirtschaftskrise 1929–1932 und der Verteidigung gegen die deutsche Aggression im Zweiten Weltkrieg durch hohe Wachstumsraten bewährt. Der Grundgedanke jenes Planungssystems war es, die nationale Wirtschaft bis hin zu den Betrieben zentral zu koordinieren und zu lenken.

Voraussetzung dafür war die Verstaatlichung der Großbetriebe. Die Bevölkerung wurde befragt, ob sie für die Überführung des Firmeneigentums der Naziaktivisten und Kriegsverbrecher in staatliches Eigentum sei. Sie sprach sich im Juni 1946 im industriereichen Sachsen zu 77,6 Prozent dafür aus. Daraufhin wurde im zweiten Halbjahr 1946 die gesamte Großindustrie der Sowjetischen Besatzungszone (SBZ) in Staatseigentum überführt. Im Dezember 1946 fand eine Abstimmung über Enteignung beziehungsweise Staatsaufsicht von Konzernen und Banken in Hessen statt – mit fast identischem Ergebnis: 72 Prozent stimmten dafür. Während in Hessen zunächst die amerikanische Besatzungsmacht und später die Verfassung der Bundesrepublik die Verwirklichung des Volkswillens verhinderte, entstand in der Sowjetischen Besatzungszone bis 1948 in der Industrie der volkseigene Sektor als Grundlage für eine Volkswirtschaftsplanung nach dem Vorbild der UdSSR.

Anders als in der Sowjetunion konnte die Planwirtschaft in der DDR in einem hochentwickelten Industrieland umgesetzt werden. Auf das DDR-Gebiet entfiel mit Sachsen eines der drei wichtigsten Industriegebiete des Deutschen Reichs. (Die anderen waren das Ruhrgebiet und Oberschlesien.) Die DDR verfügte, nicht zuletzt im Ergebnis des weiterentwickelten preußischen Schulsystems im Vergleich zum europäischen Standard, über eine gut ausgebildete Bevölkerung, die motiviert war, für die Wiedererreichung des »Friedensniveaus« hart zu arbeiten.

Trotz der relativ günstigen gesellschaftlichen Voraussetzungen für die planmäßige Gestaltung der Wirtschaft bestand für die SED jahrelang keine Möglichkeit, eine eigene Wirtschaftsstrategie zu entwickeln. Entscheidungen ergaben sich vor allem aus den konkreten Umständen, die im Folgenden erläutert werden.

Antwort auf auferlegte Zwänge

Drei Handicaps wurden den Begründern der ostdeutschen Planwirtschaft gewissermaßen in die Wiege gelegt: Reagiert werden musste *erstens* auf die Kriegszerstörungen. Diese betrafen etwa 40 Prozent der gesamten ostdeutschen Industriekapazität. 1500 Großbetriebe sowie 8000 kleine und mittlere Betriebe waren (teil-)zerstört worden. Die erste industriepolitische Aufgabe war es daher, die betroffenen Anlagen instand zu setzen. Da Mittel für Neuinvestitionen völlig fehlten, war dies eine Aufgabe, die nur unter großem persönlichen Einsatz der Betriebsbelegschaften Erfolg versprach und dank der »Aktivisten der ersten Stunde« auch gelang. Dabei wurden die Industriestrukturen, wie sie sich im Gebiet zwischen Elbe/Saale und Oder/Neiße historisch entwickelt hatten, wiederhergestellt. Diese Strukturen waren geprägt durch ein Übergewicht der verarbeitenden Industrie, vor allem der Textilindustrie sowie des Leichtmaschinenbaus (Werkzeug-/Elektromaschinenbau).

Zweitens hatte die Industriepolitik in der SBZ auf die Reparationslasten zu reagieren, das heißt auf Demontagen und Entnahmen aus der laufenden Produktion zugunsten der Sowjetunion. Die in ganz Deutschland vorgesehenen, aber in den Westzonen kaum unternommenen Demontagen sollten sich laut Potsdamer Abkommen auf das militärisch nutzbare Industriepotenzial beschränken, das auf Vorkriegsniveau zu reduzieren war. Tatsächlich aber hatten in den letzten Kriegsjahren alle Industriezweige kriegswichtige Güter produziert, sodass es durch die Demontagen in der SBZ zu einer »industriellen Abrüstung« in fast allen Branchen kam.

Welche Betriebe in welchem Ausmaß demontiert werden, war lange ungeklärt. Deshalb konnten die Ostdeutschen nur versuchen, auf die sowjetischen Kommandanten dahingehend einzuwirken, dass sie arbeitsfähige Restkapazitäten übrig ließen, von denen aus eine Wiederbelebung der betrieblichen Produktion erfolgen konnte.

Im Frühjahr 1948 fanden die letzten größeren Demontagen statt. Insgesamt fielen den Demontagen 30 Prozent der Industriekapazität der Ostzone zum Opfer. Zum Vergleich: In den Westzonen waren es etwa 3 Prozent.

In der SBZ/DDR liefen die Reparationen bis August 1953 teilweise in Form von »Entnahmen aus der laufenden Produktion« weiter, vor allem als Lieferungen derjenigen ostdeutschen Unternehmen, die 1946 (bis Ende 1953) als SAG-Betriebe sowjetisches Eigentum waren. Ihr Produktionsumfang entsprach in den ersten acht Nachkriegsjahren 22 Prozent des ostdeutschen Bruttosozialprodukts. Der Gesamtumfang der Reparationenleistungen der SBZ/DDR wird von Wirtschaftshistorikern mit 54 Mrd. RM/DM zu laufenden Preisen angegeben.

Widrige Umstände für die Entwicklung der ostdeutschen Industrie entstanden *drittens* ab 1948 im Ergebnis des beginnenden Kalten Krieges zwischen USA und UdSSR. Über den Marshallplan wurde Westeuropa wirtschaftlich an die USA angebunden. Der Handel der Marshallplan-Länder, zu denen auch die Besatzungszonen der Westalliierten gehörten, mit dem »kommunistischen Osteuropa« wurde auf amerikanisches Betreiben weitgehend abgewürgt. Auf der Grundlage des »US-Export Control Act« wurde im November 1949 mit CoCom (»Coordinating Committee on Multilateral Export Controls«) in Paris eine Institution geschaffen, die auf der Grundlage einer von ihr verfassten »Negativliste« entschied, welche Güter die Marshallplan-Länder nicht in den Osten exportieren durften. Sie gliederten sich in die Klassen I (Totalembargo), II (quantitative Ausfuhrbeschränkungen) und III (ständige Handelsüberwachung von Gütern, die bei verschärften Spannungen in I und II überführt werden konnten). Das über 40 Jahre währende Embargo wurde zu einem der größten Hemmnisse der wirtschaftlichen Entwicklung in der DDR und den anderen Ostblockstaaten, denn sie wurden damit vom industriell-technischen Fortschritt in der Welt abgeschnitten.

Ein großes Problem für die ostdeutsche Nachkriegswirtschaft war: Die verarbeitende Industrie des mitteldeutschen Raumes war von der Zufuhr von Rohstoffen und Vormaterialien aus den anderen Teilen Deutschlands abhängig. Was die ostdeutsche Industrie an Steinkohle und Eisenerz, an Walzwerk-Erzeugnissen, Blechen, an Schmiede- und Pressstücken benötigte, hatte sie bis dahin nur zu einem Bruchteil des Bedarfs selbst produziert.

Mit dem Einsetzen der Blockaden und Gegenblockaden 1948 und der Kleinhaltung des Warenaustauschs zwischen den traditionellen Herstellergebieten im sogenannten Interzonenhandel entstanden in der SBZ/DDR ökonomische Disproportionen, die das Funktionieren der gesamten ostdeutschen Industrie stark behinderten. Die durch das Embargo entstehenden Lieferlücken konnten nur in einigen Bereichen durch rasche Erhöhung der eigenen Produktion und durch Importe aus der Sowjetunion und Polen ausgeglichen werden. Deshalb wurde der Auf- und Ausbau von Betrieben der Schwerindustrie, etwa der Bau des *Eisenhüttenkombinats Ost*, zum vorrangigen Ziel der Industriepolitik der DDR. Mit großem Investitionsaufwand und nur mit hohen Herstellungskosten gelang es, den einzigen in Ostdeutschland reichlich vorhandenen Rohstoff Braunkohle für die Koksgewinnung zu nutzen. In Calbe an der Elbe wurde bis Mitte 1953 ein Werk gebaut, in dem auf der Grundlage eines eigens dafür entwickelten Verfahrens aus Braunkohle hüttenfähiger Koks erzeugt wurde. Und in der Lausitz wurde 1955 das Braunkohleverarbeitungswerk *Schwarze Pumpe* eingeweiht, das die Elektro- und Gasenergie herstellte, die für den industriellen Aufbau der DDR benötigt wurde.

Zum Mangel an Rohstoffen gesellte sich seit Mitte der 1950er Jahre der Mangel an Arbeitskräften. Der resultierte daraus, dass zwischen 1951 und 1961 pro Jahr zwischen 100 000 und 350 000 Personen aus der DDR in die Bundesrepublik »abhauten«. Der Anteil durch die zuständigen Bundesbehörden anerkannter politischer Flüchtlinge lag in diesem Zeitraum bei durchschnittlich 14,2 Prozent. Die besten Chancen für den erhofften Aufstieg in der Bundesrepublik hatten gut ausgebildete DDR-Bürger. Der Bielefelder Wirtschaftshistoriker Werner Abelshauser hat die Bedeutung dieser Einwanderung für das westdeutsche »Wirtschaftswunder« hervorgehoben. »Der Ost-West-Transfer von Humankapital in Höhe von jährlich 2,6 Mrd. DM – im Durchschnitt von zwölf Jahren – übertraf das Ausmaß der Marshallplanhilfe für die Bundesrepublik bei Weitem.« Die Staatliche Plankommission bezifferte Ende 1962 den durch die Abwanderung von Arbeitskräften für die DDR entstandenen Verlust in Form von Produktionsausfällen auf rund 120 Mrd. Mark. Daraus ist ersichtlich: Die Entscheidung der DDR-Regierung, ihre Westgrenze zur Bundesrepublik zu schließen, war vor allem ökonomisch begründet.

Der Mangel an Rohstoffen, verursacht durch die Embargomaßnahmen, blieb bis 1957 chronisch. Dann entschloss sich Chruschtschow, den »Frontstaat« DDR wirtschaftlich zu stärken, und versprach, den Rohstoffbedarf der DDR-Industrie kontinuierlich zu sichern. Chruschtschow hatte die Absicht, die Überlegenheit des sozialistischen Systems unter Bedingungen der friedlichen Koexistenz im wirtschaftlichen Wettbewerb zu beweisen. In diesem Wettbewerb kam seiner Meinung nach dem hochentwickelten Industrieland DDR eine besondere Rolle zu. Ab 1958 lieferte die UdSSR jährlich circa 3,3 Mio. Tonnen Walzstahl, ausreichend Buntmetalle, 120 000 Tonnen Baumwolle, Holz und Getreide. »Eigentlich erst mit dieser Entscheidung«, schätzte später der Stellvertretende Vorsitzende der Staatlichen Plankommission Siegfried Wenzel ein, »wurde die DDR-Entwicklung planbar.«

Wie aber war diese »wirkliche«, das heißt stärker auf Auswahlmöglichkeiten beruhende Planung in der DDR organisiert, und wer bestimmte die Planziele?

Der Aufbau des DDR-Planungssystems

Für die Durchführung einer planmäßigen Industriepolitik wurde in der DDR eine Institutionenordnung geschaffen, die – von der Reformperiode 1964–1968 einmal abgesehen – streng hierarchisch organisiert war. Sie bestand aus zwei an ihrer Spitze personell verflochtenen Säulen: dem SED-Parteiapparat auf der einen und der staatlichen Verwaltung auf der anderen Seite. Innerhalb der SED berieten und entschieden das Politbüro des Zentralkomitees (ZK) beziehungsweise die Sekretariate des ZK alle grundlegenden wirtschaftlichen Fragen. Die Schlüsselposition nahmen dabei der Parteivorsitzende, der Erste Sekretär oder Generalsekretär des ZK der SED sowie das für Wirtschaftsfragen verantwortliche Mitglied des Zentralsekretariats der SED ein. Höhere Wirtschaftsfunktionäre, darunter auch die Kombinatsdirektoren, hatten einen halb- beziehungsweise einjährigen Kurs an der Parteihochschule der SED zu absolvieren, wo sie über die »Lehre der marxistisch-leninistischen Partei« und deren Funktionsweise ebenso unterrichtet wurden wie über die ZK-Vorgaben in »Politischer Ökonomie des Sozialismus« und in »Ökonomik der Industrie«.

Unter den Institutionen der Wirtschaftsverwaltung kam der Staatlichen Plankommission eine herausragende Rolle zu. Sie erarbeitete die Volkswirtschaftspläne und stellte dabei die Lieferverflechtungen zwischen den verschiedenen Industriebereichen her. Auf diese Weise sollte ein rasches, aufeinander abgestimmtes Wachstum der Volkswirtschafts- beziehungsweise Industriezweige erreicht werden, im Entwicklungstempo gestaffelt nach dem optimalen Beitrag der einzelnen Zweige zur Entwicklung der Gesamtwirtschaft. Hauptinstrument der Staatlichen Plankommission zur Lenkung der Industrie war der auf dem jeweiligen Fünf- beziehungsweise Siebenjahrplan beruhende Jahresvolks- wirtschaftsplan, der den Kombinaten und Betrieben oftmals bis ins Detail verbindliche Vorgaben auferlegte.

Die Leitung der verschiedenen Sektoren der Industrie oblag Branchenministerien, deren Zahl von 1950 bis 1958 von vier auf sieben anwuchs. Zwischen 1958 und 1965 fungierten sie als Industrieabteilungen des Volks- wirtschaftsrats. Mit dessen Auflösung Ende 1965 entstanden aufs Neue Branchenministerien: ein Ministerium für Chemische Industrie, eines für Elektrotechnik und Elektronik, ein weiteres für Erzbergbau, Metallurgie und Kali und ein Ministerium für Kohle und Energie. Weiterhin gab es ein Ministerium für Schwermaschinen- und Anlagenbau, eines für Werkzeug- und Verarbeitungsmaschinenbau sowie eines für Allgemeinen Maschinen-, Landmaschinen- und Fahrzeugbau. Darüber hinaus eines für Glas- und keramische Industrie und eines für Leichtindustrie.

Die Festlegung aller strukturpolitischen Ausrichtungen erfolgte durch den Ministerrat und sein Präsidium. Die wichtigsten Mitglieder des Präsidiums des Ministerrats gehörten zugleich den Spitzengremien der SED an: Bruno Leuschner, Vorsitzender der Staatlichen Plankommission, war während seiner Amtszeit (1952–1961) gleichzeitig Mitglied des ZK der SED. Gleiches traf auch auf den Chef der Staatlichen Plankommission von 1965–1989, Gerhard Schürer, zu, der ab 1963 ZK-Mitglied war. Schürer hat später darüber berichtet, wie unter seiner Leitung innerhalb eines Kreises ausgewählter Mitarbeiter relativ offen über Probleme gesprochen wurde. Diskutiert wurde auch darüber, welche Industriezweige vorrangig entwickelt werden sollten.

Bevor neue Ideen realisiert werden konnten, musste die Parteiführung ihre Zustimmung erteilt haben. Im Verlaufe der DDR-Geschichte nahm die Rolle der Parteiführung bei industriepolitischen Entscheidungen wohl eher zu als ab. Schürer schrieb dazu: »Immer mehr waren wir ein Organ, das dem Politbüro zuarbeitete ... Bevor Regierungsvorlagen behandelt wurden, lagen sie auf dem Tisch des Parteiapparates ... Ich konnte in die Regierung gar nichts reinbringen, was nicht zugleich wieder abgestimmt war mit dem Parteiapparat.« Diese doppelte Führungsstruktur – staatliche Leitung und Leitung über die Partei – hatte zweifellos auch ihre Vorteile, half die Gefahr einseitiger Entscheidungen zu verringern. Wenn sich Schürer rückblickend darüber kritisch äußerte, liegt das wohl daran, dass die Meinung der Partei oft schwerer wog als die Argumente der »staatlichen Leiter«.

Siegfried Wenzel, 1955–1989 Mitarbeiter der Staatlichen Plankommission, als deren Stellvertretender Vorsitzender langjährig zuständig für volkswirtschaftliche Gesamtrechnung und Plankoordinierung, sprach diesbezüglich von einem »›genetischen Fehler‹ des sozialistischen Gesellschaftssystems, dass es das Postulat der führenden Rolle der Partei gegeben hat, den Weisheits- und Wahrheitsanspruch einer Partei, ein Monopol«. »Jede Sachkritik«, erläutert dazu der DDR-Forscher Hans-Hermann Hertle, »verwandelte sich unter diesen Bedingungen in Personenkritik und drohte als Aufkündigung der ideologischen Loyalität auf den Kritiker zurückzufallen. Denn bereits Korrekturen der Politik kommen in diesen Systemen einem Eingeständnis vorhergehender Fehlentscheidungen gleich; das Eindämmen von Fehlern wiederum dementierte den Wahrheitsanspruch und das Unfehlbarkeitsdogma der SED.«

Parallel zur Planung nach Sektoren vollzog sich in der DDR die Planung nach Regionen. Die Ausarbeitung der regionalen Pläne oblag den »örtlichen Staatsorganen«, vor allem den Bezirks- und Kreisplankommissionen, die diese wiederum mit den Bezirks- und Kreissekretären der SED abzustimmen hatten.

Etappen der Industriepolitik

Der zehn Jahre lang zwangsläufig verfolgte Kurs, die extensive Erweiterung derjenigen Industriezweige zu betreiben, die im Sinne volkswirtschaftlicher Proportionalität unzureichend entwickelt waren, wurde 1958 durch die Einführung von Rekonstruktionsplänen modifiziert. Die Betriebe wurden im Rahmen des 1959 beginnenden Siebenjahrplans dazu aufgefordert, Rationalisierungsprojekte zu entwickeln, um die Produktion zu spezialisieren und zu konzentrieren. Das sollte helfen, die Produktionspalette des einzelnen Betriebes zu verschlanken. Die Produktionspalette war nach dem Krieg unter dem Motto: »Wo noch Kapazität vorhanden, da wird das volkswirtschaftlich benötigte Produkt hergestellt«, entwickelt worden, weniger nach den Grundsätzen der rationellen Fertigung. Damit sollte nun Schluss sein. In der Tat gelang es, schätzt der Wirtschaftshistoriker André Steiner ein, »Anfang der 60er Jahre in der Industrie das vor dem Kriege schon einmal erreichte Niveau der Fertigungsorganisation wiederherzustellen«.

Über Rekonstruktion und Rationalisierung bereits vorhandener Industriezweige hinaus reichte das Ende 1958 von der SED-Führung verabschiedete Chemieprogramm. Die Entwicklung der Erdölchemie war die Antwort auf einen weltweiten Entwicklungstrend und versprach Kostenvorteile gegenüber der traditionellen Kohlechemie. Auf der Grundlage des 1963 beschlossenen »Neuen ökonomischen Systems der Planung und Leitung der Volkswirtschaft« (NÖS) wurde die 1959 eingeleitete Modernisierung der Industrie im Bereich der Wirtschaftsorganisation fortgesetzt. Durch Reformen gewonnene Mittel sollten dazu benutzt werden, in Wissenschaft und Technik zu investieren, um »wissenschaftlich-technischen Höchststand« zu erreichen und »Spitzenprodukte« zu erzeugen. Auf organisatorischem Gebiet sollte diese Entwicklung durch eine einheitliche ökonomische Leitung zusammenhängender Betriebskomplexe in ihren arbeitsteiligen Verflechtungen, vor allem auch durch die Eingliederung von bis dahin selbständig agierenden Industriezweig-Forschungsinstituten erreicht werden. Zu diesem Zweck kam es zwischen 1968 und 1970 im Rahmen der Wirtschaftsreform zur Bildung von 48 Kombinaten.

Das im Auftrag von Walter Ulbricht vom Wirtschaftssekretär des ZK der SED, Günter Mittag, mit Nachdruck verfolgte Reformkonzept zielte zunehmend auf die forcierte Entwicklung ausgewählter »Fortschrittszweige« wie (Mikro-)Elektronik, Elektrotechnik und Gerätebau, die als Träger moderner Technologie galten. Von diesen Branchen aus sollte sich dann das in den besonders geförderten Zweigen zuerst erreichte »Weltniveau« in alle Industriebereiche ausbreiten.

Doch dieses neue strukturpolitische Programm zur Förderung wirtschaftlicher Entwicklungsdynamik stieß Ende der 1960er Jahre an die Grenze der ökonomischen Ressourcen der DDR. Während die ausgewählten Branchen rasch modernisiert wurden, führte das Programm zur Vernachlässigung von Investitionen in »Nichtschwerpunktzweigen« wie Automobilindustrie, Konsumgüterindustrie, Energiewirtschaft oder Wohnungsbau. Unzureichende Zulieferungen hatten Mängel bei der Versorgung der Bevölkerung zur Folge.

Walter Ulbricht wurde 1970/71 von einer Mehrheit in der Parteiführung zum Sündenbock erklärt und aus dem Amt gedrängt. Sein Stellvertreter Erich Honecker ersetzte ihn 1971 als Erster Sekretär des ZK der SED. Auf Honeckers Betreiben wurde die neue Wirtschafts- und Gesellschaftsstrategie der DDR bald als »Einheit von Wirtschafts- und Sozialpolitik« bezeichnet. Nicht mehr die Umsetzung der wissenschaftlich-technischen Revolution galt nunmehr als »Hauptaufgabe«, sondern die Bedürfnisse der Menschen sollten im Mittelpunkt der Wirtschaftspolitik stehen. Die Investitionsmittel wurden speziell für den Wohnungsbau erhöht, der zum »Herzstück« der neuen Sozialstrategie avancierte. Dementsprechend erhöhten sich die Investitionen im Wohnungsbau von 13 Mrd. Mark 1970 auf über 20 Mrd. Mark in den

1980er Jahren. Erhöht wurden auch Sozialleistungen wie Unterstützungen für Alleinstehende, Mietbeihilfe, Pflegegeld, Beihilfen für Tuberkulose- und Krebskranke; über sechzigjährige Beschäftigte erhielten fünf zusätzliche Urlaubstage; Preise für öffentliche Dienstleistungen wie Eisenbahn-Fahrpreise für Lehrlinge, Oberschüler und Studenten wurden um bis zu 50 Prozent gesenkt, Konsumgüter wie Kinderbekleidung subventioniert. Im Gegenzug wurden Investitionen für die »Fortschrittszweige« Elektrotechnik, Elektronik und den wissenschaftlichen Gerätebau drastisch gekürzt.

Mitte der 1970er Jahre gelang es besorgten Wirtschaftsfunktionären, die davor warnten, über die Investitionen in die Konsumgüterzweige den in der westlichen Welt rasch voranschreitenden wissenschaftlich-technischen Fortschritt zu ignorieren, sich bei Honecker Gehör zu verschaffen. Im Juni 1977 wurde auf Betreiben von Günter Mittag, seit 1976 (erneut) Leiter der Wirtschaftskommission beim Politbüro des ZK der SED, ein »Mikroelektronikplenum« abgehalten. In die Kombinate *Carl Zeiss Jena* und *Robotron Dresden*, in die Förderung der Mikroelektronik generell, flossen von nun an Investitionsmittel, auch Devisen, in Höhe von geschätzt 14 Mrd. Mark und 4 Mrd. DM, das heißt in Größenordnungen, von denen man in anderen Industriezweigen nur träumen konnte. Aufgewendet wurden weit mehr Mittel als zunächst geplant, da das von CoCom wieder strenger gehandhabte Embargo der DDR den Ankauf von Lizenzen von *Siemens* oder *Toshiba* verbot. Die USA beabsichtigten auf diese Weise, das Auf- und Einholen des Westens durch den Osten auf technologischem und ökonomischem Gebiet zu verhindern. Das hatte unter anderem Fritz Schenk in seinem erstmals 1969 erschienenen Buch *Das rote Wirtschaftswunder* vorausgesagt.

Dafür, dass Honecker Günter Mittag in Ökonomie und Technik freie Hand ließ, verhielt sich dieser loyal und stellte Honeckers »Hauptaufgabe« nicht in Frage. Die 1978 bis 1980 von Mittag durchgesetzte »umfassende Kombinatsbildung«, in deren Ergebnis die Industriebetriebe in der DDR 167 zentralgeleiteten und 90 bezirksgeleiteten Kombinaten zugeordnet wurden, bedeutete keine Wiederbelebung der Wirtschaftsreform, sondern eine Stärkung des Zugriffs der Zentrale, teilweise ohne Berücksichtigung der ökonomischen Voraussetzungen, über die in den 1980er Jahren unter anderem die Planauflage durchgesetzt wurde, nach der jedes Kombinat verpflichtet war, im Umfang von mindestens 5 Prozent der Gesamtproduktion Konsumgüter für den Bedarf der Bevölkerung herzustellen.

Die Konsequenzen der vielfachen Nichtbeachtung der ökonomischen Binsenwahrheit, dass nur verbraucht werden könne, was auch erarbeitet wurde, waren absehbar. Infolge nachlassender Exporteinkünfte war es der DDR ab 1981 nicht mehr möglich, Investitions- und Konsumvorhaben weiterhin auch über ausländische Kredite zu finanzieren. Durch ein, wie es US-amerikanische Finanzexperten einschätzten, »geschicktes Schuldenmanagement«, zu dem auch die beiden Straußschen Milliardenkredite beitrugen, gelang es der DDR jedoch in der internationalen Verschuldungskrise Anfang der 1980er Jahre solvent zu bleiben.

Die Partei- und Staatsführung war sich jedoch im Klaren darüber, dass mit der Vermeidung der Zahlungsunfähigkeit das Schuldenproblem für die DDR keineswegs gelöst war. Die Idee zum wirksamen Abbau der finanziellen Verbindlichkeiten kam 1981 vom »Büro Mittag« und hieß »Heizölablösung«. In der DDR war bis dahin das über die Leitung »Freundschaft« aus der UdSSR bezogene Erdöl in den petrolchemischen Werken in Schwedt und Leuna überwiegend zu Heizöl verarbeitet worden. Nunmehr wurden Anlagen geschaffen, um das Erdöl »tiefer zu spalten«. Diese »hellen« Produkte würde die DDR – anders als die Erzeugnisse ihres Maschinenbaus –, bedingt durch deren Qualität und den hohen Preis, den Erdölerzeugnisse damals erzielten, auf dem Weltmarkt mit beträchtlichem Gewinn verkaufen können. Das »Derivategeschäft«, kombiniert mit einem allen anderen Wirtschaftszweigen diktierten Ersatz von Importen zugunsten von Eigenentwicklungen, gestaltete das Außenhandelssaldo der DDR gegenüber dem NSW nach mehr als einem Jahrzehnt wieder positiv. Die Auslandsverschuldung der DDR ging bis 1985 um über ein Drittel zurück.

Die Kosten der Entschuldung wurden an anderer Stelle sichtbar: Das Heizöl musste durch Braunkohleprodukte ersetzt werden. Allein die Umrüstung der Energieerzeugung führte zu Investitionsumverteilungen von 15 Mrd. Mark. Die in die Petrolchemie und andere Exportzweige investierten Mittel wurden der übrigen Wirtschaft entzogen. Dort konnten Modernisierungs- und Ersatzinvestitionen kaum noch getätigt werden. Der Kapitalstock der DDR begann zu verfallen.

Mitte der 1980er Jahre trafen die DDR-Wirtschaft zwei schwere Schläge: Die Erdölpreise stürzten weltweit ab, und selbst Günter Mittag musste zugeben, dass die DDR, auf sich allein gestellt, den Rückstand in der Mikroelektronik nicht würde aufholen können. Nach dem Wegfall beider zeitweise erfolgreicher Gegenstrategien konnten keine neuen tragfähigen Entschuldungskonzepte mehr entwickelt werden. Was der DDR blieb, war der »Westexport um jeden Preis«. Die Ausfuhr gegebenenfalls auch zu Niedrigpreisen und entsprechend geringeren Erlösen ging auf Kosten der nicht exportierenden Industrien und der Infrastruktur. Einigen dieser Industriezweige mussten selbst die Ersatzinvestitionen verweigert werden.

Angesichts der Überalterung vieler Anlagen war eine Verringerung der wirtschaftlichen Zuwachsraten unvermeidlich. Die Industrieerzeugung (Bruttowertschöpfung), die sich in den 1970er Jahren noch jährlich um 3,9 Prozent und in der ersten Hälfte der 1980er Jahre noch um 3,5 Prozent erhöht hatte, erreichte 1985–1989 gerade einmal eine Zuwachsrate von 2,1 Prozent. Im internationalen Vergleich gesehen, war der Rückgang der Wachstumsrate der DDR-Industrie nicht dramatisch. Die Bundesrepublik, deren Wirtschaft in der ersten Hälfte der 1980er Jahre in einer Rezessionsphase – der dritten in ihrer Geschichte – gerade einmal ein jährliches Industriewachstum von 1,0 Prozent erreicht hatte, verzeichnete 1985–1989 eine industrielle Zuwachsrate von 2,1 Prozent. Man sprach dort von einer »Aufschwungphase«. Für die DDR-Industrie wird das rückblickend niemand behaupten wollen, obwohl entsprechend den hier zitierten Berechnungen des Kölner Instituts für Historische Sozialforschung die quantitativen Zuwachsraten im Bereich der Industrie beider Länder identisch waren. Wohl aber widerspricht der Wachstumsvergleich der weit verbreiteten These, die DDR sei Ende der 1980er Jahre wirtschaftlich gescheitert.

Im November 1989, nach Honeckers Sturz, versprach der neugewählte Ministerpräsident Hans Modrow in seiner Regierungserklärung, durch Reformmaßnahmen einen wirtschaftlichen Aufschwung herbeizuführen. Neben eigenen Anstrengungen forderte er dafür von Bonn Finanzmittel als nachträgliche Beteiligung der BRD an von der DDR an die Sowjetunion für Deutschland insgesamt geleisteten Reparationen ein. Die verweigerte die Bundesregierung. Ein »Regierungskonzept zur Wirtschaftsreform in der DDR«, verfasst unter Leitung der Wirtschaftsministerin Christa Luft, wurde Anfang Februar 1990 vorgelegt, konnte aber nach der Abwahl der Regierung Modrow im März 1990 nicht mehr wirksam werden. Die nachfolgende Regierung von Lothar de Maizière verzichtete ab 1. Juli 1990 auf die Souveränität der DDR im Bereich der Ökonomie.

Eckhard Netzmann

Die Grundlagen der Energieversorgung

Die Energieversorgung I

In eine Lehrerfamilie 1938 hineingeboren, absolviert Eckhard Netzmann mit vierzehn eine Lehre als Werkzeugschlosser. Im Alter von zwanzig Jahren erlangt er den Ingenieursabschluss auf dem Gebiet der Umformtechnik. Nach dem Studium arbeitet er zwanzig Jahre im VEB Schwermaschinenkombinat »Ernst Thälmann« (SKET) in Magdeburg. Dort schließt er 1966 sein Fernstudium an der Technischen Universität Dresden als Di-

plom-Ingenieur ab. *Seine Laufbahn im SKET gliedert sich in vier Hauptetappen: Er beginnt als Technologe, arbeitet dann als Chef des Walzwerkbaus, später als Werkdirektor im Zementanlagenbau Dessau und schließlich bis 1979 in der Position des Generaldirektors.*

Darauf folgen vier Jahre als Stellvertretender Minister für Schwermaschinen- und Anlagenbau – sie enden 1983 »misslich« mit der fristlosen Entlassung. Nach einem Tag Arbeitslosigkeit geht er zum VEB Kombinat Kraftwerksanlagenbau in Berlin. Hier ist Eckhard Netzmann zunächst Mitarbeiter für Planung und Bilanzierung (zuständig für Feuerungsroste und Mannlochklappen), dann Leiter des Dampferzeuger- und Feuerungsanlagenbaubetriebes. Unter Manfred Dahms wird er Stellvertretender Generaldirektor und erhält 1987 den Auftrag, als Sonderbevollmächtigter das letzte Kraftwerk der DDR »Block V« in Greifswald ans Netz zu nehmen.

Nach der Wende wird der Engineering-Bereich des Kombinats in eine Aktiengesellschaft umgewandelt, die Eckhard Netzmann als Vorstandsvorsitzender leitet. Zwei erfolglose Privatisierungen veranlassen ihn zu gehen. Von 1999 bis 2006 arbeitet Eckhard Netzmann in Personalunion als Vorstandsvorsitzender der Riesaer Beteiligungs AG und als Geschäftsführer von sechs der AG unterstellten GmbHs. Seit 2007 ist er als selbständiger Unternehmensberater tätig.

Energie ist Macht

Im Herbst 2015 schrieb Helmut Schmidt, es müsse ein Prozess der Einheit, der weiteren Annäherung stattfinden. Es ist – und bleibt – ein zäher Prozess, weil ich feststelle, dass auch 25 Jahre nach der sogenannten Vereinigung unabdingbare Fakten, die man in Ost und West wissen sollte, nicht bewusst sind oder nicht akzeptiert werden.

Ich will zwei Beispiele nennen. Vielleicht die Hälfte derer, die hier im Saal sitzen, waren unlängst Zeugen eines Ost-West-Wirtschaftsforums, das *Rohnstock Biografien* und der Verein *Lebenserinnerungen* im September 2015 veranstalteten. Wenn der West-Manager Heinz Dürr dort ernsthaft glauben macht, die Züge der Deutschen Reichsbahn seien mit 15 Kilometer pro Stunde durch die Gegend gezuckelt, dann können wir nur mit dem Kopf schütteln. Und wenn der von mir hochgeschätzte Ex-*Siemens*-Vorstand Heinrich von Pierer öffentlich bezweifeln darf, ob es in der DDR ordentliche Kalkulationen gab, dann darf ich erwidern: Wir arbeiteten im *Turbinenbau Görlitz* mit Kostenstellen-, Kostenarten- und Kostenträgerrechnungen und ohne Zweifel auch mit Nachkalkulationen. Abgesehen davon, dass das Geld in der DDR eine völlig andere Rolle spielte als in der BRD, hatten wir in unseren Betrieben eine exakte Buchhaltung und eine detaillierte Kostenzuordnung.

Leider ist die Meinungsbildung über beide Gesellschaftssysteme abgeschlossen und zuungunsten historischer Tatsachen verfestigt. Das gilt für Ost *und* West gleichermaßen. Deshalb dürfen wir uns heute nicht auf vermeintlich historisch verbürgte Mutmaßungen verlassen, sondern müssen Zahlen, Fakten und Zusammenhänge zusammentragen.

Ich freue mich, unter den Anwesenden Zeitzeugen auszumachen, die sich Jahrzehnte unter schweren Bedingungen konstruktiv für eine stabile Strom- und Wärmeversorgung in der DDR eingesetzt haben. Energie ist heute *das* zentrale Thema. Ohne Energie, ohne Wärme, ohne Strom kann niemand arbeiten. Energie ist Macht!

Die Ausgangslage

Nach dem Zweiten Weltkrieg war sowohl im Osten wie im Westen ein Großteil der energetischen Basis der Wirtschaft zerstört. Die wenigen erhaltenen Anlagen waren verschlissen. Dabei verfügte Ostdeutschland von vornherein über ein geringeres wirtschaftliches Potenzial. Hinzu kommen die vergleichsweise hohen Reparationsleistungen in der SBZ: Etwa 40 Prozent der industriellen Ausrüstungen – das Transportwesen eingeschlossen – wurden demontiert. Durch die Teilung wurde der Osten vom flächendeckenden Gas- und Stromnetz des vormaligen Deutschen Reiches abgekoppelt. Steinkohlevorkommen waren marginal, Gasförderung und Wasserkraft quantitativ kaum nennenswert. Der einzig relevante Energieträger, der den Osten Deutschlands versorgen konnte, war die Braunkohle.

Der Westen verfügte hingegen über zahlreiche Steinkohlevorkommen (vor allem im Ruhrgebiet) sowie über Braunkohlereserven mit Flözstärken von bis zu 300 Metern. (Im Osten waren es im Schnitt 30 Meter!) Zusätzliche Steinkohle- und Ölimporte verhalfen dem Westen in Verbindung mit dem Marshallplan zu wesentlich besseren Startbedingungen für eine stabile wirtschaftliche Entwicklung – einschließlich einer sicheren Strom- und Wärmeversorgung. Um die Energieversorgung sicherzustellen, sahen sich die Verantwortlichen in der SBZ und frühen DDR gezwungen, 30 bis 45 Prozent aller Industrieinvestitionen in die Energiewirtschaft zu stecken – das Drei- bis Vierfache vergleichbarer Investitionen im Westen Deutschlands.

Obwohl diese Ausgangsbedingungen weitestgehend in Vergessenheit geraten sind, dominierten sie die gesamte Investitionsstrategie der DDR bis 1989. Partei- und

Staatsführung mussten permanent Beschlüsse fassen, um Finanz- und Material-Ressourcen zu mobilisieren. Vor diesem Hintergrund wird einmal mehr deutlich, wie oberflächlich die Behauptung ist, die DDR sei eine Miss- und/oder Zwangswirtschaft gewesen. Natürlich gab es notwendige Prämissen: Deren wichtigste bestand in der Erzeugung von ausreichend Wärme und Energie – eine Prämisse die, wie wir gesehen haben und sehen werden, unter denkbar ungünstigen Vorzeichen stand.

Die Braunkohle

In keinem Land Europas war die energiepolitische Lage nach dem Zweiten Weltkrieg so angespannt wie in der DDR. Der mittlere Teil des vormaligen Deutschen Reiches hatte von der Steinkohle aus dem Ruhrgebiet und aus Oberschlesien gelebt. Von diesen Ressourcen war die SBZ/DDR abgeschnitten. Sich im Kalten Krieg auf Lieferungen aus dem Ruhrgebiet zu verlassen, war ein Vabanquespiel. Es blieb uns nichts anderes übrig: Wir mussten auf die heimische Braunkohle zurückgreifen. Und das war teuer, weil sich die seit Jahrzehnten ausgebeuteten, flach gelegenen Braunkohletagebaue im Bezirk Halle erschöpft hatten und neue, tief gelegene Lagerstätten im Bezirk Cottbus, die die Beseitigung gewaltiger Abraummengen notwendig machten, erschlossen werden mussten. Das Verhältnis Abraum-Kohle lag 1956 bei knapp 4:1 und verschlechterte sich bis 1962 auf knapp 6:1.

Die Hauptvorkommen lagen in Mitteldeutschland, dem Bitterfelder Raum und in der Lausitz. Insgesamt betrugen die abbauwürdigen Vorräte circa 24 Mrd. Tonnen – eine überschaubare Größe, aber für die kleine DDR bedeuteten sie eine Absicherung über viele Jahre. Förderten wir

1945 85 Mio. Tonnen, waren es 1970 bereits 260 Mio. Tonnen. Während der 1970er Jahre blieb die Fördermenge aufgrund des Einsatzes von Öl und der beginnenden Nutzung von Kernkraft konstant. Als sich Mitte der 70er Jahre die Ölpreise drastisch erhöhten, wurde das Krisenprogramm Energieträgerumstellung aufgelegt. Selbst kleinere Verbraucherstellen wie Krankenhäuser und Schulen erhielten mit Braunkohle befeuerte Heizwerke, die »kleinteilige Anwendung« entstand.

Da ich ab 1983 in einem Betrieb des Kombinats Kraftwerksanlagenbau, im Dampferzeugerbau, für die Bilanzierung von Feuerungsrosten und Mannlochplatten zuständig war, erlebte ich die Auswirkungen dieser Krise aus unmittelbarer Nähe. Die Energieträgerumstellung kostete unglaubliche Kapazitäten materieller, technischer und finanzieller Art. Erst Mitte der 1980er Jahre war der Prozess abgeschlossen. Im Zuge der Energieträgerumstellung nahm die Braunkohleförderung von 258 Mio. Tonnen (1980) auf 315 Mio. Tonnen im Jahr 1989 zu.

Im Vergleich zur Steinkohle besaß die DDR-Braunkohle nur ein Viertel bis ein Drittel des Heizwertes. Ihr Wassergehalt betrug bisweilen über 50 Prozent. Das machte den Kohletransport im Winter – bei minus 20, 25 Grad Celsius – zu einer technischen und logistischen Herausforderung. Um einen Kubikmeter Kohle zu fördern, mussten im Schnitt sechs Kubikmeter Wasser abgepumpt werden. Die Abraummengen betrugen in den Startjahren das Zweieinhalbfache der abgebauten Kohle. Im Lauf der Jahre verschlechterte sich das Verhältnis zum Teil bis hin zum viereinhalbfachen Abraumvolumen. Unvorstellbar, welche Erdmassen in den Braunkohlekombinaten in Senftenberg und Bitterfeld zu bewegen waren, welches technische Know-how, welche Arbeitsleistung diese Form des Bergbaus erforderte.

Bedingt durch die Minderwertigkeit der Kohle fielen jährlich etwa 17 Mio. Tonnen Asche an, die nur zum Teil industriell oder als Baumaterial verwendet wurde. Ein Großteil musste als Abraum verbracht werden.

Für den Prozess der Veredelung spielte zudem der Schwefelgehalt eine Rolle. Er lag zwischen ein Prozent in der Lausitz und bis zu drei Prozent in Bitterfeld. Je niedriger der Anteil, desto geringer war der Aufwand der synthetischen Verarbeitung.

Die Qualität der geförderten Kohle verhielt sich umgekehrt proportional zur Fördermenge. Während immer mehr Kohle abgebaut wurde, wurde der Brennwert zusehends schlechter. Das ging so weit, dass Vertreter der Kraftwerke den Erzeugern vorwarfen, ihre Lieferungen enthielten überhaupt keinen Brennstoff und führten zudem zu hohen Verschleißerscheinungen an ihren Anlagen. Trotz Stützfeuerung (Zufeuerung) von Öl seien sie im Grunde nicht verwendbar. Auch die Möglichkeiten, Qualitätsmängel durch Beimischung, Lagerhaltung und Mischbettmethoden auszugleichen, waren beschränkt. Aus Mangel an Alternativen musste die Technologie ausgleichen, was die Qualität des Brennstoffs nicht hergab. Das Problem wurde an die Feuerungs-, Dampferzeuger- und Kesselanlagenhersteller weitergegeben.

Auch die Förder- und Transporttechnologie nahm in diesem Zusammenhang eine Schlüsselposition ein und damit das Kombinat TAKRAF (*Tagebauausrüstungen, Krane und Förderanlagen*). Jedes der zehn Großkraftwerke der DDR brauchte am Tag 100 000 Tonnen Kohle. Diese Menge entsprach 130 vollbeladenen Zügen à zwölf Waggons. Hinzu kamen 142 Kraftwerke, die Strom und Wärme für einzelne Industriestandorte produzierten sowie 126 Heizkraftwerke. Ohne die technologische Leistung der TAKRAF mit ihren 32 Betrieben und 44 000 Mitarbeitern hätten diese Mengen an Kohle nicht gefördert werden können. Ich erinnere nur an technische Meisterleistungen wie die 350 Meter lange Abraumförderbrücke F60 oder den Schaufelradbagger SRS 630. Dafür, dass die TAKRAF auf internationalem Parkett mitmischen konnte, sprechen auch die hohen Exportzahlen ins RGW und NSW. Noch heute stehen in vielen Häfen der Welt die Kräne aus Eberswalde.

Um technologische und wissenschaftliche Lösungen für die Herausforderungen im Bergbau zu finden, arbeiteten viele Institutionen zusammen. Genannt seien hier wegen ihrer herausragenden Leistungen die Bergakademie Freiberg und die Technische Universität Dresden. Im Zuge der Hochschulreform der 1960er Jahre wurden die Kapazitäten von Hochschulen und anderen Forschungsinstitutionen effizient mit den sich bildenden Kombinaten verzahnt. Es entstanden Verfahren und Produkte, die sich bis zum heutigen Tag weltweit bewährt haben, etwa in der Braunkohleförderung in Australien.

Eine weitere zentrale Rolle in der DDR-Energieversorgung spielte der Kraftwerksanlagenbau. Viele Elemente, wie etwa die leistungsstarken 500-Megawatt-Turbinen, wurden entsprechend der RGW-Spezialisierung aus der Sowjetunion importiert. Erst infolge harter Verhandlungen akzeptierte die Sowjetunion den kleinen Bruder als Hersteller von Dampferzeugerprodukten.

Dank der zentralen Planung unter staatlicher Leitung konnten all diese Produktionszweige mit vereinten Kräften trotz der zum Teil widerlichen Bedingungen die Leistungen der Elektroenergie von 1945 bis 1989 verzehnfachen. Zum Ende produzierte die kleine DDR 23 000 Megawatt im Jahr.

Die Veredelung

Eine herausragende Rolle bei der Veredelung der Kohle spielte *Schwarze Pumpe*. Das Gaskombinat war ein Kind des zweiten Fünfjahrplans und nach EKO – dem *Stahlwerk Eisenhüttenstadt* – die zweite »Großbaustelle der Nation«. Ab 1955 wurden 3,8 Mrd. Mark in den Aufbau des Kombinats investiert. Zum Ende der DDR wurden dort jährlich 8 Mrd. Kubikmeter Stadtgas produziert und über hunderte Kilometer lange Transportleitungen in die Republik verteilt. Das waren 92 Prozent des gesamten Stadtgases der DDR, erzeugt von 14 000 Mitarbeitern.

Ein wichtiges Produkt des Gaskombinats war der Braunkohle-Hochtemperaturkoks, der mit großem Energieaufwand hergestellt wurde. Er war für die chemische Industrie, für die Metallurgie und für die Industrie insgesamt von außerordentlicher Bedeutung. Gewiss besaß der BHT-Koks nicht die Qualität eines guten Steinkohlekoks, konnte jedoch im Zusammenspiel mit klugen Technologien vergleichbare Ergebnisse erzielen. Mit 40 Prozent der Koksproduktion – insgesamt wurden in der DDR an 50 Standorten Briketts produziert – hatte *Schwarze Pumpe* auch hier landesweit die Nase vorn.

Die Wirkungsgrade der Brennmaterialien waren für spezifische Anwendungen ausgelegt und kamen, je nach Bedarf, in unterschiedlichen Mischungsverhältnissen zum Einsatz. Universitäten und andere Einrichtungen begleiteten die Produktion wissenschaftlich und entwickelten die herstellungsrelevanten Verfahren permanent weiter. Auf Grundlage dieser Vernetzung von Industrie und Wissenschaft brachte die DDR zahlreiche Errungenschaften hervor, von denen die Branche bis heute weltweit profitiert.

Der Umweltschutz

In der DDR wurden verschiedene Programme zur rationellen Energieanwendung, zur Sparsamkeit, zur Materialökonomie, zur Wirkungsgraderhöhung, zur Senkung der Transportverluste und zur Wärmedämmung aufgelegt, um nur einige zu erwähnen. Der gesamte Prozess der rationellen Energieanwendung wurde durch den Staat gelenkt, reglementiert und kontrolliert. In den privaten Haushalten jedoch verleitete der subventionierte Strom- und Heizungspreis dazu, sich weniger Gedanken um den individuellen Energieverbrauch zu machen. Wärmezähler oder Regler waren weitgehend unbekannt.

Andererseits fehlten uns, um den Umweltschutz zu realisieren, in den 50er, 60er und 70er Jahren nicht nur die finanziellen, sondern auch die materiellen Ressourcen. Unsere Aufgabe bestand darin, die Wärme- und Stromversorgung zu sichern. Im Zweifelsfall hieß das: Wirtschaftlichkeit geht vor Umwelt. Aus heutiger Sicht war der Ausstoß von Schwefeloxid und Stickstoffoxiden indiskutabel und unrühmlich. Die DDR-Industrie hatte natürlich ein großes Interesse daran, die Umweltbelastungen einzugrenzen. Sie optimierte deshalb ihre Ausrüstungen. Es gab zahlreiche Diskussionen über die Leistungsstärke der Filter. Auch über Investitionen in eine Gaswäsche mit Kalk oder die Frage, was mit dem entstandenen Gips passieren soll, wurde debattiert.

Trotz alledem unternahmen wir im Rahmen unserer Möglichkeiten große Anstrengungen für den Umweltschutz. So wurde in den 1980er Jahren die Hälfte der Flächen rekultiviert, die durch den Kohleabbau geschädigt worden waren. Im *VEB Kombinat Luft- und Kältetechnik* beschäftigte sich ein ganzes Institut mit der Umweltschutz-Problematik.

Wofür ein Heer von Wissenschaftlern und Technikern Jahre, ja, Jahrzehnte braucht, vermag eine Schriftstellerin wie Brigitte Reimann treffend in wenige Worte zu fassen: »Ich sehe mir das an und es gefällt mir, die Stadt, die Leute, die Tristesse. Das Heldentum, Ruß auf Schnee, hier wird ein Bergwerk gebaut und in fünfzig Jahren, wenn es hochkommt, ist hier eine Seenplatte.«

Hans Sandlaß

Ein Leben für die Energieversorgung

Die Energieversorgung II

Hans Sandlaß wird 1931 in Dorndorf in der Rhön als Sohn eines Fabrikmeisters geboren. Nach dem Abitur legt er nach nur einem Jahr Lehrzeit die Gesellenprüfung als Betriebselektriker ab und nimmt das Studium der Elektrotechnik an der TH Dresden auf. Seine Diplomarbeit verfasst er 1956 zum

Thema »Technische und wirtschaftliche Übertragungsmöglich-keiten von Hochspannungsleitungen«. Im gleichen Jahr heiratet er seine Frau Hannelore. Die Söhne Michael und Holger wer-den geboren.

Die Berufslaufbahn beginnt für Hans Sandlaß als Assistent im VEB Energieversorgung Meiningen. Eine Wohnungssuche für die vierköpfige Familie bleibt erfolglos. Kurz darauf erhält er einen Arbeitsplatz mit Wohnung im VEB Verbundnetz West in Dessau, wo er Abteilungsleiter der Technik/Netzentwicklung wird und schließlich zum Direktor für Produktion aufsteigt. In der Zwischenzeit kommen sein dritter Sohn Andreas und Tochter Sabine zur Welt.

Im Alter von 32 Jahren wird er 1963 in den neu gebildeten VEB Verbundnetz Elektroenergie nach Berlin versetzt. Hier ar-beitet Hans Sandlaß von 1971 bis 1975 als Werkdirektor. In diese Phase fällt auch die enge Zusammenarbeit mit der Techni-schen Universität Dresden und die aktive Arbeit im RGW mit der Bildung des RGW-Verbundnetzes »Frieden« zwischen der UdSSR und den RGW-Ländern. Am 1. Oktober 1975 wird Hans Sandlaß Generaldirektor der VVB Energieversorgung. Vier Jahre später erfolgt die Ernennung zum Stellvertretenden Minister. In dieser Position leitet er den Bereich »Territoria-le Energieversorgung«. Damit wird er, wie er selbst sagt, zum »Obergeneraldirektor« der Energieversorger der DDR. Fortan trägt er mehr Verantwortung, erhält allerdings weniger Ge-halt – später wird er sogar Strafrentner.

Schon frühzeitig hat Hans Sandlaß Gelegenheit, sich mit der Nutzung regenerativer Energien zu beschäftigen. Besonders in-teressiert ihn die Geothermie. 1984 nimmt auf sein Betreiben hin die Geothermische Heizzentrale Waren den Betrieb auf.

Im Dezember 1989 endet seine Tätigkeit als Stellvertretender Minister. Er wird Hauptgeschäftsführer des Wirtschaftsver-bands Energieversorgung (WEV) und macht sich nach dessen Auflösung mit einem eigenen Ingenieurbüro selbständig. Damit

ist Hans Sandlaß – gefolgt von seinen Söhnen und einem En-
kel – bis auf den heutigen Tag in der Energiebranche tätig.

Die Energieversorgung der DDR

Die Transformation der DDR-Energiewirtschaft in die westdeutsche Energieversorgung ist ein hoch spannendes Thema. Ich beschränke mich im Folgenden weitestgehend auf die territoriale Energieversorgung, wohl wissend, dass sie nur einen kleinen Teil im komplexen Zusammenspiel mit den Kraftwerkskombinaten, den Braunkohlekombinaten und den Kernkraftwerken ausmacht. Dennoch lässt sich anhand meiner Darstellung die Entwicklung der Energiewirtschaft ein Stück weit nachvollziehen.

1971 ging ich als Werkdirektor des acht Jahre zuvor gegründeten *VEB Verbundnetz Elektroenergie* nach Berlin. Unsere Aufgabe war der Auf- und Ausbau des Hochspannungsnetzes. Um bei Neuanschlüssen und Reparaturen Betriebsstörungen – und damit Produktionsverluste – zu vermeiden, entwickelten wir gemeinsam mit der TU Dresden die sogenannte Schwingleitermethode, die es uns ermöglichte, unter Hoch- und Höchstspannung zu arbeiten. Für unsere Entwicklung erhielten wir den Nationalpreis für Wissenschaft und Technik.

Die Anlagen und Ausrüstungsteile importierten wir zum Teil aus dem NSW. Es zeigte sich jedoch, dass viele dieser teuer bezahlten Importe nicht unseren Qualitätsanforderungen entsprachen. So führten wir unter anderem einen Rechtsstreit gegen das Unternehmen *Jeumont Electric*, was mir immerhin einige durchaus angenehme Frankreich-Reisen ermöglichte. Später produzierten wir die benötigten Geräte in hoher Qualität im *Transformatorenwerk Berlin-Oberschöneweide* selbst. (Nach 1990 wurden allein in Oberschöneweide 22 000 hochqualifizierte Fachkräfte auf die Straße gesetzt.)

Keine Prozesse konnten wir gegen Umwelteinflüsse und das Wetter führen. Wie oft mussten wir mit ansehen, wie Stürme Hochspannungsleitungen zerstörten. Zu jeder Tages- und Nachtzeit, bei Wind und Wetter waren unsere Freileitungsmonteure einsatzbereit und schufteten so lange, bis auch der letzte Schaden beseitigt war. Die Beteiligten schwärmen noch heute von der hohen gesellschaftlichen Würdigung, die sie erfahren haben. Die Auszeichnungen, etwa ein Frühstück im *Hotel Stadt Berlin*, blieben in Erinnerung.

Eine Direktive des VIII. Parteitages der SED zum Fünfjahresplan sah vor, dass 2800 Kilometer Hochspannungsleitungen neu gebaut wurden. Dafür standen uns 925 Mio. Mark zur Verfügung. Ein Großteil dieses Netzes ist bis heute in Betrieb.

Parallel dazu wurden die Arbeiten im RGW-Verbundnetz »Frieden« vorangetrieben, mit Anschlüssen nach Polen und in die ČSSR. In Zusammenarbeit mit der Sektion 1/Elektrische Systeme in der Ständigen Kommission für Elektroenergie im RGW errichteten wir die erste 750-Kilovolt-Leitung aus dem zentralrussischen Verbundsystem nach Lwow. 1974 durfte ich die DDR auf der 25. Generalversammlung der CIGRE (Conseil International des Grands Réseaux Électriques/Internationales Forum für elektrische Großnetze) vertreten.

Ein Jahr später, im Oktober 1975, wurde ich als Generaldirektor der *VVB Energieversorgung* eingesetzt, ein Posten, den ich für vier Jahre bekleiden sollte. In dieser Funktion bereitete ich auf Weisung des Ministers die erste (und ich glaube zugleich die letzte) Energiekonferenz der DDR vor. Sie orientierte sich am neuesten Stand der Technik und berücksichtigte Prozesse der Rationalisierung ebenso wie innovative Technologien. Selbstverständlich konnte ich auch meine eigenen Vorstellungen bezüglich einer effizienten Energieversorgung einbringen.

Meine wichtigste Aufgabe als Generaldirektor der *VVB Energieversorgung* bestand darin, die Anlagen zu stabilisieren, gefolgt vom permanenten Kampf um höhere Investitionen und Rationalisierungsmittel. Besonders in der Wärmeversorgung kam es, bedingt durch die neu aufgelegten ehrgeizigen Wohnungsbauprogramme, immer wieder zu Engpässen. Einige Heizwerke waren in bedauerlichem Zustand.

Als Generaldirektor unterstanden mir neben dem *Verbundnetz Energie* der *VEB Energiebau*, der *VEB Energieprojektierung* sowie der *VEB Wärmeanlagenbau*. Auch die sechs regionalen Energiekombinate (EK) fielen in meinen Verantwortungsbereich. Sie waren bereits 1969 gebildet worden, um die republikweite Versorgung mit Elektroenergie, Gas und Wärme vom Industriebetrieb bis in den letzten Haushalt zu sichern: das *EK Nord* (Rostock, Neubrandenburg, Schwerin); das *EK Ost* (Dresden-Stadt, Cottbus); das *EK Süd* (Erfurt, Gera, Suhl); das *EK West* (Halle, Leipzig); das *EK Mitte* (Potsdam, Magdeburg, Frankfurt) sowie das für die Energieversorgung der Hauptstadt zuständige *EK Berlin*. Das Konstrukt hatte es in sich. Ständig hatten sich die Bezirksleitungen mit den Räten der Bezirke in den Haaren und beklagten sich über die Bevormundung ihres Bezirks durch den jeweiligen Stammbetrieb.

Um die Dissonanz der Interessen aufzulösen, forcierte ich die Gründung 15 juristisch selbständiger Energiekombinate innerhalb der Bezirksgrenzen. De facto nahmen die Bezirkskombinate zum Ende meiner Amtszeit am 1. Oktober 1979 ihre Arbeit auf. An ihrer Spitze standen Kombinatsdirektoren, die 1986, als der Kohlehandel in die Energiekombinate eingegliedert wurde, zu Generaldirektoren avancierten.

Trotz des geringen Personalbestands war die VVB in der Lage, schnell auf notwendige Veränderungen und unvorhergesehene Ereignisse zu reagieren. Traten Störungen auf, hatten wir die Möglichkeit, Kräfte und Mittel aus anderen Kombinaten zu mobilisieren. Besonders im harten Winter 1978/79 zahlte sich unser straff organisiertes Dispatchersystem aus. Die Schäden in den elektrischen Netzen waren trotz widrigster Witterungsbedingungen schnellstens behoben.

Stellvertretender Minister

Vermutlich ist es dieser Tatsache geschuldet, dass ich wenige Monate später als Stellvertreter des Ministers für den Bereich der Territorialen Energieversorgung berufen wurde. Vorangegangen war dieser Personalentscheidung ein Wechsel an der Spitze des Energieministeriums. Wolfgang Mitzinger löste Klaus Siebold ab, der fortan den Tagebau Welzow leiten »durfte«. Siebold musste den Kopf dafür hinhalten, dass es im Winter 1978/79 zu Flächenabschaltungen gekommen war, die Teile der Volkswirtschaft vorübergehend lahmgelegt hatten. Im gleichen Zuge wurden dem Minister die Generaldirektoren der Kombinate direkt unterstellt.

Ich blieb bis zum 16. Dezember 1989 im Amt des Stellvertretenden Ministers. Gegenüber den Energiekombinaten ergab sich für meine Arbeit praktisch kaum eine Änderung. Es war die Angelegenheit der Stellvertreter, die Generaldirektoren ihres Bereichs anzuleiten und ihre jährliche Rechenschaftslegung abzunehmen. Der Minister hatte genug damit zu tun, sein Ministerium gegenüber Partei- und Staatsführung zu vertreten und deren Weisungen durchzusetzen. Ich blieb de facto Chef der Kombinatsdirektoren der Energiekombinate. Doch hatte die Berufung in eine vermeintlich höhere Funktion ihre Tücken mit finanziellen Folgen: weniger Ausstattung, weniger Gehalt und als Spätfolge die Strafrente. Nach heutiger Lesart gelte ich als ehemaliger Stellvertreter des Ministers als staatsnaher Kader und falle so unter die Bestimmungen des AAÜG § 6, Abs. 2 – mit erheblichen Renteneinbußen.

Zu den gewohnten Aufgaben kamen neue hinzu. So erhielt ich zusätzlich die Verantwortung für die Materialwirtschaft des Ministeriums und trug somit die Gesamtverantwortung für die Bilanzierung der Anlagen wie Schornsteine oder Rohrleitungen und Großgeräte.

Beschwerden der Generaldirektoren beim Minister wegen ungenügender Berücksichtigung ihrer Interessen bei der Verteilung der Investitionssummen, etwa bezüglich der Neuanschaffung, waren an der Tagesordnung. Zugunsten der Kohle war ich oft gezwungen, den eigenen Bereich zu vernachlässigen, was so manchen ernsthaften Konflikt heraufbeschwor.

Als um 1980 die Preise für Heizöl in die Höhe schossen, beschloss die Parteiführung, Heizöl durch Braunkohle zu ersetzen. Ich gehörte der neu gebildeten Arbeitsgruppe »Staatlicher Leiter Heizölablösung« unter Wolfgang Greß an, seines Zeichens Stellvertreter des Vorsitzenden der Staatlichen Plankommission. In der Funktion seines Sekretärs hatte ich unliebsame Beschlüsse durchzusetzen, die anderen Industriebereichen die dringend erforderlichen Investitionen schmälerten. Neue Heizwerke und Heizkraftwerke auf Rohkohlebasis wurden errichtet. Diese kosteten Unsummen und haben aus heutiger Sicht der Volkswirtschaft der DDR deutlich mehr Schaden zugefügt, als ihr genützt.

Ein kleiner Trost für mich war, dass ich mich für den Bau von Heizkraftwerken beziehungsweise für die Wärmekraftkopplung einsetzen konnte. An den Kraftwerksanlagen- und Rohrleitungsbau wurden hohe Anforderungen gestellt. Beinahe alle großen Städte der DDR erhielten im Lauf der 1980er Jahre große Heizkraftwerke.

Die Kehrseite der Medaille: Der Einsatz von Rohbraunkohle belastete in zunehmendem Maße die Umwelt. Das wiederum veranlasste mich, gemeinsam mit dem Generaldirektor des *EK Leipzig*, Karl-Heinz Trommer, und Fachkollegen der Bergakademie Freiberg, Entstaubungsanlagen und Apparaturen zur Schwefeldioxid-Minderung in Heizwerken zu entwickeln. In Berlin-Rummelsburg wurde eine Entschwefelungsanlage aus England eingeführt, die Schwefel produzierte – und bis heute produziert.

Die einseitige Investition in die selbst abgebauten Brennstoffe führte dazu, dass wir Ende der 1980er Jahre Rohbraunkohle bis zum Fichtelberg und zum Kap Arkona transportierten, obwohl der Heizölpreis längst wieder gefallen war. Immerhin war die DDR über die im Jahr 1964 fertiggestellte, stetig erweiterte Erdgastrasse »Druschba« (Freundschaft) direkt an die westsibirischen Erdölfelder angeschlossen.

Im Winter war das Ministerium Tag und Nacht besetzt. Minister der Nachtschicht war jeweils einer der Stellvertreter, meist jedoch ich. Dazu hatte ich ein festes Team von Mitarbeitern, das aus den verschiedensten Abteilungen zusammengesetzt war. Das Nervenaufreibendste war die Feststellung der Bunkerstände, denn die fragte das Politbüro in Person von Günter Mittag oder Werner Krolikowski im Morgenrapport um 7.30 Uhr als Erstes ab. Da uns die Kollegen in den Kombinaten wegen unserer peniblen Nachfragen oft zum Besten hielten, kam es vor, dass wir die Daten schätzten. Das war insofern heikel, als sowohl ein Mitarbeiter aus dem ZK als auch ein Späher aus Mielkes Trupp der Nachtschicht angehörten, die über ihre eigenen Informationskanäle verfügten.

Gelegentlich wurde mein Einsatz vor Ort notwendig. In einem besonders kalten Winter Mitte der 1980er Jahre drohte das Fernwärmenetz Magdeburgs einzufrieren. Nur dank dem Einsatz der Roten Armee und einer schieren Unmenge konfiszierter Eimer vermochten wir es mittels einer Eimerkette, das Heizkraftwerk Magdeburg-Rothensee weiter zu bekohlen. Eimer waren in Magdeburg und Umgebung in den nächsten Wochen Mangelware …

Weniger dramatisch, dafür umso heikler, war eine Störung der Energieversorgung im Objekt Wandlitz, dem Wohnsitz der Politbüromitglieder. Mit Hilfe der örtlichen Kräfte – kasernierten Mitarbeitern des MfS – war die Reparatur nicht in den Griff zu bekommen, zumal sich auch die Heizanlagen in desolatem Zustand befanden. Es wurde eine Untersuchungskommission gebildet, die aus Horst Niesar, einem Mitarbeiter des ZK, und mir bestand. Uns war klar, dass Günter Mittag dem Genossen Mielke, dessen Personal für die Anlagen zuständig war, eins auswischen wollte. Als wir eintrafen, waren bereits hohe Offiziere des MfS zur Stelle, die uns misstrauisch beäugten – unterlag doch der Netzplan des Objektes strengster Geheimhaltung. Jetzt saßen wir in der Patsche beziehungsweise zwischen den Stühlen von Mielke und Mittag. Die Kritik an den ungeschulten Fachkräften des MfS hätte uns wohl Kopf und Kragen gekostet. Um uns aus der Affäre zu ziehen, unterbreiteten wir ein umfangreiches Programm zur Sanierung der Versorgungsanlagen.

Enteignung des Volkseigentums

Im Jahr 1982 lernte ich Gerhard Hertwig, Stellvertreter des Ministers für Geologie, kennen. Er berichtete von Testbohrungen, bei denen warmes Wasser gefunden worden war. Gemeinsam entwickelten wir den Plan für die erste *Geothermische Heizzentrale Waren.* 1984 ging sie in Betrieb. Ähnliche Anlagen entstanden 1989 in Neubrandenburg und Prenzlau. Die Geothermie war ein Meilenstein mit Beispielcharakter, denn sie ermöglichte Alternativen zur umweltbelastenden Kohle. Das machte mir Mut. Ich gründete eine interdisziplinäre Arbeitsgruppe, in die alle Ministerien einbezogen waren. Der Ministerrat beschloss 1989 die »zielgerichtete Förderung der Arbeiten auf diesem Gebiet«. Infolge dieses Beschlusses wird der Auf- und Ausbau regenerativer Energieanlagen forciert: Biogas, Deponiegas, Solarenergie, Wärmepumpentechnik, Wasserkraft sowie Windkraft werden feste Bestandteile der DDR-Energiepolitik der späten 1980er Jahre.

Im Oktober 1989 gelang uns eine Vorlage über die Nutzung regenerativer Energien in die Sitzung des Ministerrats unter Leitung von Willi Stoph einzubringen. In dieser letzten Zusammenkunft des staatlichen Gremiums wurde die »Grundlinie für die Nutzung regenerativer Energiequellen in der DDR« und damit ein Programm für den Klimaschutz beschlossen – ein lang gehegtes Ziel von mir, das mich zugleich persönlich in die Verantwortung nahm.

Das hatte zur Folge, dass ich nach dem Zusammenbruch der DDR am 18. Januar 1990 zum Hauptgeschäftsführer des *Wirtschaftsverbands Energieversorgung* (WEV) bestellt wurde. Unterschrieben war die Gründungsurkunde des Verbandes von den Generaldirektoren der 15 Energiekombinate. Mit 70 000 Beschäftigten und einem

Anlagevermögen von 61 Mrd. Mark waren wir eine starke Einheit. Kurt Singhuber hatte der Gründung als designierter Minister für Schwerindustrie zugestimmt. Die Aufgaben des Wirtschaftsverbands bestanden in erster Linie in der Interessensvertretung der Energiekombinate gegenüber Behörden und Organisationen, der Koordinierung der Öffentlichkeitsarbeit, der Beratung der Mitglieder bei Energieversorgungs- und Umweltstrategien, der Unterstützung beim Erwerb und Verkauf von Lizenzen sowie der Durchsetzung neuer Technologien.

Es galt, ein beträchtliches Vermögen zu verteidigen! Über unser Netz – bestehend aus 70 000 Kilometern Freileitung und 182 000 Kilometern Starkstromkabel – versorgten wir 8,9 Mio. Abnehmer mit Elektroenergie. 173 Heizwerke und Heizkraftwerke belieferten über 34 000 Kilometer Gasleitungen 3,5 Mio. Menschen. Zusätzlich wurden 1,2 Mio. Haushalte mit Fernwärme versorgt. 400 Kohleumschlagplätze handelten mit 38 Mio. Tonnen jährlich und fanden circa 3 Mio. Abnehmer. Die Zahlen verdeutlichen, wie notwendig eine einheitliche Vertretung war. Und wie sich bald herausstellte, waren die Energiekombinate Objekte der Begierde! Kaum ein Vorstandsvorsitzender eines westdeutschen Unternehmens, der nicht an meinem Schreibtisch saß.

War im Oktober 1989 eine eigenständige Kontaktaufnahme von Kombinaten mit Partnern in der BRD undenkbar, verliefen die Aktivitäten nunmehr völlig autonom, ohne Einbindung staatlicher Behörden. Im Mai 1990 nahmen wir auf Betreiben der *Bayerischen Landesbank* an einem Ost-West-Energiesymposium am Tegernsee in München teil. Zu den Generaldirektoren unserer Energiekombinate gesellten sich die Vorstandsvorsitzenden westdeutscher Energieversorger. Der Gedankenaustausch über die vor uns liegenden Aufgaben fand auf hohem Niveau – und vor allen Dingen auf Augenhöhe – statt. Während der Tagung formierten sich erste Partnerschaften. Doch die letzte Regierung der DDR verfolgte im Frühjahr 1990 – beeinflusst von den Lobbyisten der Energiekonzerne *Bayern AG, Preußen Elektra* und *RWE* – andere Ziele. Die ostdeutschen Energieversorgungsbetriebe sollten schnellstens privatisiert und unter den drei großen Konzernen aufgeteilt werden. Damit waren unsere Bemühungen, eine partnerschaftliche Zusammenarbeit zu gestalten, null und nichtig.

Am 18. Juni 1990 bestellte Energie-Staatssekretär Uwe Pautz vom Demokratischen Aufbruch die Generaldirektoren aller Kombinate der Energiewirtschaft in die ehemalige Jugendhochschule der FDJ am Bogensee ein und bewog sie, den WEV zu verlassen. Am 30. September 1990 löste sich der Verband auf, nachdem er bereits zum 1. Juli in eine Aktiengesellschaft umgewandelt worden war. Es wäre sicherlich aufschlussreich, die Geschichte dieser Transformation aufzuarbeiten, insbesondere die Rolle der Treuhand im Zusammenspiel mit den westdeutschen Konzernen.

Alternative Energiewirtschaft

Bereits im Februar 1990 hatte ich gemeinsam mit ehemaligen Kollegen aus dem Wirtschaftsverband die *IEE Ingenieurbüro Energieeinsparung GmbH* gegründet, mit der ich an meine Arbeiten auf dem Gebiet der regenerativen Energien sowie dem Umwelt- und Klimaschutz anknüpfen wollte. Mit der Auflösung des WEV trieb ich nun die Entwicklung der IEE voran und dehnte unseren Wirkungsradius zunehmend auch auf die alten Bundesländer aus. Dabei half mir die Kooperation mit dem *TÜV Rheinland*, mit dem gemeinsam wir die 50/50-Gesellschaft *TÜV Energieberatung Ost* gründeten. So konnten wir über 20 ehemalige Mitarbeiter des WEV in Lohn und Brot halten.

Meine guten Kontakte zum *Forum für Zukunftsenergien* – dessen aktives Mitglied ich bis heute bin – führten dazu, dass ich auf dem Symposium für Neue Energien am 1./2. Oktober 1990 das Hauptreferat halten durfte: Unter dem Motto »Einbindung erneuerbarer Energien in die Energieversorgung« konnte ich in der Folgezeit viele meiner Ideen aus DDR-Zeiten umsetzen.

Unter der Bedingung, dass ich mich der Planung regenerativer Energieanlagen widmen kann, gab ich außerdem der Bitte meines Freundes und ehemaligen Schulkameraden Werner Vohlmann nach, die Geschäfte seiner Berliner Dependance zu übernehmen. Er hatte den väterlichen Betrieb, der in der DDR in Volkseigentum überführt worden war, reprivatisiert.

Klaus Giese, Generaldirektor des ehemaligen *VEB Gasanlagenbau Mittenwalde*, holte mich in den Aufsichtsrat des Unternehmens. Vorsitzender war der ehemalige Vorstand der *Deutschen Shell AG*, Herr Wellbergen. Die Privatisierung verlief unter seiner Leitung vorbildlich. Alle Mitarbeiter behielten ihren Arbeitsplatz.

Die *Vohlmann GmbH & Co. KG* hatte sich neben dem Stahl- und Rohrleitungsbau auf den Bau von Tankstellen verlegt. In dieser Branche setzte Anfang der 1990er Jahre ein regelrechter Boom ein. Was lag da näher, als Wellbergen eine Kooperation zwischen *Vohlmann* und *Shell* anzutragen? Binnen zweier Monate war *Vohlmann* im Auftrag des britischen Konzerns für den Aufbau und die Ausstattung aller *Shell*-Tankstellen in Berlin und Brandenburg zuständig.

Gemeinsam mit Giese, der nach Abschluss der Privatisierung des Kombinats aus dem Gasanlagenbau ausschied, gründete ich die *Ost-Windkraft GmbH* (OWK) und baute den ersten Windpark in Rüdersdorf. Die Planung dafür hatte mein Ingenieurbüro durchgeführt. Planung, Bau und Betrieb von Windparks wurde ein Schwerpunkt unserer Tätigkeit. 1995 errichteten wir einen Windpark auf dem Hoppberg, in meiner Heimatgemeinde Dorndorf/Rhön. Die bislang größte Anlage mit 28 Windrädern bauten wir in den 1990er Jahren bei Köthen.

Im IEE arbeiten mittlerweile zwei meiner Söhne, mein ehemaliger Schwiegersohn und nunmehr auch ein Enkelsohn. Eine Spezialität des Ingenieurbüros ist, ursprünglich bedingt durch meine alten Kontakte, die Planung von Netzanschlüssen für Windparks. Viele 110-Kilovolt-Netzanschlüsse sind durch uns geplant und errichtet worden. Sohn Holger hat dieses Geschäftsfeld noch ausgebaut. Nach Durchführung einer Potenzialstudie haben wir zudem Wasserkraftanlagen am Finowkanal und an einem Havelnebenarm geplant und errichtet.

Für Energieversorger und andere Unternehmen der Energiewirtschaft bieten wir darüber hinaus Erdungsmessungen, Blitzschutzmessungen und Thermografie an. Im Diagnostik-Bereich arbeitet Sohn Michael mit seinen Jungs mittlerweile deutschlandweit. Ich persönlich habe mich dem Wasserstoff verschrieben. Nach meiner Meinung ist Wasserstoff der Energieträger der Zukunft. Ich arbeite noch an drei Wind-Wasserstoff-Projekten mit, will heißen, am Einsatz von Wasserstoff als Speichermedium und als Kraftstoff *ohne* Kohlenstoffdioxidausstoß. Als Mitglied des Forums für Zukunftsenergien, der Fördergesellschaft Erneuerbare Energien, des Deutschen Wasserstoff- und Brennstoffzellenverbands sowie der Gesellschaft zum Schutz von Bürgerrecht und Menschenwürde widme ich mich aktiv dem Klimaschutz, der Nutzung regenerativer Energien und setze mich für die Zivilgesellschaft ein. So bin ich technisch und gesellschaftlich immer auf dem neuesten Stand. Nur politisch kämpfe ich bis heute vergeblich gegen die Gespenster der Vergangenheit: Die Aufhebung meiner Strafrente werde ich wohl nicht erleben.

Diskussion

Generaldirektoren-Salon »Energieversorgung« vom 20. Februar 2014

Jörg Roesler: Für ihre Rohstofflage kann man die DDR nicht verantwortlich machen. Wofür man sie verantwortlich machen kann, womit sie zur Energieknappheit beitrug, das waren die Preise für Energie für Verbraucher. Die lagen bei 8 Pfennig pro Kilowattstunde, während die Erzeugungskosten das Doppelte betrugen. Günter Mittag forderte 1971 auf der letzten ZK-Tagung, bevor das Neue Ökonomische System der Planung und Leitung (NÖS) abgeschafft wurde, dass man der Energieverschwendung Einhalt gebieten müsse: »Wir müssen an die Verbraucherpreise ran!« Erich Honecker wollte davon nichts wissen.

Wilhelm Riesner: Das NÖS rüttelte an den Grundfesten des Sozialismus. Auch in der Sowjetunion wurde das System von offizieller Seite abgelehnt. Letztendlich führte der Streit zur Entmachtung Ulbrichts und läutete die Ära

Honecker ein, der 1971 die Einheit von Wirtschafts- und Sozialpolitik verkündete.

In den 1960er Jahren hatte man das Paradox der Subventionen bereits erkannt und überlegt, der Bevölkerung die Kosten für den Strombezug gänzlich zu erlassen. Berechnungen der TU Dresden zufolge war nämlich der Aufwand für die Zählerablesung und Kassierung sowie die regelmäßige Eichung der Stromzähler und deren Wartung kostenintensiver als die Einnahmen bei 8 Pfennigen pro Kilowattstunde. Für die Stromversorgung ohne Zähler gab es sogar Feldversuche in Haushalten, indem ein geringer Festbetrag als Entgelt für den Stromverbrauch zur Miete hinzugerechnet wurde.

Seit 1952 galt die »Preisverordnung Nr. 281 über die Neureglung der Preise für die Lieferung von Elektroenergie und Gas aus öffentlichen Versorgungsnetzen«. Der Haushaltstarif betrug für Strom 8 Pfennig pro Kilowattstunde. Nachtstrom kostete nur 4 Pfennig. Der Preis für Stadtgas betrug 16 Pfennig pro Kubikmeter bei einem Verbrauch von bis zu 200 Kubikmetern, darüber betrug er nur noch 8 Pfennig pro Kubikmeter. Diese Preise sind zentral festgelegt worden und haben sich bis 1989 – also 37 Jahre! – nicht verändert.

Dagegen sind die Kosten der Energiebereitstellung im gleichen Zeitraum stark gestiegen. So verdoppelten sich die Förderkosten der Rohbraunkohle in den 1980er Jahren gegenüber 1970 und der Importpreis für Erdöl aus der Sowjetunion stieg auf das 13-fache. Damit haben sich die staatlichen Subventionen enorm erhöht. Wenn sie 1970 mit 11,4 Mrd. Mark 18,6 Prozent der Staatshaushaltsausgaben erforderten, waren es 1980 schon 61,2 Mrd. Mark und damit 24,6 Prozent des Gesamthaushalts. Das war der Preispolitik der DDR geschuldet, indem für sogenannte Grundbedürfnisse – und dazu gehörte die

Energieversorgung – keine Preiserhöhungen zugelassen wurden. Diese Politik hat wesentlich zur ökonomischen Destabilisierung der DDR beigetragen.

Für den Fernwärmebezug fehlten Verbrauchsmessgeräte, deshalb wurde ein wohnflächenbezogener Festpreis ausgemacht, womit die Höhe des tatsächlichen Verbrauchs keine Rolle spielte. Das führte dazu, dass die Verwandten und Bekannten zum Reinigungsbad eingeladen wurden. Denn das warme Wasser aus der Wand war im Mietpreis enthalten, egal wie viel gebadet wurde.

Anders war es in der Industrie, wo wir realistische Energiepreise hatten. Zusätzliche Einsparungen ergaben sich aus der jährlichen Verbrauchsplanung und -abrechnung, die verbindlich festgelegt waren.

Das war in der Grundstoffindustrie ein Riesenproblem. Wir hatten eine Kohle-Chemie, keine Erdöl-Chemie. Die Kohle-Chemie war unwahrscheinlich energieintensiv. 3500 Kilowattstunden pro Tonne mussten wir verwenden, um Karbid herzustellen. Ähnlich war es in der Aluminiumproduktion, wo der Stromverbrauch 1965 bei 18 639 Kilowattstunden am Tag und 1988 bei 18 713 Kilowattstunden am Tag lag. Das sind nur Beispiele, denn die Industrieausrüstungen der DDR waren extrem überaltert und verbrauchten schon aus diesem Grund viel mehr Energie.

Uwe Trostel: Ich war kurze Zeit Leiter der Zentralen Staatlichen Inspektion für Investitionen (einer Einrichtung der Staatlichen Plankommission). Wir hatten jedes Investitionsvorhaben ab einer bestimmten Größenordnung zu begutachten und da ist keines durchgegangen, bei dem nicht eine spürbare Senkung des spezifischen Energieverbrauchs um 3–8 Prozent nachgewiesen wurde. Zugleich muss man anerkennen, dass die Probleme in der rationellen Energieanwendung in der DDR nicht subjektiver Dummheit, sondern dem Kaltem Krieg und RGW-internen Problemen geschuldet waren.

Oder nehmen wir den Wohnungsbau nach dem VIII. Parteitag. Wir konnten Heizungen einbauen – Regler hatten wir keine. Immerhin verfügten die Neubauten über eine Isolierung. In Russland hatten sie nackte Betonwände. Da waren wir doch ein ganzes Stück weiter …

Wilhelm Riesner: Infolge der deutschen Teilung nach dem Zweiten Weltkrieg waren die Ausgangsbedingungen hinsichtlich der Stahlproduktion sehr schlecht. Wir hatten nicht genügend Stahl und damit zu wenig Heizungsrohre für die mit Fernwärme beheizten Neubauwohnungen. Deshalb führten wir die »Einrohrheizung« ein, um Material zu sparen. Die Folge war, dass der einzelne Heizkörper nicht mehr geregelt oder abgeschaltet werden konnte. Der Fensterflügel wurde zum Regler und die Energieverschwendung zum Wohnprinzip. Die Kammer der Technik warnte vor dieser Entwicklung. Doch das Wohnungsbauprogramm war des Ersten Sekretärs Heiligtum, daran wurde nicht gerüttelt. Die in den Wohnungsbau investierten Mittel fehlten der Wirtschaft. Hinzu kam, dass der Energieverbrauch der Bevölkerung seit den 1970er Jahren doppelt so schnell wuchs wie der der übrigen Bereiche der Gesellschaft. Wer das eine Ziel erreichen wollte, musste andere Dinge vernachlässigen.

Dennoch schnitt die DDR-Energiewirtschaft (nicht nur) im osteuropäischen Vergleich gut ab, etwa auf dem Gebiet der rationellen Energieanwendung. Als die Kubaner nach einem Vorbild für die eigene Energiewirtschaft suchten, kamen sie zu uns. Ich habe die kubanischen Studenten in Zittau selbst ausgebildet. Und auch den Vergleich mit dem NSW brauchten wir nicht zu scheuen. 1988 erhielt ich den Auftrag, für die Weltenergiekonferenz 1989 in Montreal einen Bericht über die »Rationelle

Energieanwendung in der DDR« anzufertigen. Ich wollte dazu einen Vergleich der Entwicklung der Energieeffizienz in der DDR mit der in der BRD auf Basis des Bruttosozialproduktes (BRD) und des Nationaleinkommens (DDR) durchführen. Dabei wollte ich mich möglichst am Ist-Stand orientieren. Die Werte aus der BRD standen zur Verfügung, für die DDR fehlte mir das Nationaleinkommen von 1987, es war noch nicht veröffentlicht. Ich fragte bei Arno Donda von der Staatlichen Zentralverwaltung für Statistik nach, ob der Wert statistisch ermittelt sei. Ich bekam die Information mit der Einschränkung, dass dieser Wert vorläufig sei, da er sich noch zur Endabstimmung beim Genossen Mittag befinde. Mein Beitrag löste in Montreal Erstaunen aus, denn die errechneten Senkungsraten der Energieintensität in der DDR auf Basis des Nationaleinkommens waren bemerkenswert höher als die der BRD.

Jörg Roesler: Die Energiewirtschaft war nicht umsonst der erste Industriezweig, der bereits im August 1990 komplett privatisiert war. Die westdeutschen Konzerne zeigten ein besonderes Interesse an der Übernahme der DDR-Energiekombinate. Denn eines war sicher: Was im Osten auch kommen würde, Energie wird weiter gebraucht. Alle anderen Erzeugnisse konnte man auch in den alten Bundesländern fertigen und in die neuen Bundesländern importieren, Energie dagegen kaum. Denn es existierte im Ergebnis der jahrzehntelangen deutschen Teilung kein gemeinsames Energieverbundsystem. Selbst wenn die westdeutschen Konzerne wollten, konnten sie nicht einfach Energie in den Osten schicken.

Wolfram Adolphi: Die Energiewende ist heute in aller Munde und sie ist zweifellos ein Riesending. Die internationale Aufmerksamkeit spricht dafür. Doch es gibt auch Verlierer. Die Partei DIE LINKE, für die ich im Bundestag arbeite, verfügt über Statistiken zu Stromsperren, aus denen hervorgeht, dass ganze Bevölkerungskreise von der Energieversorgung ausgeschlossen sind, darunter Familien mit Kindern. Mehr als 300 000 Menschen bekommen keinen Strom. In der reichen Bundesrepublik! Das zu wissen ist wichtig. Aber noch viel wichtiger scheint mir, dass die Auslagerung energieintensiver Industrien ins Ausland nicht thematisiert wird. Dabei ist das doch fast das Thema schlechthin. Denn der Preis eines netten kleinen Teilchens, wie es ein Handy darstellt, trägt in sich nicht die Kosten der eigentlich sehr energieintensiven Aufarbeitung des verschrotteten Handys, wie sie etwa millionenfach in Nigeria – dort aber eben ungleich »kostengünstiger« – stattfindet. Die Giftstoffe, die im Handy stecken, werden dort nicht sachgerecht entsorgt. Aus den winzigen Mengen Gift pro Handy entstehen dort riesige Mengen, die eine beständige Bedrohung des Lebens darstellen. Ich könnte auch von der Verschrottung von Schiffen oder Computern reden – es ist immer der gleiche Vorgang der Auslagerung von Entsorgungsschritten, die, wenn sie sachgerecht ausgeführt werden, sehr, sehr teuer sind. Aber diese sachgerechte Entsorgung wird »eingespart« durch Auslagerung in Länder vornehmlich der »Dritten Welt«. Dort fühlen sich die großen Konzerne »frei«, die hohen Standards, die in ihren Ländern gelten, einfach zu umgehen. Und deswegen scheint es mir falsch an den Debatten, die Dinge nur national zu debattieren. Zu oft geht es mir hier nach der Methode, die DDR-Erfahrungen nur im Vergleich mit dem jetzigen Gesamtdeutschland zu erörtern. Wir müssen uns die Weltwirtschaft anschauen. Das Verfahren, die Dreckarbeit auszulagern – kam für die DDR nicht in Frage. Die Probleme der Produktion und der Entsorgung mussten im eigenen Land gelöst werden. Karl Döring hat kürzlich das Primat der Politik über die Wirtschaft erwähnt. Das ist –

weltweit gedacht – auch heute die zentrale Frage. Es zeigt sich, dass das Primat der Wirtschaft uns hier in einer relativ guten Lage leben lässt, aber schon in Europa sieht es an vielen Stellen ganz anders aus. Und auch durch Deutschland selbst tut sich, wie eingangs erwähnt, eine Kluft auf.

Hans Sandlaß: Ich bin der Meinung, die Politik muss mit klugen Rahmenbedingungen dafür sorgen, dass der Energieverbrauch gesenkt wird. Außerdem muss der Anteil regenerativer Energien weiter erhöht werden. Allein schon aus Klimaschutzgründen müssen wir von der Kohle wegkommen. Dann gehört das Thema Speicherung auf die Tagesordnung. Da stand die DDR eigentlich ganz gut da. Ich erinnere daran, dass wir eine ganze Reihe guter Pumpspeicherkraftwerke hatten. Eine weitere Möglichkeit besteht darin, sich der Industrie als Energiespeicher zu bedienen. Nehmen wir die Karbidindustrie, die kann auf Halde legen: Das ist Energiespeicherung. Und ich denke an neue Methoden, wie die Verwendung von Wasserstoff. Das Verfahren der Elektrolyse ist seit hundert Jahren bekannt. Alle Automobilhersteller haben das Brennstoffzellenauto im Schubfach. Aber keiner bringt es auf den Markt, weil wir ein Primat wirtschaftlicher Interessen haben.

Rolf Matthes: Ich habe eine Anmerkung zum Begriff der Effizienz. Aus dem Blickwinkel des Energetikers betrachtet, ist Effizienz etwas völlig anderes als in der Ökonomie, wo der Ausdruck synonym für Kostenminimierung oder Gewinnmaximierung gebraucht wird. Der Markt generiert andere Effizienzmaßstäbe als die Physik. Stromerzeugung und Stromverteilung können nur technologisch optimiert oder effizienter gestaltet werden – auf naturwissenschaftlicher Basis.

Meiner Ansicht nach besteht hier ein eklatanter Widerspruch: Statt die Umwelt, die unser Lebensraum ist, zu schonen und Energieeinsparung durch höhere physikalische Wirkungsgrade zu erzielen, überlässt man die Energieerzeugung, -anwendung und -verteilung im Netz widerstreitenden privaten Interessen und rein wirtschaftlichen Strukturen, die auf privaten Gewinn ausgerichtet sind. Im Vordergrund steht der merkantile Vorteil für ein einzelnes Unternehmen, nicht der effiziente, rationelle oder zumindest verantwortungsvolle Umgang mit den Ressourcen. Klar kann die Politik regulieren, aber auch sie ist letztlich dem Primat der Natur unterworfen.

Manfred Domagk, Wilfried Maier, Walter Siegert

Die Preispolitik der DDR – Das Amt für Preise

Manfred Domagk wird 1938 im brandenburgischen Baruth/Mark geboren. Nach dem Abitur geht er zur Nationalen Volksarmee und dient freiwillig bis Mitte 1960 am Standort Leipzig. Dort beginnt auch seine berufliche Laufbahn auf dem Gebiet der Finanz- und Preispolitik – zunächst beim Rat der Stadt und wenige Monate später beim Rat des Bezirkes Leipzig. Er steigt innerhalb von fünf Jahren zum Hauptreferenten auf und absolviert parallel zur Berufstätigkeit ein Fernstudium an der Hochschule für Ökonomie. Nach dem Abschluss wechselt er ins Büro der Regierungskommission für Preise beim Finanzministerium und wird Fachgebietsleiter. 1967 beginnt er eine Tätigkeit als wissenschaftlicher Mitarbeiter des Staatssekretärs im Amt für Preise. Danach war er nahezu 10

Jahre in verantwortungsvoller Funktion auf dem Gebiet der Preis-
kontrolle der Investitionen tätig. In der Zwischenzeit besucht Man-
fred Domagk für ein Jahr die Parteihochschule »Karl Marx« und
arbeitet ein Jahr in der Abteilung Planung und Finanzen beim
ZK der SED. 1978 wird Manfred Domagk zum Staatssekretär
des Amtes für Preise beim Ministerrat der DDR berufen – eine
Funktion, die er bis 1990 ausüben wird. 1984 promoviert er an
der Humboldt-Universität zu Berlin und wird dort Gastdozent.

Wilfried Maier ist Jahrgang 1932. Seine Eltern betreiben in Le-
win/Sudetenland einen Kolonialwarenhandel, der dem Sohn im
Gedächtnis bleiben wird. Nach der Vertreibung aus der Heimat
beginnt er eine Lehre zum Verkäufer in einem Feinkostgeschäft in
Sangerhausen. Wilfried Maier schließt die Lehre ab und arbeitet
fortan als Nachkalkulator im VEB Kyffhäuserhütte Artern. Seine
Begeisterung für das Reich der Zahlen hält an, sodass er 1954
zum Studium an die Hochschule für Ökonomie Berlin delegiert
wird. Er verbringt seine Zeit als Assistent und Dozent an der
HfÖ und erhält 1969 den Ruf zum Professor. Schon ein Jahr

später nimmt er eine Tätigkeit im Amt für Preise der DDR auf und wird zum Stellvertreter des Ministers berufen. Fortan ist er zum einen für die Bildung der Konsumgüter- und Verbraucherpreise zuständig, zum anderen auf dem Gebiet der RGW- und Außenhandelspreise tätig. Viele Jahre beschäftigten ihn Fragen der staatlichen Preisbildung und Preispolitik. In den Jahren 1997 bis 1998 hat Wilfried Maier eine vierbändige Studie zu dieser Frage erarbeitet.

Walter Siegert ist 1929 in Siegmar bei Chemnitz geboren und entscheidet sich nach dem Besuch der Volksschule und der Höheren Handelslehranstalt für eine Wirtschaftsprüfer-Ausbildung. Mit 20 Jahren arbeitet er als Revisor in der volkseigenen Wirtschaft, schließt sein Studium an der HfÖ als Diplomwirtschaftler ab und kommt 1960 ins Ministerium der Finanzen der DDR. Ein Jahr später promoviert er. Von 1980 bis 1990 arbeitet er als Staatssekretär des Ministeriums für Finanzen. Schließlich wird er von Januar bis März 1990 Minister der Finanzen in der Regierung von Hans Modrow.

Handel als Ursprung der Politik

Manfred Domagk: Eines der wichtigsten Politikfelder –
und ich bin geneigt zu behaupten, eines der ältesten – ist
die Preispolitik. Obwohl die geschichtlichen Quellen darüber recht dürftig sind, gibt es in den Werken der antiken
Autoren bemerkenswerte Einzelangaben. So forderte Platon, dass sich die Gesetzeswächter »Klarheit über das zu-
lässige Maß des Gewinns für die Kleinhändler mit Rück-
sicht auf Einnahme und Ausgabe verschaffen« müssen.
In diesem Zusammenhang spricht Platon ausdrücklich
von einem Gesetz, dass Höchst- und Mindestpreise bestimmt. Cicero fragt, ob ein Kaufmann eine für ihn güns-
tige Marktsituation ausnutzen und sein Getreide auf der
von einer Hungersnot bedrohten Insel Rhodos mit einem
enormen Profit absetzen darf, wenn er weiß, dass von
Alexandria her eine ganze Flotte von Getreideschiffen
Kurs auf die Insel genommen hat und der Getreidepreis
sich bald wieder normalisieren wird. Und von Aristote-
les wissen wir, dass er sich mit der Analyse tauschwirt-
schaftlicher Beziehungen befasste. Dabei entdeckte er im
Wertausdruck der Ware ein Gleichheitsverhältnis und
wie Karl Marx sagte, hinderte ihn nur die historische
Schranke seiner Gesellschaft daran herauszufinden, worin in Wahrheit dieses Gleichheitsverhältnis besteht. Marx
selbst kam zu der Erkenntnis, »dass der Austausch oder
Verkauf der Waren zu ihrem Wert das Rationelle, das natürliche Gesetz ihres Gleichgewichtes ist.«
Auf werttheoretische Ausführungen verzichtend, sei
nur so viel angemerkt: Grundsätzlich ging es im Realsozialismus der DDR immer darum, die Funktionen des
Preises – nämlich seine Mess-, Verteilungs- und Stimulierungsfunktion für die Unterstützung wirtschafts- und
sozialpolitischer Ziele zu nutzen. Damit war der Preis so-

wohl Instrument als auch Gegenstand der Planung. Er war ein »sozialistischer Planpreis« im Gegensatz zu den Preisen der kapitalistischen Marktwirtschaft, die überwiegend durch Angebot und Nachfrage bestimmt werden.

Systematische Preis- und Subventionspolitik

Die Wurzeln der DDR-Preispolitik reichen zurück bis in die Nachkriegszeit. Zwei Befehle der sowjetischen Militäradministration sind maßgeblich für die weitere Entwicklung: Befehl Nr. 9 forderte einen Preisstopp für alle Waren und Leistungen auf das Niveau des Jahres 1944, bei Mieten auf das Niveau von 1936. Und Befehl Nr. 163 verlangte die strenge Einhaltung dieser Preispolitik. Der geringste Verstoß wurde als Sabotage gegen den Neuaufbau bewertet und strengstens geahndet. 1970 unterstrich der Ministerrat diese Politik, indem er die »Zentrale staatliche Preiskontrolle für Investitionen« beschloss.

Mit der Gründung der DDR 1949 übernahm die Regierung die volle Verantwortung für die Gestaltung der Preispolitik und ihre Durchführung. Dazu wurde ab Juni 1956 eine Regierungskommission gebildet. Sie stand unter Leitung des Ministers der Finanzen und existierte bis 1966. Vordringlichster Auftrag dieser Institution war es, die Preisbildung in der Hand des Staates zu halten. Voraussetzung dafür war die Einführung der wirtschaftlichen Rechnungsführung in allen Bereichen der Industrie im Jahr 1951, die eine genaue Erfassung der Kosten ermöglichte. Die zweite Voraussetzung war, dass erste konkrete Kalkulationsbestimmungen geschaffen wurden, also gesetzliche Bestimmungen darüber, was an Lohn, Material und weiteren Positionen kalkuliert werden durfte.

Die inhaltliche Gestaltung der Preispolitik vollzog

sich aus meiner Sicht in zwei qualitativen Schritten. Der erste Schritt bestand in der Festpreisbildung, also der Schaffung fester Preise für einheitliche Leistungen und Produkte zwischen 1953 und 1959. Dafür wurden 500 Preisanordnungen und 70 nach Handwerkszweigen differenzierte Preisbestimmungen erarbeitet. Sie umfassten 50 Prozent des Produktions- und Leistungsvolumens. Von 1962 bis 1967 erfolgte die Industriepreisreform, die mit einer Grundmittelbewertung und der Neuordnung der Materialwirtschaft einherging.

Der zweite Schritt zur Gestaltung des Preissystems vollzog sich Mitte der 1960er Jahre mit dem Ökonomischen System der Planung und Leitung der Volkswirtschaft, woraus generell höhere Anforderungen an das Preissystem, insbesondere zur Nutzung der eingangs erwähnten Funktionen des Preises entstanden. Preise, Kosten und Gewinn sollten einen höheren Stellenwert in der Leistungsstrategie erhalten. In diesem Zusammenhang erfolgte 1965 die Gründung des Amtes für Preise beim Ministerrat der DDR mit einem Minister – Walter Halbritter – an der Spitze.

In dieser Zeit wurde unter den Theoretikern die Frage diskutiert, ob Preise auf der Grundlage von Weltmarktpreisen oder auf der Grundlage des nationalen Aufwandes zu bilden seien. Die Leitung des Amtes für Preise kam damals zu der Überzeugung – und ich stehe heute noch dazu –, dass der nationale Aufwand Grundlage der Preisbildung sein muss. Letztere wurde ihrer Messfunktion am besten gerecht.

Preisbildung in Industrie und Landwirtschaft

Insgesamt standen drei Bereiche im Mittelpunkt der Arbeit des Amtes für Preise. Das waren die Industriepreispolitik, die Agrarpreispolitik und die Verbraucherpreispolitik. Dazu einige Einzelbemerkungen, zunächst zu den Industriepreisen: Unter jahrzehntelangen Bedingungen des überwiegend extensiven Wirtschaftswachstums der DDR waren die wissenschaftlichen und praktischen Schritte zur Gestaltung des Preissystems nahezu ausschließlich von der Aufgabe bestimmt, den gesellschaftlich notwendigen Aufwand in den Industriepreisen so genau wie möglich widerzuspiegeln. Dementsprechend wurden jährlich planmäßige Industriepreisänderungen zum Hauptinstrument für die stetige Annäherung der Industriepreise an den gesellschaftlich notwendigen Aufwand. Ausdruck dessen sind Industriepreiserhöhungen bis zum Jahre 1986 mit einem Volumen von rund 188 Mrd. Mark. Hauptursache dieser Erhöhungen waren die enorm gestiegenen Kosten für importierte Energieträger, Roh- und Werkstoffe. So waren allein die Erdölpreise gegenüber 1975 bis zum Jahr 1984 auf das Neunfache, der Heizölpreis auf das Sechsfache oder der Preis für Aluminium auf das Doppelte gestiegen. Auch die immense Kostensteigerung bei der Nutzung einheimischer Energieträger und Rohstoffe – aufgrund der sich verschlechternden geologischen Bedingungen – schlugen zu Buche. Beispielsweise entwickelten sich die Selbstkosten der Produktion je Tonne Rohbraunkohle im Zeitraum 1980 bis 1990 von 11,37 Mark auf 17,54 Mark. 1970 betrugen sie vergleichsweise noch 6,30 Mark.

Die Vorbereitung und Durchführung dieser planmäßigen Industriepreisänderungen erforderte einen enormen Arbeitsaufwand, der letztlich nur durch die Entwicklung von Preisverflechtungsmodellen unter Anwendung der elektronischen Datenverarbeitung zu bewältigen war. Wir berechneten etwa, wie sich 1,00 Mark Industriepreiserhöhungen für Energieträger, Roh- und Werkstoffe, Verkehrs- und Bauleistungen auf die Preise für Zulieferungen und Enderzeugnisse auswirkten. Zur Erfüllung volkswirtschaftlicher Ziele ging es insbesondere darum, die Stimulierungsfunktion des Preises wirken zu lassen. Das erfolgte durch Extragewinne für die Stimulierung der Produktion von neuen Erzeugnissen mit niedrigen Selbstkosten und hohem ökonomischen Nutzen in Inland und Export; Preiszuschläge für die Produktion von neuen, hochwertigen Konsumgütern sowie *Exquisit-* und *Delikat-*Erzeugnissen; Gewinnzuschläge für Ersatzteile; Preiszuschläge für das Gütezeichen »Q« sowie das Prädikat »SL« (Spitzenleistung); Gewinnabschläge für veraltete Erzeugnisse.

Die Agrarpreispolitik stellte ein besonders sensibles Arbeitsgebiet dar. Hier ging es immer darum, die Genossenschaftsbauern als engste Verbündete der Arbeiterklasse ökonomisch zu stärken. Aus diesem Grund wurden Industriepreiserhöhungen für Erzeugnisse und Leistungen, welche die Landwirtschaft benötigte, nicht wirksam. Sie wurden, um den damaligen Sprachgebrauch zu verwenden, »abgeblockt«. Dies betraf vor allem Düngemittel, Dieselkraftstoff, Energie, feste Brennstoffe, Landmaschinen, Baustoffe und Nutzkraftwagen. Zwar wurden deren Preiserhöhungen in die Kosten der Landwirtschaft übernommen (um einen sparsamen Umgang zu stimulieren), diese aber gleichzeitig in voller Höhe durch staatliche Mittel erstattet.

Ökonomisch problematisch war dabei, dass die Kosten und Preise der Pflanzen- und Tierproduktion den volkswirtschaftlichen Aufwand nicht real zum Ausdruck brachten. Hinzu kam, dass die finanzielle Akkumulation der genossenschaftlichen Landwirtschaft Ende der 70er Jahre nur noch 40 Prozent des Niveaus der Jahre 1971 bis 1975 erreichte.

Das veranlasste die DDR-Regierung auf dem X. Parteitag der SED 1981 eine umfassende Agrarpreisreform in die Wege zu leiten. Sie sollte neue, den gesellschaftlichen Aufwand besser widerspiegelnde Preise für die landwirtschaftlichen Produkte einführen, ökonomische Anreize zur Förderung der Produktion, ihrer Qualität und der Senkung der Kosten schaffen sowie die Bedingungen für die erweiterte Reproduktion der landwirtschaftlichen Betriebe verbessern. Am 1. Januar 1984 wurde die Reform auf Beschluss des Politbüros des ZK der SED wirksam. Die neuen Agrarpreise enthielten Industriepreiserhöhungen von 10,1 Mrd. Mark sowie einen höheren Gewinn von insgesamt 2,5 Mrd. Mark. Daraus resultierten Erzeugerpreiserhöhungen von 18,8 Mrd. Mark. Im Zuge der Reform arbeiteten nahezu alle sozialistischen Landwirtschaftsbetriebe rentabel. Der Gewinn entwickelte sich gegenüber dem Zeitraum vor dieser Reform im Durchschnitt der Jahre 1984 bis 1988 auf das Dreifache.

Streitobjekt Verbraucherpreise

Hatte ich die Agrarpreise als »sensibel« charakterisiert, bezeichne ich die Verbraucherpreispolitik als »brisant«. Wie die Geschichte beweist, war diese oftmals Auslöser von Unruhen der Bevölkerung, die mitunter sogar zum Sturz von Regierungen führten. Markantes Beispiel dafür ist Robespierre. Als Anführer der Jakobiner hatte er 1793 Höchstpreise für Getreide, Brot, Öl, Feuerholz, Stoffe, Kerzen und andere Güter des täglichen Bedarfs sowie einen Mindestlohn festgesetzt. Dennoch wurde er – freilich unter dem Vorwand seiner Schreckensherrschaft – am 27. Juli 1794 hingerichtet. Wir Verantwortlichen der DDR-Verbraucherpreispolitik – allen voran Minister Halbritter – brauchten zwar nicht um unseren

Kopf bangen, ein Schleudersitz waren unsere Funktionen jedoch allemal: Schließlich traf das Amt für Preise jährlich 30 000 Verbraucherpreisentscheidungen. Allein die Meinungsvielfalt über die Preispolitik, die ständigen Kritiken an zu hohen oder zu niedrigen Preisen, vor allem für neue und weiter entwickelte Konsumgüter, brachten Auseinandersetzung auf höchster Ebene. Dennoch unterbreiteten wir immer wieder fundierte Vorschläge für notwendige Änderungen. Das verlangte nicht nur Stehvermögen, sondern auch eine gehörige Portion Mut.

Kernstück all dessen war die Politik stabiler Verbraucherpreise für Waren des Grundbedarfs, Mieten, Tarife und Dienstleistungen. War sie bereits wesentlicher Bestandteil Ulbrichts Sozialpolitik, erhielt sie unter Erich Honecker einen neuen Stellenwert. Für ihn war sie Garant des sozialen Friedens und zugleich sozialistische Antwort auf die Lohn-Preis-Spirale der kapitalistischen Marktwirtschaft. Dazu gehörte die ständig steigende Subventionierung unter anderem von Lebensmitteln, Mieten, Energie und Fahrpreisen.

Hans Modrow: Als die Erdölpreise auf dem Weltmarkt 1974 stark anstiegen, führten die Bezirkssekretäre der Partei heftige Diskussionen mit Erich Honecker, die Benzinpreise zu erhöhen. Wer einen Trabi hatte, war bereit, zehn Pfennig mehr zu zahlen, so ihre Argumentation. Honecker blockte ab. Für ihn war die Einheit von Wirtschafts- und Sozialpolitik gottgegeben. Eher sollten die Subventionen erhöht werden, als etwas an den Preisen für den Konsum zu verändern. So wurde die Akkumulationsrate in der Wirtschaft immer geringer und die staatliche Absicherung von Preisen ständig größer. Die Beschlüsse der Partei konnten die ökonomischen Gesetze nicht überlisten.

Manfred Domagk: Gelegentliche Vorschläge Halbritters, die Preispolitik gegenüber der Bevölkerung aufgrund sich verschlechternder ökonomischer Bedingungen anzugleichen, wies Honecker strikt zurück. Das betraf auch Vorlagen, die gemeinsam mit dem Vorsitzenden der Staatlichen Plankommission, Gerhard Schürer, und dem Minister der Finanzen, Siegfried Böhm, erarbeitet worden waren. Grundüberlegung war, die notwendigen Verbraucherpreiserhöhungen durch Steigerungen der Löhne, Renten und Stipendien wettzumachen. Ein Ausgleich erfolgte zudem über die Preisfestsetzung für hochwertige und importierte Konsumgüter, *Exquisit-* und *Delikat-*Erzeugnisse. Volkswirtschaftlich fielen diese mit einem Anteil von 9 Mrd. Mark bei einem Einzelhandelsumsatz von 125 Mrd. Mark allerdings kaum ins Gewicht. Das Hauptproblem der Verbraucherpreispolitik war die hohe Belastung des Staatshaushalts. So stiegen die Ausgaben für Stützungen allein für Grundnahrungsmittel von 16,8 Mrd. Mark (das entspricht 30 Mark Subventionen pro 100 Mark Einkaufswert) im Jahr 1980 über 27,3 Mrd. Mark (72 Mark Subventionen) 1985 auf 32 Mrd. Mark (85 Mark Subventionen) im Jahr 1990. Das führte so weit, dass die arbeitende Bevölkerung lediglich 57 Prozent ihres Einkommens in Form von Lohn und Gehalt erhielt. Den Rest legte der Staat mit der sogenannten zweiten Lohntüte – in Form von Verbraucherpreis-, Miet- und Dienstleistungssubventionen – oben drauf.

Insgesamt betrug der Staatshaushalt Ende der 1980er Jahre circa 300 Mrd. Mark; das Stützungsvolumen einschließlich der Ausgaben für Kultur, Wohnungswirtschaft, Personenverkehr erreichte zu diesem Zeitpunkt ein Niveau von rund 57 Mrd. Mark. Hauptursache dieser Entwicklung waren die Industrie- und Agrarpreisänderungen mit einem Gesamtvolumen von 230 Mrd. Mark bis 1989.

Auswirkungen der Subventionspolitik

Abgesehen von der fiskalischen Belastung des Staatshaushaltes verfehlte die Subventionspolitik ihre Wirkung auf das Denken und Handeln der Bürger nicht – und zwar in negativer Weise. Sie wurde kaum noch als die von Erich Honecker postulierte Errungenschaft des DDR-Sozialismus wahrgenommen, geschweige denn geschätzt. Die Subventionen führten zu einem sorglosen Umgang mit Energie, Wasser und Nahrungsmitteln, die sogar als Futtermittel für Vieh dienten. Von 840 000 Tonnen produzierten Backwaren wurden ungefähr 200 000 Tonnen verfüttert oder landeten im Müll.

An dieser Stelle komme ich nicht umhin, einige Bemerkungen zur »Mangelwirtschaft« der DDR zu machen. Wie für die Volkswirtschaften aller sozialistischen Länder charakteristisch, »hinkte« des Angebot an Gütern und Leistungen ständig der zahlungsfähigen Nachfrage hinterher (im Gegensatz zur kapitalistischen Marktwirtschaft, wo es genau umgekehrt ist). Die Ursachen dafür lagen im Planungssystem, das nicht auf die Effektivitätssteigerung der Produktion zielte. Stattdessen gewannen Ende der 1970er Jahre utopische Zielstellungen für das Wirtschaftswachstum, einschließlich subjektiver Entscheidungen zu außerplanmäßigen Vorhaben – überwiegend nicht konkret untersetzte Wettbewerbsverpflichtungen für die Planübererfüllung – die Oberhand. Daraus resultierten unrealistische Volkswirtschaftspläne, die bezüglich Herstellung und Verbrauch in der Produktion Mängel aufwiesen. In der Wirtschaft hatten diese Mängel gravierende Auswirkungen: Substanzverzehr der materiell-technischen Basis verbunden mit steigendem Reparaturbedarf, Produktionsausfällen, Arbeitsunterbrechungen, hohen Materialbeständen, nicht genutzten Forschungsergebnissen, Überstunden und

Wochenendschichten und – damit einhergehend – einem gravierenden Rückgang der Arbeitsmotivation. Nicht zu vergessen die unnötige Umwandlung halbstaatlicher Betriebe in Volkseigentum mit einer auf die Steigerung der Produktionsmenge gerichteten Planung. Eine Verarmung des Konsumgüterangebotes und Mangel waren die Folgen.

Sichtbarer Ausdruck all dessen waren zum einen die Spareinlagen der Bevölkerung (137,5 Mrd. Mark), die den Einzelhandelsumsatz eines Jahres um mehr als zehn Milliarden überstiegen. Zum anderen verärgerten die zunehmenden Angebotslücken die Bürger. Drittens entwickelte sich eine volkswirtschaftlich schädliche Bevorratung. Die Leute kauften, wenn sie etwas bekamen, nicht, wenn sie es brauchten.

Eine Sonderrolle bei der Preisgestaltung spielten neu- und weiterentwickelte Konsumgüter. Diese Preise für nicht lebensnotwendige Produkte waren so zu bilden, dass sie die Kosten deckten und darüber hinaus einen Gewinn ermöglichten. Kostendeckung bedeutete konkret, der Kalkulation die vergleichsweise hohen Industrie- und Agrarpreise zugrunde zu legen. So kam es, dass ein neuer Farbfernseher mit 6 000 Mark zu Buche schlagen konnte. Ökonomisch war dies im Verhältnis zu den Verbrauchersubventionen und den Spareinlagen der Bevölkerung relativ unbedeutend. Die zusätzlichen Staatseinnahmen aus dem sogenannten Wertzuwachs betrugen jährlich lediglich 2–4 Mrd. Mark – angesichts der prekären ökonomischen Situation in der zweiten Hälfte des Fünfjahrplanes 1976–1980 ein Tropfen auf den heißen Stein. Hatte der Vorsitzende der Staatlichen Plankommission, Gerhard Schürer, auf Weisung Günter Mittags, Sekretär des ZK der SED für Wirtschaft und Mitglied des Politbüros, in Vorbereitung des Volkswirtschaftsplanes 1980 den Vorschlag unterbreitet, Subventionen mittels Preiserhöhungen abzubauen (die

Rede war von 21 Mrd. Mark bei einer direkten Belastung der Bevölkerung von 11 bis 13 Mrd. Mark ohne finanzielle Ausgleichmaßnahmen), hielt Honecker stur an der bewährten Politik stabiler Verbraucherpreise fest.

Neben den Konsumgütern waren die Mieten ein ständiges Sorgenkind der Preispolitik. Bei einer durchschnittlichen Wohnfläche von 26,5 Quadratmetern pro Kopf betrugen die Baukosten für eine Wohnung rund 120 000 Mark zuzüglich 4 000 Mark für Betriebs- und Instandhaltungskosten im Jahr. Dem standen jährliche Mieteinnahmen von 600 Mark gegenüber. Zur Veränderung dieser ökonomisch unhaltbaren Situation wurde eine Erhöhung der Mieten für Neubauwohnungen ab einer bestimmten Einkommenshöhe der Mieter vorgeschlagen sowie die Ausreichung finanzieller Zuschüsse an private Hausbesitzer in gleicher Höhe, wie sie den kommunalen Wohnungsverwaltungen gewährt wurden. Auch diese Vorschläge lehnte Honecker strikt ab. Die Lösung des sozialen Problems der Wohnungsfrage war mit jährlich 16 Mrd. Mark teuer erkauft.

Auch Investitionen unterlagen der staatlichen Preisaufsicht. Gegenstand der Kontrolle waren die zwischen den Investitionsauftraggebern und -auftragnehmern vertraglich zu vereinbarenden, verbindlichen Preisangebote. Ziel war es, den Investitionsaufwand in Vorbereitung der Investitionen so genau wie möglich zu bestimmen, was eine gründliche Planung der Vorhaben voraussetzte. Im Kern ging es darum, eine permanente Verteuerung der Investitionen zu verhindern, wie sie heute regelmäßig bei großen Bauvorhaben (*Flughafen Berlin–Brandenburg, Stuttgart 21* etc.) zu beobachten ist. Dazu zählten der Neubau von Industrieanlagen ebenso wie die Errichtung von kulturellen Einrichtungen wie der Palast der Republik, der Friedrichstadt-Palast oder das Gewandhaus in Leipzig.

Was unsere eigentlichen monetären Kontrollergebnisse betraf, so lagen sie durchschnittlich bei etwa 19 Prozent des überprüften Investitionsvolumens, was einem Betrag von jährlich 150 Mio. Mark entsprach. Etwa jede sechste Mark des veranschlagten Investitionsaufwandes war preisrechtlich überhöht. Damit wurde der veranschlagte Investitionsaufwand nicht nur eingehalten, sondern gesenkt beziehungsweise für Ergänzungsvorhaben wie zum Beispiel die Modernisierung von betrieblichen Feriengebieten verwendet.

Verpasste Reformen

Leider gelang es uns auch unter der Regierung Modrow nicht, die seit Jahren angestrebte Veränderung der Verbraucherpreispolitik zu verwirklichen. Die sich im rasenden Tempo vollziehende politische Entwicklung machte entsprechenden Plänen einen Strich durch die Rechnung. Das sah Preiserhöhungen mit einem Volumen von 33 Mrd. Mark vor. Sie sollten durch finanzielle Zuwendungen von monatlich 175 Mark für Erwachsene beziehungsweise 135 Mark für Kinder bis zum zwölften Lebensjahr ausgeglichen werden. Die Berechnungen gingen davon aus, dass die erhöhten Preise einen sparsameren Verbrauch nach sich ziehen würden. Die eintretenden Einsparungen würden geringfügig größer ausfallen als die zu erwartenden Ausgaben für die Einkommenserhöhungen. Das hätte dazu geführt, dass die Einkommensbedingungen für die DDR-Bevölkerung bei der Einführung der D-Mark deutlich besser gewesen wären, als es tatsächlich der Fall war. Es hätte sich sicher kein Politiker gewagt, das Einkommen auf das Subventionsniveau zurückzuschrauben.

Wie ich zu zeigen versuchte, ist die Preispolitik der

DDR nur vor dem Hintergrund der praktischen Ausgestaltung und Durchführung zur Erreichung wirtschaftlicher und sozialpolitischer Zielstellungen zu verstehen. Aus dieser primär sozialen Ausrichtung der Ökonomie ergaben sich Widersprüche und ökonomische Nachteile – sie bestätigen Lenins These, der zufolge sich im Preis alle politischen und ökonomischen Probleme des Staates kreuzen. Genau dieser Aspekt hat unsere Arbeit so interessant gemacht.

Brauchte die DDR das Preisdiktat?

Wilfried Maier: Wenn wir uns heute, über 25 Jahre nach dem Ende der DDR, mit ihrer Verbraucherpreispolitik befassen, so vor allem, um nachzudenken, welche Schlussfolgerungen für heute und künftige Generationen daraus gezogen werden können. Wir müssen uns fragen: Was haben wir falsch gemacht? Aber auch: Was ist davon zu bewahren? Und vor allem: Wie kann man es besser machen? Das gilt besonders für den bis zum Schluss gültigen Grundsatz stabiler Preise für Waren des Grundbedarfs, über dessen Folgen Manfred Domagk ausführlich gesprochen hat.

In den Nachkriegsjahren waren der Preisstopp und die strenge Kontrolle seiner Einhaltung ohne Zweifel unerlässlich. Strafen, die aus heutiger Sicht manch einem übertrieben erscheinen, halfen, Schwarzmarkt und Schieberei in der DDR auf ein überschaubares Maß zu begrenzen.

Die stabilen Preise für Verbrauchsgüter, Mieten und Tarife waren für die soziale Sicherheit der Bürger von existenzieller Bedeutung. Jedes Land, das sich in einer vergleichbaren Situation befindet – sei es nach einer Naturkatastrophe, sei es nach einem Währungskollaps oder infolge von Kriegen – ist gut beraten, eine Rationierung zu prüfen und für existenzielle Produkte und Leistungen einen Preisstopp zu verhängen.

Die Frage ist, ob vom Staat regulierte Verbraucherpreise auch dann noch berechtigt sind, wenn sich die wirtschaftliche Lage entspannt, beziehungsweise ein nicht lebensnotwendiger Überschuss an Produkten und Leistungen entsteht. Die DDR hatte in den 50er/60er Jahren Antworten auf diese Mehrproduktion gefunden: etwa mit der Gründung der Handelsorganisation HO. Am 15. November 1948 wurden 50 sogenannte »Freie Läden« eröffnet, in denen die Bürger nicht rationierte Waren ohne Marken kaufen konnten. Sie waren deutlich billiger als auf dem Schwarzmarkt, dem damit die Basis entzogen wurde. Etwas später wurden Spezialgeschäfte eingerichtet, in denen man hochwertige, zum Teil importierte Lebensmittel und Industriewaren zu deutlich höheren Preisen erwerben konnte. Die Geschäfte der staatlichen Handelsunternehmen *Exquisit* (für hochwertige Damen- und Herrenmode sowie Schuhe, Lederwaren und Kosmetika) und *Delikat* (für Lebens- und Genussmittel) öffneten 1977 ihre Türen. Diese Läden funktionierten nach dem Prinzip von Angebot und Nachfrage, sie dienten der Gewinnerwirtschaftung.

Jörg Roesler: Von 1948 bis 1958 existierte in der SBZ/ DDR ein doppeltes Preissystem. Neben den bewusst niedrig angesetzten, für jedermann bezahlbaren Preisen für Lebensmittel auf Marken (»Kartenpreise«) gab es die HO-Preise. Die wurden 1948 geschaffen, um den Schwarzmarkt zu bekämpfen. Sie sollten aber über den Kartenpreisen liegen. Damit hatte man die Möglichkeit geschaffen, die Preise für HO-Waren schrittweise zu senken, ohne auf die Kostendeckung verzichten zu müssen.

1958 wurde dieses doppelte Preissystem durch die Abschaffung der Lebensmittelkarten zugunsten von Einheitspreisen, die für alle Läden galten, abgeschafft. Mit der Abschaffung der Lebensmittelkarten wollte man signalisieren, dass die entbehrungsreiche Nachkriegszeit endgültig vorbei sei.

Wilfried Maier: Mit der Abschaffung der Lebensmittelkarten für Brot, Butter, für Schuhe, Textilien und 1958 für Fleisch wurde das doppelte Preisniveau Schritt für Schritt beendet. Etwa ab dieser Zeit wäre die Frage legitim gewesen, ob stabile Preise zur Wahrung der sozialen Sicherheit der Menschen notwendig sind. Die Frage wurde nicht gestellt. Eine der Ursachen dafür war ein Missverständnis der Marx'schen Werttheorie. Man ging davon aus: Weil steigende Arbeitsproduktivität zu sinkenden Kosten führt, muss Kostensenkung im Sinne des Wertgesetzes zwangsläufig zu sinkenden Preisen der Waren und Leistungen führen. So hatte DDR-Präsident Wilhelm Pieck 1950 auf dem III. Parteitag der SED erklärt: »Die weitere Hebung der Kaufkraft der Mark durch die Senkung der Preise und der Selbstkosten der Produktion muss ein wichtiger Bestandteil der Wirtschaftspolitik der Partei bleiben.«

Wilhelm Pieck war der Meinung, man müsse die Preise permanent senken, das sei das Ideal des Sozialismus. Dieses Ideal der sinkenden Preise wurde durch die HO-Preise untermauert. Preise wurden hoch festgelegt und schrittweise gesenkt auf das Niveau, das die Kosten deckte. Dieser Prozess währte bis 1957. Als man die Preise nicht weiter senken konnte, legte man einheitliche Preise fest.

Walter Siegert: Das Finanzministerium mit Willy Rumpf stand dem Neuen ökonomischen System kritisch gegenüber. Seine These war: »Ick muss sehen, wie ick zu meinem Jeld komm. Ihr könnt das in der Wirtschaft regeln, wie ihr möchtet. Aber ick brauch det Jeld ...« Er vertrat die Auffassung: Bestimmte Preise bleiben stabil, aber das sich ausweitende Sortiment kann nicht auf altem Preisniveau bleiben. Etwa in der Textilindustrie: Oberhemden mit besserer Qualität müssen teurer sein. Das gab Willi Rumpf in einem Pressegespräch mit der *Neuen Berliner Illustrierten* zu bedenken. Die haben das gedruckt. Ich kann mich gut an die darauffolgende Versammlung erinnern, in der er auseinander genommen wurde. Man warf ihm Verletzung der Parteibeschlüsse vor.

Wilfried Maier: Erst viele Jahre später erfolgte durch Walter Ulbricht eine gewisse Korrektur. In einer Rede, die er 1966 in Leuna hielt, konstatiert er, »... dass auch bei sinkenden Selbstkosten die Preise der Erzeugnisse nicht im gleichen Maße sinken werden, weil wachsende Gewinne der Betriebe notwendig sind, um die großen Aufgaben der Gesellschaft zu bewältigen.«

Spätestens jetzt wäre eine breite gesellschaftliche Debatte notwendig gewesen, wie sinnvoll stabile, für alle Zeiten unveränderte Verbraucherpreise gesellschaftlich, sozial und wirtschaftlich tatsächlich sind. Erich Honecker verhinderte diese Debatte, wie mein Vorredner eindrücklich geschildert hat. An den Preisen für Energie, Wasser, Grundnahrungsmittel und Waren des täglichen Gebrauchs war nicht zu rütteln. Und die Mietpreise verharrten bis zum Ende der DDR unverändert auf dem Niveau von 1936.

Ich habe immer in Rechnung gestellt, dass die Führungsriege unseres Landes die großen Krisen 1918/1923 erlebt hatte, in denen Brotpreise und Mieten explodiert waren und Menschen hungerten. Auf die Goldenen Zwanziger folgte 1929 der Schwarze Freitag. Zehn Jahre später setzte die zunehmend entbehrungsreiche Kriegszeit ein, nach deren Ende das Brot 50 Mark und das Pfund

Zucker 100 Mark kosteten. Wenigstens dreimal hat der Kapitalismus den Menschen dieser Generation Not und Preiswucher beschert. Das sollte nie wieder geschehen – und führte zu dem Kurzschluss: Sozialismus ist, wenn die Preise für Brot, Mieten und alles, was die Menschen zum Leben brauchen, stabil bleiben. Das Verständnis für das Denken dieser Menschen ändert nichts daran, dass ihre Preispolitik zum Ende der DDR beigetragen hat.

Bleibt die Frage: Hätte man es besser machen können? Wäre es möglich gewesen, die soziale Sicherheit bei höheren Verbraucherpreisen für Brot, Fleisch, Mieten, Wasser, Energie zu bewahren? Es scheint auf den ersten Blick müßig, diese Frage heute zu stellen. Nichts deutet darauf hin, dass sich in überschaubarer Zeit in Deutschland Chancen für eine andere Gesellschaftsordnung ergeben. Dennoch sollte man nach Antworten suchen. Nicht nur, weil jene, die an dem »Versuch DDR« beteiligt waren, noch mitdenken können. Länder, die aus der weltweiten Herrschaft des Kapitals ausbrechen und die Lebensbedingungen ihrer Bevölkerung verbessern wollen, könnten aus unseren Erfahrungen lernen – in Lateinamerika, in Afrika, in Asien, auch in Europa. Aber auch für Gewerkschaften, linke Parteien und Bewegungen in der Bundesrepublik kann eine kritische Bilanz der Sozialpolitik, besonders der hochsubventionierten stabilen Verbraucherpreise hilfreich sein. Regelmäßig müssen linke Parteien in Auseinandersetzung mit dem neoliberalen Wirtschaftssystem und seinen Auswüchsen konkrete Forderungen zu Löhnen, Renten und Preisen stellen – in Wahlprogrammen, auf Plakaten und im Parlament. Mit Zustimmung lese und höre ich dort Forderungen nach fairen Löhnen, altersfesten Renten, bezahlbaren Wohnungen, kostenloser Bildung. Ein gerechteres Steuersystem wird für notwendig erachtet, besonders eine Reichensteuer.

Nachdenklich stimmen mich indessen Pläne linker und grüner Politiker für eine kostenlose Energieversorgung, einen kostenlosen Öffentlichen Personennahverkehr, kostenlose Schulspeisung, kostenlose Nutzung der Infrastruktur von Bädereinrichtungen. Sicher bringen solche Forderungen Wählerstimmen. Aber wir wissen, dass diese gut gemeinten Versprechen nicht haltbar sind, auch bei gesellschaftlichem Eigentum nicht, denn jeder Euro kann nur einmal verbraucht, jede Arbeitsstunde nur einmal geleistet werden.

Trotz der enormen Stützungen hatte in der DDR alles seinen Preis. Wir gingen davon aus: Was nichts kostet, wird nicht geachtet. Deshalb zahlten die Eltern für 14,85 Mark die Schulspeisung im Monat, für den Kindergarten 15 Mark, eine Mark für die Ferienspiele und einen symbolischen Preis für die S-Bahn-Fahrt. Wie stark sich die Bevölkerung des kleinen Landes mit ihren Privilegien identifizierte, lässt sich am Sturm der Empörung ablesen, den die Erhöhung der Spargelpreise 1982 auslöste. In der DDR gab es Spargel lange Zeit nur in ausgewählten Restaurants oder unter dem Ladentisch. Im Gegensatz zu Bananen, die ebenfalls eine begehrte Mangelware darstellten, wurde der Spargel jedoch *bei uns* angebaut. Ein Großteil der Ernte ging für Devisen nach Westberlin. Der stabile DDR-Preis für ein Kilogramm Spargel Sorte A vom Beelitzer Bauern war 5,70 Mark. Damit konnten die Bauern nicht ihre Kosten decken. Wir bestätigten einen neuen, kostendeckenden Preis von 13 Mark. Danach gab es Spargel in der DDR zu kaufen – und das Volk war empört! Meine schärfsten Kritiker waren Genossen aus meinem Freundeskreis. Das Sakrileg der Heraufsetzung stabiler Verbraucherpreise hatte sie persönlich getroffen.

Ich erinnere mich an die letzte Preisbestätigung für die Schuhkollektion der Folgesaison am 10. Oktober 1989 in Leipzig. Generaldirektor Joachim Lezoch wollte die Preise drastisch erhöhen, woraufhin Minister Halbritter rhetorisch fragte: »Willst du mit den Schuhpreisen die Konterrevolution organisieren?«

Noch einmal zurück zum Grundsatz, demzufolge der Staat die Preise fest in der Hand behalten muss. Ohne Zweifel war das ein wichtiger Aspekt zur Gewährleistung stabiler Verbraucherpreise. Aus meiner Sicht wurde er jedoch überstrapaziert. Ein Beispiel: Anlässlich eines Besuches im *Dienstleistungskombinat Werdau* führte mir der Kombinatsdirektor Schutzbekleidung für Motorradfahrer vor. Aufgrund der geringen Produktionsmenge erteilte ich dem Betrieb eine schriftliche Genehmigung, die Preise dafür unter Berücksichtigung von Angebot, Nachfrage, modischer Attraktivität und so weiter in eigener Verantwortung festzulegen. Wenige Wochen später besuchte der Erste Stellvertreter des Vorsitzenden des Ministerrates Werner Krolikowski ebenfalls den Betrieb und erfuhr dabei von meiner Genehmigung. Postwendend musste ich diese zurückziehen. Also selbst für ein begrenztes, kleines Produktionssortiment die Preise eigenverantwortlich festzulegen, lag neben der Parteilinie und wurde nicht zugelassen.

Meine kuriosesten Preisbestätigungen waren: Eine Gebühr für das Aufbewahren von Unfalltoten, was mit Versicherungsansprüchen zu tun hatte, und Gebühren für das Sammeln von Ameisenpuppen für Forschungszwecke. Der Sammlerin genehmigte ich, die Preise selbst mit dem Forschungsinstitut zu vereinbaren. Selbstredend zeigen beide Beispiele, wie bürokratisch und mitunter kleinlich manches gehandhabt werden musste.

Diskussion

*Generaldirektoren-Salon »Preispolitik« vom
27. Februar 2014*

Wilfried Maier: Ich möchte – unabhängig von den unterschiedlichen Bedingungen – eine Reihe von Prämissen für eine gerechte, vernünftige und wirtschaftlich sinnvolle Verbraucherpreispolitik in einer sozial orientierten Gesellschaft zur Diskussion stellen: Ausgangspunkt für die Bildung der Verbraucherpreise sind die dem Produzenten entstehenden Selbstkosten und sein Gewinn. In der DDR wurde der Gewinn mit Beginn der Industriepreisreformen proportional zu den vorgeschossenen Fonds (Maschinen, Anlagen, Gebäude, Transportmittel) kalkuliert. Die staatliche Preisbestätigung sicherte, dass die Betriebe keine Phantasiegewinne ansetzen konnten, sondern Preise entstanden, die den realen Aufwand annähernd genau widerspiegelten. Wichtig ist die Erkenntnis, dass diese Betriebspreise – insbesondere im Ergebnis der Industriepreis- und Agrarpreisreformen – den realen Aufwand genau wiedergaben.

Der entscheidende Weg zu sozialer Sicherheit sind leistungsabhängige Löhne und Renten und eine soziale Grundsicherung für alle Bürgerinnen und Bürger durch Mindestlöhne, Mindestrenten und existenzsichernde Sozialleistungen für nicht arbeitsfähige Menschen. In keiner Gesellschaft ist es möglich, den sozialen Ausgleich ohne regulierenden Einfluss des Staates zu sichern. Das gilt vor allem für Bildung, Gesundheitswesen, Kultur, Jugendliche, Arbeitslose, behinderte und hilflose Menschen. Vieles davon wird aus dem Staatshaushalt oder aus Solidarfonds finanziert. Auch in diesen Bereichen werden Preise gebildet – für Schulbücher, Weiterbildungskurse, Medikamente, für Theaterkarten, Näh- und Tanzzirkel. Sicher sind personenbezogene Geldleistungen, wie Kindergeld, Stipendien, Blindengeld oder Gutscheine für Schulessen, Kita-Gebühren etc., wegen ihrer direkten sozialen Wirkung gegenüber subventionierten Preisen zu favorisieren.

Karl Döring: Ich bin überzeugt: Der Preis muss den Aufwand darstellen. Man muss wissen, was es gekostet hat, die Ware oder die Dienstleistungen anzubieten. Und die Subvention darf nicht am Produkt, sondern muss gezielt bei der bedürftigen Person ansetzen.

Wilfried Maier: Es besteht heute Konsens, dass die in der DDR praktizierte staatliche Preisfestsetzung der Vergangenheit angehört. Das heißt aber nicht, dass der Staat die Verbraucherpreise vollständig der Wirtschaft überlassen und keine Preispolitik machen darf. Über Steuern und Abgaben, die den Preis der Waren und Leistungen erhöhen oder senken, können zielgenau gesellschaftlich sinnvolle soziale und ökologische Wirkungen erreicht werden. Bier-, Alkohol- und Tabaksteuer zum Beispiel reduziert den Konsum und fördert die Gesundheit. Beispiele gibt es viele. Der Staat verfügt mit seiner Steuer- und Abgabenpolitik über eine Klaviatur an Möglichkeiten, die er im Sinne der gesellschaftlichen Vernunft einsetzen muss.

Aber auch Steuern und Abgaben reichen nicht aus, um ein faires, gerechtes Preisgefüge zu sichern. Ich bin der Überzeugung, dass jeder Staat zusätzlich zur Steuer- und Abgabenpolitik eine staatliche Preispolitik durchsetzen sollte. Diese Preispolitik muss sich auf gesellschaftliche Normen der Preisbildung konzentrieren, die Verbraucherpreise analysieren, Rahmenbedingungen setzen und bei Bedarf eingreifen. Wenn die Gebühren für die Müllabfuhr in der Bundesrepublik heute mancherorts viermal so hoch sind wie in anderen Städten und Gemeinden, ist das ein Signal, dass der Wettbewerb nicht funktioniert und der Staat eingreifen muss.

Christa Luft: Was können die Menschen heute und künftig aus euren jahrzehntelangen Erfahrungen lernen? Wie weit darf sich der Preis vom Wert entfernen, wie groß darf der Einfluss von Politik auf die Preisbildung sein? Ich will vorausschicken, dass ich vor allem in meinen jüngeren Jahren gut verstand, dass Menschen, die aus der Emigration kamen oder aus dem Konzentrationslager, schlimme Dinge hinter sich hatten. Ich habe verstanden, dass diese wollten, wenn sie in die Politik kommen und was zu sagen haben, dass Menschen ein bezahlbares Dach über den Kopf bekommen und sich Grundnahrungsmittel leisten können. Doch musste man dieses Prinzip mit den ursprünglich angewandten Methoden 40 Jahre nahezu unverändert durchhalten? Gab es nicht andere Möglichkeiten? Etwa eine Lohnpolitik, die gesichert hätte, dass kein Einkommensverlust entsteht, wenn bestimmte Preise erhöht werden. Diese Möglichkeit hätte es in der DDR gegeben – anders als im Westen. Im Kapitalismus gibt es Menschen, die haben Arbeit, die könnten sich auch höhere Preise leisten, und es gibt welche, die haben keine Arbeit und die können höhere Preise nicht bezahlen. Im Sozialismus hatten wir keine Arbeitslosen. Insofern wäre es möglich gewesen, über die Lohnpolitik Einkommensverluste bei veränderten Preisen zu vermeiden.

Als ich mit meiner Familie 1981 nach mehreren Jahren Tätigkeit in Moskau nach Berlin zurückkam in unsere Wohnung von 120 Quadratmetern für monatlich 53 Mark der DDR, fanden wir im Briefkasten eine Mitteilung, dass die Miete noch gesenkt wird. Ohne Begründung. Dieser Unsinn ist nicht zu überbieten.

Andererseits: Als wir Ende 1989 in der Modrow-Regierung beschlossen, dass der Preis für Blumenzwiebeln und Sträucher erhöht werden sollte, traute ich mich am nächsten Morgen kaum auf die Straße. Die Leute waren wie wild. Vorher hatten sie Haferflocken an ihre Tiere verfüttert. Aber geredet wurde nur über die Preiserhöhung. Dass es zu einem Ausgleich über Einkommensanhebungen kommen sollte, wurde schon nicht mehr zur Kenntnis genommen.

Manfred Domagk: Die Politik stabiler Verbraucherpreise war eine politische Grundentscheidung. Sie war für die Parteiführung bis zum Ende der DDR eine Frage des Klassenkampfes. Dennoch setzten wir mehrfach an, das grundlegend zu verändern. Ich betone grundlegend, denn hin und wieder Preiserhöhungen durchzuführen, wie zum Beispiel bei Bleikristallwaren, Edelpelzen und Meißener Porzellan, führt zwar zu zusätzlichen Staatseinnahmen – vor allem aufgrund des Abkaufs durch bundesdeutsche Touristen – änderte aber nichts an der generellen Subventionspolitik gegenüber der Bevölkerung. Intern bezeichneten wir solche Einzelentscheidungen als »Politik der Nadelstiche«.

Grundlegend etwas zu verändern begann für uns zunächst mit der Diskussion im kleinen Kreis, was zum

Grundbedarf als einem Bereich der Daseinsfürsorge unter Abwägung gewachsener Bedürfnisse eigentlich gehört. Allein dabei gab es in vertraulichen Gesprächen mit Vertretern des Handels unterschiedliche Meinungen. Ausgehend davon konzentrierten wir uns auf die Beseitigung der Subventionen bei Grundnahrungsmitteln, gekoppelt mit finanziellen Ausgleichmaßnahmen, wie ich sie bereits erwähnte. Dabei standen auch solche Fragen im Raum, was kann der Bürger für sein höheres Einkommen kaufen und wird das Warenangebot groß genug sein, um Geld auch ausgeben zu können oder erhöht es die ohnehin immensen Spareinlagen? In diesem Zusammenhang gab es unter den Experten prinzipielle Diskussionen über die Mangelwirtschaft. Harry Nick, ein aufgrund seiner wissenschaftlichen Leistungen geschätzter Ökonom, vertrat die These, dass Mangel dem Sozialismus immanent ist. Damals wie heute lehne ich diese Position ab. Und zwar deshalb, weil der Mangel in der DDR vor allem subjektive Ursachen hatte. So unter anderem das alles beherrschende Volkseigentum, was dem Wesen nach Staatseigentum war, unsinnig vergrößert durch die Umwandlung marktwirtschaftlicher Betriebe, ein starres Planungssystem mit über 800 Bilanzen und nicht zuletzt das Fehlen freier Preise für ein entsprechend großes Produktions- und Marktvolumen bei Wahrung staatlich festgelegter Preise für eine sozial gerechte Daseinsfürsorge. Zu den objektiven Ursachen des Mangels in der DDR zähle ich ebenso den Rückstand in der Arbeitsproduktivität (die Arbeitsproduktivität der DDR war um etwa 40 Prozent geringer als die der BRD) sowie den vergleichsweise geringen Export zur Sicherung der Zahlungsfähigkeit der DDR. Auch die Embargopolitik und die Hochzinspolitik dürfen in diesem Zusammenhang nicht unerwähnt bleiben.

Die Grundfrage lautet meines Erachtens: Wie wollen wir leben? Von ihrer Beantwortung hängt die Entscheidung ab, was zu tun ist, damit wir so leben können, wie wir wollen. Das ist natürlich ein weites Feld. Dazu gehört auch die Umwelt. Wenn das alles klar ist, kann man auch die zweite Frage beantworten: Wir müssen das System wirtschaftlich und sozialpolitisch steuern.

Generell sollte alles das, was der sozial gerechten Daseinsfürsorge dient, in staatliche Hand gehören. Sofern das staatliche Betriebe betrifft, müsste dafür ein hoher Anteil kleiner Volksaktien gewährleistet sein. Es müssten staatlich festgelegte Preise zur Anwendung kommen, auch unter Gewährung von Subventionen. So machbar, müssten diese an den Verbraucher auf Grundlage von Verbrauchsnehmern gezahlt werden. Bei Energie und Wasser zum Beispiel könnte der Durchschnittsverbrauch – bezogen auf die Anzahl der Personen pro Haushalt – Maßstab für die Höhe der Subventionen sein. Wird dieser Verbrauch überschritten, sind kostendeckende Preise zu bezahlen.

Neben dem Staatseigentum sollte der genossenschaftliche Zusammenschluss bei strikter Freiwilligkeit durch entsprechende finanzpolitische Maßnahmen gefördert werden. Die Bildung von Vermögen in Mittel-, Klein- und Dienstleistungsunternehmen ist zu ermöglichen. Kommunale Betriebe und Einrichtungen sollten auf Kosten-Gewinn-Basis wirtschaften. Dazu sind freie Preise unter Berücksichtigung von Angebot und Nachfrage anzuwenden. Nur dort, wo es nötig ist, muss die staatliche Preiskontrolle greifen und Höchstpreise festlegen.

Christa Bertag: In unserer heutigen Gesellschaft klaffen riesige Lücken zwischen Preis und (Gebrauchs-)Wert. In der DDR war staatlich geregelt, dass Preise ein bestimmtes Niveau nicht übersteigen dürfen. In dieser Gesellschaft übernimmt diese Rolle der Großhandel. Der

Großhandel bestimmt die Preise. Es geht nicht darum, die Bedürfnisse der Bevölkerung zu decken, sondern sie wecken Bedürfnisse, um ihren Profit zu mehren. Wenn man sich anguckt, wie die Entwicklung der Großhändler und Discounter verlief, wird man feststellen, dass kleine Handelsunternehmen aufgaben oder geschluckt wurden, sodass zum Schluss nur wenige übrigbleiben. Diese Discounter machen annehmbare Preise für den Käufer zu Lasten der Produzenten, der Industrie. Auf diese Weise werden viele Betriebe zerstört. Auf der anderen Seite: Ein Großteil der Bevölkerung – so stand es heute wieder in der Zeitung – ist arm. Es gibt ein großes Ost-West-Gefälle. Selbst in Berlin. Das wird ausgeglichen, durch die Niedrigpreise der Discounter. *Aldi* macht alle satt.

Günter Kretschmer

Unternehmen Luft und Kälte –
Die Klimatechnik

Günter Kretschmer wird 1929 in Breslau/Schlesien als Sohn einer Arbeiterfamilie geboren. Der Vater verdingt sich als Schlosser. So liegt es nahe, dass sein Sohn im Alter von 14 Jahren in seine Fußstapfen tritt.

Als Günter Kretschmer 1944 aufgefordert wird, der Waffen-SS beizutreten, weigert er sich. Im Januar 1945 entzieht sich der Jugendliche dem Einsatz im Volkssturm und flieht mit dem Fahrrad nach Hirschberg ins Riesengebirge. Von dort aus setzt er die Flucht mit seiner Mutter und den drei Geschwistern Richtung Marienbad fort. Der Vater stirbt noch im gleichen Jahr in polnischer Kriegsgefangenschaft. Ein Jahr lang lebt die Familie im Sudetenland, bis sie 1946 ausgewiesen und nach Sachsen-Anhalt umgesiedelt wird.

Im Braunkohlenwerk Profen setzt Günter Kretschmer seine Lehre zum Schlosser fort und beendet sie 1948 als Facharbeiter. Der Betrieb delegiert ihn zum Vorsemester an die Martin-Luther-Universität Halle/Wittenberg, an der später die ABF Halle eingerichtet wird. Das Abitur in der Tasche beginnt er das Studium der Fördertechnik an der TU Dresden. 1953 heiratet er, noch während des Studiums, seine Frau. Der Ehe werden drei Kinder folgen.

Günther Kretschmer, mittlerweile Diplom-Ingenieur, arbeitet fortan als Konstrukteur in der Abteilung Forschung und Entwicklung des VEB ZEMAG Zeitz und geht schließlich in die Produktion. Hier steigt er vom Hauptingenieur zum Direktor für Anlagenbau auf und wird Technischer Direktor und Werkdirektor. Die Zeit in der ZEMAG bezeichnet er selbst als die Schule seines Berufslebens.

Nach einem halbjährigen Lehrgang am Zentralinstitut für sozialistische Wirtschaftsführung in Rahnsdorf wird er 1968 zum Generaldirektor der VVB Luft- und Kältetechnik in Dresden berufen. Günter Kretschmer steht an der Spitze seiner Laufbahn. Am 1. Januar 1970 entsteht unter seiner Leitung das Kombinat Luft- und Kältetechnik in Dresden, dem er bis zum 1. Juli 1990 vorsteht.

Nach der Wende ist er als Berater in verschiedenen Unternehmen tätig.

Lebensschule: VEB ZEMAG Zeitz

Mit dem Diplom der Technischen Universität Dresden in der Tasche meldete ich mich 1954 zurück in Profen. Da das Braunkohlenwerk, das mich zum Studium delegiert hatte, keine Verwendung für mich hatte, bewarb ich mich im *VEB ZEMAG Zeitz,* einem Betrieb, der Maschinen für die Braunkohleindustrie herstellte. Hier hatte ich während des Studiums ein Praktikum absolviert. Doch auch in Zeitz konnten sie mit einem Hochschulabsolventen wenig anfangen. Erst als ich mich bereit erklärte, unter Tarif als Konstrukteur anzufangen, wurde ich eingestellt.

Zwei Jahre später beauftragte mich die Forschungsabteilung mit der Entwicklung eines Verfahrens für die Gusseisenproduktion, bis ich 1957 schließlich als Hauptingenieur in der Produktion eingesetzt wurde. In dieser Position sollte ich die Arbeitsorganisation untersuchen und Vorschläge zur Rationalisierung unterbreiten. Das war dringend notwendig, denn die 1200 Mitarbeiter, die im Produktionsbereich tätig waren, arbeiteten unter zum Teil abenteuerlichen Bedingungen. Baufällige Hallen, veraltete Anlagen und mangelnder Arbeitsschutz erschwerten die Produktion. Und das, obwohl uns der RGW als alleinigen Hersteller von Brikettfabrik-Ausrüstungen für die sozialistischen Länder auserkoren hatte! Unsere Maschinen bildeten den kompletten technologischen Ablauf der Brikettproduktion ab, von der Aufbereitung, über die Trocknung bis hin zur eigentlichen Brikettierung und zum Transport. Wir bauten die Brikettfabriken *Schwarze Pumpe,* Maritza (Bulgarien), Tisova und Vresowa (beide ČSSR) sowie Teilanlagen in der Sowjetunion, Polen und Rumänien.

Im Jahr 1960 rückte ich, nachdem mein Vorgänger sich in den Ruhestand verabschiedet hatte, in die Position des

Technischen Direktors auf. War die Nachfrage an unseren Anlagen aufgrund des steigenden Kohlebedarfs während der 1950er Jahre stetig gestiegen, prognostizierten wir für die kommenden Jahrzehnte einen Rückgang. Als uns Erich Pasold, Abteilungsleiter für Schwermaschinenbau im Volkswirtschaftsrat, fragte, ob wir in der Lage wären, für das langfristige Handelsabkommen mit der UdSSR jährlich fünfhundert Universalbagger zu bauen, mussten wir daher nicht lange nachdenken. Unser Werkleiter, Helmut Fritzsch, sagte zu und ich gab als Technischer Direktor (ab 1962 als Werkleiter) meinen Segen. Fortan fuhren wir zweigleisig: Maschinen für Brikettfabriken in Einzelfertigung, Universalbagger für den großen Bruder in Serie.

Bagger für den großen Bruder

Die Voraussetzungen für die Neuausrichtung der Produktion mussten wir in einer Riesenanstrengung aus dem Boden stampfen. Die technische, organisatorische und logistische Herausforderung war immens. Wir bauten ein Modell, das die Anordnung der Maschinen, Hebezeuge, Lager- und Transportflächen sowie die Arbeitsplätze in den künftigen Produktionshallen simulierte. Im Klubhaus konnten unsere Arbeiter, Meister und Produktionsplaner das Modell begutachten und auf Grundlage eigener Erfahrungen Verbesserungsvorschläge unterbreiten. Das weckte nicht nur Interesse für die geplanten Produktionsabläufe und die Rekonstruktion der Fertigungshallen, sondern förderte eine aktive Mitarbeit. Immerhin mussten über hundert Werkzeugmaschinen umgesetzt, neue Maschinen für die Baggerproduktion angeschafft sowie mehrere hundert Arbeitsplätze neu gestaltet werden. Eine Fertigungshalle für die Bagger musste komplett neu errichtet werden.

Um den Plan und die aktuellen Aufträge nicht zu gefährden, musste der Umbau bei laufender Produktion erfolgen. Der Bau einer 200 Meter langen, dreischiffigen Produktionshalle mit Hilfe von 25-Tonnen-Kranen war bis zum Baubeginn nicht einmal bilanziert. Der Neubau war bereits weit vorangeschritten, als der Vorsitzende des Volkswirtschafsrates, Alfred Neumann, unsere »Schwarzinvestition« durch die Anweisung, uns Baubilanzen zur Verfügung zu stellen, »legalisierte«. Dennoch reichten die Arbeitskräfte der Bauabteilung des Betriebes bei Weitem nicht aus, um Fundamente für Maschinen zu gießen, Gleisanlagen zu verlegen und die notwendigen Gebäudesanierungen durchzuführen. Ohne gute Beziehungen zur sowjetischen Panzergarnison in Zeitz, die uns im Tausch für dringend benötigte Farbe und Zement Arbeitskräfte zur Verfügung stellte, wäre es uns nicht möglich gewesen, die baulichen Maßnahmen pünktlich fertigzustellen.

Und wer sollte uns brauchbare Werkzeugmaschinen für die Baggerproduktion liefern? Nur der unermüdlichen Suche meiner Ingenieure, die stillgelegte oder ungenutzte Anlagen aufspürten, die unseren Anforderungen leidlich entsprachen, und zähen Kaufverhandlungen hatten wir es zu verdanken, dass wir die Produktion des Universalbaggers *UB 162* zum Jahr 1962 aufnehmen konnten.

Vereinbarungsgemäß baute unser Betrieb jährlich 500, bis zum Jahr 1990 insgesamt 6650 Stück, die zum größten Teil in die UdSSR, aber auch nach Jugoslawien, Indonesien, Österreich, Finnland, Frankreich, BRD und Griechenland verkauft wurden. Im gleichen Zeitraum produzierten wir 15 800 Raupendrehkrane verschiedener Typen. Indem es uns gelang, eine Vielzahl der Bauteile für beide Krantypen zu verwenden, konnten wir die Produktivität erheblich steigern.

1964 beauftragte uns der Außenhandel der UdSSR mit der Entwicklung eines Baggers für extreme Klimabedingungen. Der »Kältebagger« sollte auch bei Temperaturen unter –40°C einwandfrei funktionieren. Zwei Jahre später schickten wir den Prototypen nach Sibirien. In Workuta, 150 Kilometer nördlich vom Polarkreis, sollte er beim Abbau hochwertiger Steinkohle zum Einsatz kommen. Im Februar 1967 informierte ich mich in Begleitung eines Vertreters des sowjetischen Außenhandelsunternehmens *Maschimport* vor Ort über den Fortgang und die Ergebnisse des Testeinsatzes. Während der Erprobung wurden alle Parameter von der Funktionalität, über den Bedienkomfort bis hin zu Materialfestigkeit und Verschleiß akribisch erfasst. Die Ergebnisse wurden gemeinsam mit der Bergwerksleitung ausgewertet und für die Serienfertigung der Bagger berücksichtigt. Von 1968 bis 1990 verkaufte die ZEMAG 623 Kältebagger vom Typ UB 266 in die Sowjetunion.

Internationaler Handel und ein »Ochse am Spieß«

Obwohl unser Betrieb regelmäßig auf der *Leipziger Messe* vertreten war, fehlten uns Kontakte zu westlichen Unternehmen. Um den Bekanntheitsgrad unserer Produkte auch im NSW zu erhöhen, planten wir Mitte der 1960er Jahre eine internationale Verkaufskonferenz. Die Gäste sollten unsere Erzeugnisse am Produktionsstandort und die Produktionskultur an sich kennenlernen. Die Kosten für An- und Abreise sowie für Unterbringung und Versorgung der Gäste trugen wir selbst. Unterstützt wurde ich von den Generaldirektoren der *VVB TAKRAF* und des Außenhandelsunternehmens *Maschexport.* Nachdem das Ministerium, die Kreis- und Bezirksleitung der SED, der Rat des Kreises Zeitz, die ABI und die Sicherheitsorgane grünes Licht signalisiert hatten, lud unser Außenhandelspartner Interessenten aus den Ländern ein, in denen wir Handelsvertretungen hatten. Über Partei- und Gewerkschafsorganisation sicherten wir uns die aktive Unterstützung durch die Belegschaft. Im November 1965 empfingen wir unsere Gäste aus Ägypten, Algerien, der BRD, Bulgarien, China, der ČSSR, Finnland, Frankreich, Griechenland, Indonesien, Jugoslawien, Nordkorea, Österreich, Polen, Rumänien, Ungarn und der Sowjetunion mit einem Bankett samt kultureller Umrahmung. Tags darauf folgten Fachvorträge, Präsentationen und Betriebsführungen. Als Höhepunkt rollte der 1000. Bagger im Beisein der Gäste aus der Werkhalle.

Zur Feier des Tages waren auch die Angehörigen der Belegschaftsmittglieder und unsere Patenklassen geladen. Neben den üblichen Speisen und Getränken drehte sich ein Ochse am Spieß. In einem Aufsatz, in dem die Schüler am Folgetag von ihren Erlebnissen in unserem Betrieb berichten sollten, findet sich der Satz: »In der ZEMAG war ein großes Fest. Herr Kretschmer hielt eine lange Rede. Anschließend wurde der Ochse am Spieß gebraten.«

Während der Konferenz verkauften wir 15 UB 162, davon fünf zum Preis von 1,4 Mio US Dollar nach Indonesien, weitere nach Österreich, Frankreich, Jugoslawien und in die BRD. Über 34 UB 162 vereinbarten wir Optionen mit Vertretern weiterer sechs NSW-Länder. Mit der ČSSR und der UdSSR schlossen wir darüber hinaus Verträge für Brikettfabrikausrüstungen ab. Die Kosten der Verkaufskonferenz beliefen sich, verglichen mit dem Erlös, auf 0,3 Prozent. Derartige Eigeninitiativen auf dem Weltmarkt waren mit der Durchsetzung des Zentralismus in den kommenden zwei Jahrzenten undenkbar. Erst

1988/89 erhielten einige ausgewählte Kombinate im Rahmen eines Reformmodells größere Eigenverantwortung auch für Außenhandelsaufgaben. Betriebe des Ministeriums für Schwermaschinen- und Anlagenbau gehörten meines Wissens nicht dazu.

Generaldirektor in Dresden

1967 stellte mich der Generaldirektor der *VVB TAKRAF* in einem Kadergespräch vor die Alternative Besuch der Parteihochschule oder Teilnahme am ersten Lehrgang des Zentralinstituts für sozialistische Wirtschaftsführung beim ZK der SED. Ich entschied mich für letztere Variante. Ab Januar 1968 besuchte ich ein halbes Jahr lang die Weiterbildung im Zentralinstitut Rahnsdorf. Anwenden konnte ich die volkswirtschaftlichen Kenntnisse – mit dem Schwerpunkt Kybernetik und Rechentechnik – nach Rückkehr in meinen Betrieb nicht: Bereits am 2. September 1968 erfolgte meine Berufung zum Generaldirektor der *VVB Luft- und Kältetechnik* nach Dresden. Wolfgang Greß, Stellvertreter des Ministers, führte mich in die Aufgaben dieses mir völlig unbekannten Produktionsbereich der Volkswirtschaft ein. Die 1963 gegründete Vereinigung Volkseigener Betriebe war mit der Ablösung des Volkswirtschaftsrates am 1. Januar 1966 dem Ministerium für Schwermaschinen- und Anlagenbau zugeordnet worden. Sie bestand aus einer Holding in Dresden und 15 selbständigen Betrieben mit 25 000 Beschäftigten in sechs Bezirken der DDR. Darunter waren die *DKK Scharfenstein, MAB Schkeuditz, Kühlautomat Berlin, Maschinenfabrik Halle* und *Nema Netzschkau.* Das Institut für Luft- und Kältetechnik in Dresden, die Ingenieurschule für Anlagenbau in Glauchau und *Kreisel*

& Co. in Krauschwitz, ein Betrieb mit staatlicher Beteiligung, gehörten ebenfalls dazu.

Der Umzug von Zeitz nach Dresden, dessen Anblick noch immer von den Verwüstungen der Bombardierungen im Frühjahr 1945 geprägt war, stellte für mich knapp Vierzigjährigen und meine fünfköpfige Familie eine gewaltige Herausforderung dar. Ohne meine Frau, die mir – selbst als Lehrerin berufstätig – den Rücken frei hielt, hätte ich meine beruflichen Aufgaben nicht meistern können.

Zunächst musste ich geeignete Führungskräfte finden und Probleme in einzelnen Betriebsteilen lösen. Wie sich herausstellte, war das gar nicht in jedem Fall möglich. So hatte ich auf die Vorgänge in unserem personalstärksten Betrieb, dem *DKK Scharfenstein*, dem die Versorgung der Bevölkerung mit Haushaltskühlschränken oblag, kaum Einfluss. Er unterlag der Kontrolle durch die staatlichen Organe. Bei technischen Fragen konnte ich immerhin das Institut für Luft- und Kältetechnik unter Leitung von Professor Günter Heinrich konsultieren.

Im *MAB Schkeuditz* mit etwa 2600 Beschäftigten, die Klimaanlagen und Kühlsätze für den Waggonbau in Ammendorf und Dessau produzierten, kam es infolge von Qualitätsproblemen zu Planrückständen. Die daraus resultierenden Störungen im Produktionsablauf der *VVB Schienenfahrzeugbau*, die unter anderem Exportrückstände nach sich zogen, veranlassten den Minister, ein Stabilisierungsverfahren mit monatlichen Kontrollberatungen unter Leitung eines seiner Stellvertreter anzuordnen. Wie sich herausstellte, war es dem Werkleiter nicht gelungen, die Kontrolle über den Produktionsprozess zu erlangen und die Belegschaft, die überwiegend aus ehemaligen Flugzeugbauern bestand, für die Produktion der Klima- und Kältetechnik zu motivieren. Ich setzte Gerhard Harnisch auf seinen Platz, der seine Fähigkeiten als Betriebs-leiter des *VEB Tagebau- und Transportanlagen-Projektierung*, unter Beweis gestellt hatte. Binnen kurzer Zeit führte er den Betrieb zum Erfolg: Mit der Verleihung des Titels »Betrieb der ausgezeichneten Qualitätsarbeit« war er der Problemzone endgültig entwachsen.

Auch der *VEB Maschinenfabrik Halle*, dessen 2000 Be-schäftigte Kühlanlagen für die Fischereiflotte herstellten, gefährdete aufgrund mangelnder Qualität die Exportvor-gaben. Da Minister Gerhard Zimmermann selbst Schiff-bauer war, kontrollierte er persönlich die Planerfüllung des Schiffbaus. Zur Beseitigung der Mängel setzten wir Spezialisten und Arbeitskräfte der *Maschinenfabrik Halle* und der VVB-Leitung ein.

Trotz unseres unermüdlichen Einsatzes konnten die Be-triebe der VVB den Bedarf an Klimatechnik in der DDR nicht decken. Noch vor meinem Einsatz als Generaldi-rektor hatte mein Vorgänger ein lufttechnisches Doku-ment erarbeiten lassen, in dem die Bedarfsentwicklung in Industrie, Landwirtschaft, Wohnungsbau und privatem Sektor analysiert und eine extensive Erweiterung der Pro-duktionskapazitäten gefordert wird.

Am 1. Januar 1970 wurde die VVB auf Beschluss des Ministerrates in das *VEB Kombinat Luft- und Kältetechnik* umgewandelt. Da wir kein starkes Zugpferd in unseren Reihen hatten, mussten wir bei der Bildung eines Stamm-betriebes auf einen Kompromiss zurückgreifen: die Zu-sammenlegung des *VEB Lufttechnische Anlagen Dresden*, des *Instituts für Luft- und Kältetechnik* mit Sitz in Dresen, des Rationalisierungsbetriebes Meißen und der *VVB Lei-tung*. Bereits 1972 wurden der Betrieb *Lufttechnische An-lagen Dresden* und der Rationalisierungsbetrieb wieder juristisch eigenständige Gebilde. Unter der Leitung Pro-fessor Günter Heinrichs übernahm der neue *Stammbetrieb für Forschung und Technik* die zentrale Planung, Kontrolle und Abrechnung sowie die strategische Führung in Wissenschaft, Technik und Rationalisierung des Kombinates. Er war verantwortlich für die Grundlagenforschung und Anwendung der Forschungsergebnisse, der Rationalisierung und den Einsatz von Investitionen im Kombinat.

Im Zuge der Kombinatsbildung wurden die Betriebe *DDK Scharfenstein, Kühlmöbelwerk Erfurt* und *Kühlautomat Berlin* ausgegliedert und von den Kombinaten *MONSA-TOR* und *Schiffbau* übernommen. Im Gegenzug übernahmen wir die Betriebe *Lokomotivbau Babelsberg, Waggonbau Gotha* und die *Schiffswerft Magdeburg-Rothensee*. Hintergrund dieser Zuordnung waren RGW-Beschlüsse, denen zufolge wir Lokomotiven aus der Sowjetunion und Straßenbahnen aus der ČSSR zu beziehen hatten.

Die Produktion von Binnenschiffen wurde ersatzlos eingestellt. Die freigewordenen Kapazitäten der drei Standorte mit insgesamt 5000 Beschäftigten stellte uns das Ministerium zur Produktion von Klimatechnik (Babelsberg), Lufttechnik (Gotha) sowie Entstaubungstechnik (Magdeburg) zur Verfügung. In allen Betrieben standen Umschulungen und Weiterbildungen auf der Tagesordnung, die in breiten Kreisen der Mitarbeiterschaft auf Unmut stießen. Es war nicht immer einfach, dem Widerwillen und der Skepsis der Menschen zu begegnen, die viele Jahre lang Lokomotiven, Waggons und Schiffe gebaut hatten und nun mit völlig anderen Produktionsbedingungen konfrontiert waren. Und auch ich sah mich fachfremden Aufgaben gegenüber, da in der Übergangszeit noch Planaufgaben abzuarbeiten waren, die in die Zeit vor der Übernahme der Betriebe fielen. So sah ich mich damit konfrontiert, den Transport von Schiffen zu verantworten:

Die Aufbauten der Passagierschiffe wurden aufgrund der unzureichenden Durchfahrthöhe in Warnemünde montiert. Das war mit allerhand Unwägbarkeiten verbunden. Entweder war der Wasserstand zu hoch, zu niedrig oder die Fahrwasser waren zugefroren. Als der Schiffsrumpf im Frühjahr 1970 endlich transportfähig war, rammte das Schiff aufgrund eines Lotsenfehlers die Kaimauer, wodurch erneut Verzögerungen entstanden ...

40 Prozent der Forschungs- und Entwicklungskapazität des Kombinates waren im Stammbetrieb konzentriert. Von hier aus erfolgte die Entwicklung des Baukastensystems ILKA (*Integration Luft- und kältetechnischer Anlagen*) zur rechnergestützten Erzeugnis-und Anlagenplanung.

Mit Hilfe des ILKA-Systems konnten wir den Inlandsbedarf an Erzeugnissen der Luft- und Kältetechnik zum ersten Mal decken und den Blick in Richtung RGW heben. Gewohnt, den Verkauf unserer Produkte selbst in die Hand zu nehmen, organisierte ich eine Delegation in die UdSSR. Ihr gehörten die Werkdirektoren der Betriebe in Schkeuditz, Babelsberg und Gotha, der Institutsdirektor des Stammbetriebes, der Parteiorganisator der SED des Kombinates und ein Dolmetscher an.

Wir stellten unser Anliegen dem Handelsrat der DDR in Moskau, der Staatlichen Plankommission der UdSSR (*GOSPLAN*) und dem Außenhandel *Maschimport Moskau* vor. Wir beteiligten uns an Messen in Moskau und Tiflis und besuchten das größte sowjetische Klimatechnik-Kombinat in Charkow. Der Erfolg unserer Reise bestätigte sich mit dem Auftrag, Erprobungsmuster von Klimageräten und Ventilatoren zu liefern, die später in großen Stückzahlen in das langfristige Handelsabkommen zwischen UdSSR und DDR aufgenommen wurden. In ähnlicher Weise handhaben wir es mit anderen Ländern des RGW.

1975 beschloss der Ministerrat, den Betrieb *Klimatechnik Babelsberg* aus dem *Kombinat Luft- und Kältetechnik* auszugliedern, um an diesem Standort Autokrane bauen zu lassen. Um unseren Plan zu erfüllen, mussten wir die laufende Produktion ins *MAB Schkeuditz* und die *Maschinenfabrik Halle* verlagern. Im Februar 1984 standen wir erneut vor einer derartigen Herausforderung, als Minister Kersten uns mitteilte, dass die Produktion des *VEB Lufttechnik Gotha* bis Mitte des Jahres von anderen Betrieben des Kombinates zu übernehmen sei. Der Betrieb in Gotha sei ab 1. Juli 1984 als Zulieferer für den Fahrzeugbau in Eisenach vorgesehen. In Gotha bauten wir außer Ventilatoren Regeneratoren für die rationelle Wärmeversorgung, Flügel für Windräder und (als Konsumgut) Lastenanhänger für Pkw. Als Trostpflaster zur Übernahme der Produktion aus Gotha erhielt der Kombinatsbetrieb *Lufttechnische Anlagen Berlin* Investitionsmittel und 1000 Arbeitskräfte aus der zentralen FDJ-Initiative für Berlin zugewiesen. Ursprünglich war der Berliner Betrieb für die Herstellung von Klimatechnik für Kernkraftwerke vorgesehen gewesen, die wir nun in die *Maschinenfabrik Halle* und ins *Turbowerk Meißen* verlagerten.

Dafür, dass es zeitweilig zu Engpässen in der Versorgung mit Ventilatoren kam, musste ich den Kopf hinhalten. Als mir Minister Kersten nach dem Tod seines Stellvertreters vorübergehend dessen Aufgaben übertrug, musste ich mich als Mitglied der »Arbeitsgruppe materiell-technische Sicherung der kontinuierlichen Planerfüllung« dafür verantworten. Immerhin gelang es unserem Kombinat bis zum Jahresende 1984, alle Inland- und Exportverträge zu erfüllen.

Im gleichen Jahr musste ich aber auch einen herben Schlag einstecken. Mit dem vermehrten Bau von Großställen für die industrielle Tierproduktion stieg der Bedarf an Belüftungsanlagen. Die üblichen Ventilatoren und Luftkanäle bestanden aus verzinktem Stahlblech, einem teuren Exportgut. Unter der Leitung von Günter Heinrich entwickelten wir eine Kunststoffkonstruktion. Für die Luftführung und -verteilung in den Ställen wurden Rohre aus einem patentierten Spezialpapier verwendet. Doch die Papierrohre lösten sich in den feuchten Ställen auf und fielen herunter. Gegen mich wurde ein Disziplinarverfahren eingeleitet. Ich erhielt einen Verweis. Kurz darauf stellte der Generalstaatsanwalt das Verfahren gegen mich ein. Damit war die Sache vom Tisch.

Goldmedaillen für Kombinat und Bobpiloten

Zur Konsumgüterproduktion unseres Kombinates gehörten neben besagtem Pkw-Anhänger aus Gotha der Tiefkühlschrank H 115 TK aus Niedersachswerfen, Luftkissenrasenmäher aus dem *Turbowerk Meißen,* Dekupiersägen aus Netzschkau und Gewächshäuser aus dem *VEB Apparatewerk Mylau.* Die Konsumgüter waren so beliebt, dass sie gar nicht erst in den Handel kamen. Sie wurden direkt vom Betrieb aus verkauft. Insgesamt betrug der Anteil an Konsumgütern etwa 5,3 Prozent des Produktionsvolumens, 5 Prozent waren laut Plan vorgesehen.

Nachdem die Versorgung der DDR und der RGW-Länder mit unserem Produktionssortiment erfüllt werden konnte, steigerten wir unsere Aktivitäten für den Verkauf ins NSW. An eine internationale Verkaufskonferenz, wie ich sie Mitte der 1960er Jahre im *VEB ZEMAG Zeitz* veranstaltet hatte, war schon Anfang der 70er Jahre nicht mehr zu denken. Hierzu fehlte neben den gesellschaftlichen Voraussetzungen auch der finanzielle Entscheidungsspielraum des Generaldirektors. Betrug der Umsatz des Kombinates pro Jahr 2,5 Mrd. Mark, waren die finanziellen Mittel zur Bewirtung von Gästen des Generaldirektors während der 80er Jahre auf einen Betrag von 1 000 Mark geschrumpft.

Wollten wir auf dem NSW-Markt mitmischen, mussten wir nicht nur unsere Produkte den Vorgaben unserer Kunden anpassen, was oft nur mit großem Aufwand zu erreichen war, wir mussten uns auch dem kapitalistischen Wettbewerb stellen. Wie schwierig das war, zeigt folgende Episode: Nachdem die kanadische Stadt Calgary zum Austragungsort der Olympischen Winterspiele 1988 gekürt worden war, lud Roland Haufe, seines Zeichens Handelsrat der DDR für Kanada, eine Delegation der Provinzregierung von Alberta unter Minister Dr. Schmidt zur *Leipziger Messe* ein, um eine Beteiligung bei der Errichtung von Sportbauten zu prüfen. Im Gegenzug besuchten Fachleute des Kombinates ausgewählte Wintersport-Orte in Alberta, um die Bedingungen vor Ort kennenzulernen. Unter der Leitung des Außenhandelsunternehmens *TechnoCommerz* wurde unter Beteiligung der *VEB Maschinenfabrik Halle* und dem *Wissenschaftlich Technischen Zentrum Sportbauten Leipzig* die *ILKA Group* gegründet, die als Hauptauftragnehmer für den Bau der Sportbauten vorgesehen war. Wir bekamen den Zuschlag, gemeinsam mit dem Unternehmen *UMA Engineering Ltd. Calgary* die Bob- und Rennrodelbahn zu bauen. Damit setzten wir uns gegen konkurrierende Angebote aus der BRD und Frankreich durch.

Als die Lufttemperatur am Tag der Viererbob-Entscheidung auf +17°C stieg, stellte John Cavietzel, Mitglied des Internationalen Bob- und Schlittenverbandes fest, »dass keine andere Bahn der Welt unter diesen Bedingungen Wettkämpfe ermöglicht hätte.« Unsere Bobpiloten gewannen damals die Goldmedaille, unser Kombinat die Goldmedaille der *Leipziger Messe* und Dr. Schmidt wurde der Orden »Stern der Völkerfreundschaft in Gold« von der DDR-Regierung überreicht.

Auch in anderen Bereichen exportierten wir erfolgreich ins NSW. Die Verantwortung für die Akquisition von Aufträgen überließ ich dabei oftmals meinen Betriebsdirektoren. Der *VEB Nema Netzschkau* deckte mit dem Export seiner Anlagen mehrere Jahre den gesamten Blockeis-Bedarf des Irak. Der *VEB LTA Dresden* klimatisierte die Gießerei in Tiaret/Algerien, Kinos in Libyen, eine Textilfabrik in Managua/Nicaragua, lieferte Kälteanlagen für den Schlachthof in Bagdad und Klimaanlagen für VoestAlpine nach Eemshaven/Niederlande. Der *VEB Kühlanlagenbau Dresden* exportierte Kühlzellen nach Mosambik, Angola und Belgien und *VEB KTN Niedersachswerfen* Rückwandverflüssiger nach Frankreich. Der *VEB Turbowerke Meißen* und *Nema Netzschkau* bauten Ventilatoren für die Niederlande. Der *VEB MAB Schkeuditz* verkaufte Kältesätze in den Iran und Kühlcontainer nach Angola und in die Niederlande. Der Verkauf von Stahlkonstruktionen des *VEB EA Magdeburg* in die BRD brachte mir den Ärger von Minister Reichelt ein, weil uns die Kapazitäten bei der Herstellung von Elektrofiltern für die Entstaubung unserer eigenen Betriebe fehlten.

Seit der Gründung des Kombinates legte ich an die Betriebe aller Produktionszweige höchste Qualitätsmaßstäbe an. Mein Ziel war es, durch Anwendung wissenschaftlicher und technischer Erkenntnisse Ordnung, Sauberkeit und technologische Disziplin bis hinunter zum letzten Arbeitsplatz durchzusetzen. Das von uns eigens zu diesem Zweck entwickelte Qualitätssicherungs- und Kontrollsystem *LKS 99-1200* war ein bedeutender Faktor zur Steigerung der Arbeitsproduktivität. In fast allen Betrieben des Kombinates hat sich unsere Vision erfüllt, Serien mit hoher Produktivität zu etablieren. Klar zogen die vielen Rekonstruktionen, Umstellungen und Umstrukturierungen Produktivitätsverluste nach sich.

In den 22 Jahren meiner Tätigkeit wurden 85 Erzeugnisse des Kombinates (das entspricht einem Anteil von 40 Prozent) vom *Amt für Standardisierung und Warenprüfung* (ASMW) mit dem Gütezeichen »Q« ausgezeichnet, 38 Erzeugnisse erhielten die Goldmedaille der *Leipziger Messe*. Ein Viertel der Erzeugnisse waren Ende der 1980er Jahre mit Mikroelektronik ausgerüstet. 35 leistungsfähige Prüflabore und Prüfstände dienten zur Sicherung der geplanten Leistungsparameter.

Im Jahr 1989 wurden wir mit dem Titel »Kombinat der ausgezeichneten Qualitätsarbeit« ausgezeichnet. Nur fünf Kombinate der DDR durften sich dieser Anerkennung rühmen. Möglich war dies nur, weil wir auf höchstem technischen und ökonomischen Niveau arbeiteten. Ohne unternehmerische Initiative und die Schaffung sozialer und leistungsfördernder Maßnahmen für die Belegschaften wäre das nicht möglich gewesen. Dazu gehören die eigenverantwortliche Erwirtschaftung der Mittel zur Reproduktion und eine wirksame Stimulierung hoher Leistungen in allen betrieblichen Ebenen. Dafür bedarf es eines gesellschaftlichen Rahmens, der sich am Vorbild der sozialistischen Staatengemeinschaft orientiert.

Diskussion

*Generaldirektoren-Salon »Klimatechnik« vom
15. Mai 2014*

Christa Bertag: War es etwas anderes, die VVB zu leiten
als das Kombinat?

Günter Kretschmer: Ich bin ein Betriebsmensch. Ich
muss Öl und Schweiß riechen. Ich muss dort sein, wo
Menschen etwas bewegen, wo die Arbeit pulsiert.

Als Chef des *VEB ZEMAG Zeitz* mit 2500 Mitarbeitern
hatte ich konkrete Aufgaben zu lösen. Die VVB hingegen
ist ein Verwaltungsapparat. Mit der Kombinatsbildung
am 1. Januar 1970 legte Minister Gerhard Zimmermann
mit meinem Einverständnis den Sitz der Kombinatsleitung mit seinem Stammbetrieb in Dresden fest. Ungewöhnlich war das Konstrukt unseres Stammbetriebes, der
aus der ehemaligen Leitung des VVB und dem *Institut für
Luft- und Kältetechnik* bestand. Die fachliche Anleitung

108

und Kontrolle auf den Gebieten der Technik, der Rationalisierung, der Investitionen, der Qualitätsentwicklung und der strategischen Entwicklung des Kombinates erfolgte durch den Stammbetrieb mit seinem Forschungszentrum. Das Institut war die einzige Instanz, mit der man wissenschaftlich-technisch leiten konnte. Die Betriebe leiteten wir über die Werkleiter, die juristisch selbständige Personen waren und die Verantwortung für die Erfüllung des Planes in ihrem Betrieb trugen.

Katrin Rohnstock: Wieso wurde der *Waggonbau Gotha* nicht dem Schienenfahrzeugbau zugeschlagen?

Detlef Jank: Wir hätten den Waggonbau gern behalten. Doch mit der RGW-Entscheidung, dass die ČSSR alle sozialistischen Großstädte mit Straßenbahnen versorgt, hatten wir keinen Einfluss mehr auf diese Entscheidung. Die höhere Gewalt war immer die Plankommission. Ich hätte als Betriebsdirektor ohne deren Einwilligung nie die Freiheit gehabt, ein Produkt zu bauen.

Natürlich gab es Nischen. Als Generaldirektor eines Kombinats, ja, selbst als Betriebsdirektor hatte ich einen gewissen Spielraum. So habe ich jedes Jahr eine Handvoll Waggons für den Verkehrsminister gebaut – illegal. Die waren als Forschungs- und Entwicklungswaggons deklariert. Deshalb durften wir sie behalten. Der »Rest« ging zu hundert Prozent in den Export. Vor allen Dingen in die Sowjetunion und nach China. Wir haben mehr nach China exportiert als die Bundesrepublik heute.

Ein anderes Beispiel: *Balkan Car Bulgarien* hatte das RGW-Monopol für Gabelstapler. Die haben Riesenstückzahlen produziert, zum Teil in schlechter Qualität. Dennoch konnten sie den Bedarf nicht decken. Also produzierten wir beim *VEB Verlade- und Transportanlagen Leipzig* eine eigene Großserie Gabelstapler – und verstießen damit gegen RGW-Beschlüsse. Für mich als Betriebsdirektor war das »goldene Ware«, die mir aus den Händen gerissen wurde. Sie bedeute einen Vorsprung im »sozialistischen Wettbewerb«. Das Hauptproblem der Schwermaschinen- und Anlagenbauer in der DDR bestand nämlich darin, dass die materiell-technische Verflechtung auf dem Kopf stand. In der Marktwirtschaft mache ich als Produzent dem Markt Angebote. In der DDR war es umgekehrt: Wenn ich ein komplexes Produkt baute, musste ich mich auf die Suche nach Zulieferern begeben. Generaldirektoren und Betriebsdirektoren verbrachten 30 bis 40 Prozent ihrer Zeit mit der materiell-technischen Absicherung der Produktion. Die Gabelstapler, von denen wir jedes Jahr zwischen 3 und 8 Prozent mehr bauten, als in der Planbilanz auftauchten, dienten uns als frei konvertierbare Währung zum Zweck der Beschaffung von Mangelware.

Uwe Trostel: Die DDR war permanent damit beschäftigt, den Anschluss an die Weltwirtschaft nicht zu verpassen. Forschung und Entwicklung spielten eine herausragende Rolle. Das Ministerium für Wissenschaft und Technik hatte ebenso wie die Plankommission immer ein Ohr am Nerv der Zeit. Welche Produkte, welche Technologien werden in fünf, zehn, fünfzehn Jahren die Märkte dominieren? Und niemand kann bestreiten, dass das NSW keine zentrale Rolle bei all diesen Überlegungen gespielt hätte. Im Gegenteil, die DDR war abhängig vom Westen. Das war Chance und Dilemma zugleich.

Stets versuchte die DDR-Ökonomie schnell auf internationale Entwicklungen zu reagieren. Als weltweit die Nachfrage nach Kranen stieg, wurde im Handumdrehen die Kranproduktion profiliert. Als in den Entwicklungsländern Landmaschinen gebraucht wurden, lieferten wir Mähdrescher – vorausgesetzt, das *Traktorenwerk Schönebeck* verfügte über Getriebe und Kupplungen …

Schließungen oder Umprofilierungen industrieller

Standorte lagen immer nationalökonomische Überlegungen zugrunde. Rentierte sich ein Produkt, ein Wirtschaftszweig nicht mehr oder wurde ein Erzeugnis beispielsweise von einem Handelspartner im RGW hergestellt, wurden Kapazitäten für andere Produktionsbereiche frei. Problematisch war vielmehr der Informationsfluss: notwendige Veränderungen den Werktätigen zu erklären.

Christa Bertag: Die Kommunikation hat ja zum Schluss gänzlich versagt ...

Günter Kretschmer: Das ist richtig. Ende der 1980er Jahre artikulierte die Bevölkerung vor allem ihre Unzufriedenheit über mangelnde Reisefreiheit und die ungenügende Versorgung mit hochwertigen Konsumgütern. Mit dem Auflösungsprozess der DDR kam dann die große Sprachlosigkeit. Die Kampfgruppen waren aufgelöst, die Parteiführung aus den Betrieben in die Wohnbereiche verlegt. Zum Volkseigentum hatten die Werktätigen kein emotionales Verhältnis. Es ist mir aus unserem Kombinat nicht bekannt, dass sich jemand schützend vor seinen Betrieb gestellt hätte.

Die Erhaltung des Instituts lag mir indessen persönlich am Herzen. Nach dem Ausscheiden des Technischen Direktors übernahm Peter König die Leitung, Stellvertreter und später sein Nachfolger wurde Ralf Herzog.

Der *Kühlanlagenbau Dresden,* der Stützpunkte in der ganzen DDR betrieb, dehnte seinen Service nach der Wende auf die alten Bundesländer aus. Unser größter Betrieb, *MAB Schkeuditz,* konnte sich in der Marktwirtschaft nicht behaupten. Durch Ausgründung einzelner Betriebsteile konnten dennoch etliche Arbeitsplätze erhalten bleiben. Einige der Nachfolgefirmen produzieren bis heute Verdichtersätze und ähnliche Anlagen. Vom *Turbowerk Meißen* ist nur noch ein Ableger im Nachbarort Coswig übrig.

Auf der Suche nach Kooperationspartnern hatte ich vor

der Wende eine Reihe Maschinenbaubetriebe im Westen besucht. Ich fand keinen Betrieb, der technologisch besser aufgestellt war als wir. Bei einem Besuch bei *Babcock* in Oberhausen fühlte ich mich in unsere Ventilatorenproduktion der später 50er zurückversetzt. Die *Weiß AG* stellte in einer gut ausgerüsteten Werkstatt Materialprüfkammern zur Umweltsimulation her, insgesamt drei Dutzend pro Jahr. Wir lieferten im gleichen Zeitraum 250 solcher Kammern, die wir in Meißen und Greitz in Serie produzierten, allein in die Sowjetunion. Dabei arbeiteten wir längst mit Rechentechnik auf internationalem Standard.

Jörg Roesler: Historisch betrachtet lässt sich diese Entwicklung – zumindest für einige Bereiche – bestätigen. Bereits frühzeitig wurde der Kalte Krieg als Wirtschaftskrieg geführt. Durch Vertragskündigungen, Lieferstopps und Nichtabnahmen versuchte der Westen, die DDR-Wirtschaft zu schwächen. Seitens der DDR-Führung führte das zum Streben nach unbedingter Lieferunabhängigkeit vom Westen. Heinrich Rau, Anfang der 1950er Jahre Chef der Staatlichen Plankommission und ab 1955 DDR-Außenminister, wehrte sich gegen diese starre Position. Doch die Kündigung des Interzonenhandelsvertrages 1960 war Wasser auf die Mühlen der Westhandels-Gegner. Während meiner Studienzeit kursierten Losungen wie: »Ostniveau ist Weltniveau!« Oder: »Den Westen brauchen wir nicht!«

Bald jedoch setzte sich die Einsicht durch: Wir können uns nicht von der Globalisierung abkoppeln. Wir sind auf die Erkenntnisse, die Technik und das Know-how des Westens angewiesen. Im Gegenzug müssen wir in der Lage sein, dem Westen etwas zu bieten. Genau das haben wir in vielen Bereichen tatsächlich geschafft: Viele Zweige der DDR-Wirtschaft agierten auf Weltniveau.

Karl Nendel

Die 1-MB-Story – Die Mikroelektronik

1933 geboren, wächst Karl Nendel als Sohn eines Schlossers auf. Zwischen 1952 und 1955 studiert er an der Bergingenieurschule Zwickau, die er als Elektroingenieur verlässt. In dieser Zeit tritt er in die SED ein.

Karl Nendel arbeitet zunächst im Braunkohlekombinat Erich Weinert, später als Bauleiter im VEB Kohleanlagen Leipzig. Mit 28 Jahren wird er in die Abteilung Kohle der Staatlichen Plankommission berufen, wo er für die Stark- und Schwachstromanalagen im Braunkohlebergbau zuständig ist. 1964 verantwortet er als Hauptenergetiker die Stromversorgung der Kohleindustrie.

Ab 1965 leitete Karl Nendel die Abteilung Elektronische In-dustrie im Volkswirtschaftsrat der DDR. Nach dessen Auflö-sung und der Gründung von Industrieministerien wird er 1967 zum Stellvertretenden Minister in das neue Ministerium für Elektrotechnik und Elektronik berufen, wo er zu Beginn der Ära Erich Honeckers als Staatssekretär für die Konsumgüter-produktion zuständig ist.

Auf der 6. Tagung des ZK der SED im Jahr 1977 wird die Mikroelektronik zur Schlüsseltechnologie erhoben. Als Regie-rungsbeauftragter ist Nendel an allen wichtigen Entscheidun-gen zum Auf- und Ausbau dieser Branche beteiligt – sowohl im zivilen als auch im militärischen Sektor.

Nach dem Ende der DDR wird Nendel aus dem Staatsdienst entlassen und wickelt fortan Betriebe der Mikroelektronik ab. Wenig später gelingt ihm eine neue Karriere in einem mittel-ständischen Unternehmen.

1992 leitet die Staatsanwaltschaft der Bundesrepublik ein Ermittlungsverfahren wegen angeblicher Verstöße gegen das 1946 von den Amerikanern beschlossene Wirtschaftsembargo gegen ihn ein, in dessen Folge er 1998 zu einer Bewährungs-strafe verurteilt wird.

Bis 2003 ist Karl Nendel in einem mittelständischen Un-ternehmen tätig, kurze Zeit betreibt er eine eigene Firma. Seit 2004 ist er Rentner.

Höhe- oder Tiefpunkt?

Mitte der 1980er Jahre – ich war Teil einer Regierungs-delegation nach Japan, bei der es um Ausrüstungen für ein Walzwerk ging – streifte ich durch einen japanischen Supermarkt. Prompt entdeckte ich einen 1-MB-Speicher-chip: Er kostete gerade einmal ein paar Dollar. Davon konnten wir in der DDR nur träumen!

Am 11. Februar 1986 beschloss das Politbüro das »Projekt Mikron«. Es sah die Produktion eines 1-MB-Chips vor, außerdem wurde ein 32-Bit-Prozessor geplant. Die Vorlage dafür stammte von Wolfgang Biermann, Generaldirektor des *VEB Carl Zeiss Jena*. Möglichst bis 1990, spätestens bis 1991, sollte der 1-MB-Chip entwickelt sein – nicht nur für den Bedarf der DDR-Industrie, auch für den Export. Das hielten Fachleute des *Kombinats Mikroelektronik*, der *Akademie der Wissenschaften* und des *Ministeriums für Hoch- und Fachschulwesen* in einer Expertise vom März 1986 für möglich.

Die Pilotfertigung des Chips sollte das renommierte *Zentrum für Forschung und Technologie Mikroelektronik* in Dresden übernehmen. Es ging auf die *Arbeitsstelle für Molekularelektronik* zurück, die Werner Hartmann 1961 in der Baracke einer ehemaligen Flugzeugwerft im Norden Dresdens als privates Forschungsinstitut gegründet hatte. Hartmann galt als hervorragender Spezialist, 1970 bekam er für seine Forschungen den Nationalpreis. Er galt auch als Querdenker. Nach einem Streit mit der Parteiführung um die Reduzierung seiner Mitarbeiter musste er gehen. Das von ihm gegründete Zentrum wurde dem *Kombinat Mikroelektronik* angegliedert und änderte im Laufe der Jahre außer seinem Namen auch seine Struktur: Ab 1980 hieß es *Zentrum für Mikroelektronik Dresden (ZMD)*, ab 1986 *VEB Zentrum für Forschung und Technologie Mikroelektronik (ZFTM)*, in dem das ZMD und der *VEB Elektromat* fusionierten.

Die Entwicklung des 1-MB-Chips stellte uns vor riesige Herausforderungen. 1,5 Mrd. Mark, so lauteten die Schätzungen, würde das Projekt kosten. Nach der Pilotphase sollte der Chip in Erfurt-Südost, einem Werk des *Kombinats Mikroelektronik*, produziert werden.

Was ein Megabit bedeutet, erklärten Experten gern mit einem eindrucksvollen Bild: Zwei Millionen Bauelemente müssen auf einer Fläche untergebracht werden, die gerade so groß wie ein Fingernagel ist. Heinz Wedler, Chef des Erfurter Mikroelektronikkombinats, forderte äußerste Sorgfalt bei der Entwicklung einer Technologie zur Herstellung des Speicherchips. Sein Gegenspieler Wolfgang Biermann in Jena hingegen vertrat die Linie der Partei, die möglichst schnell Weltmarktniveau erreichen und mit einem 1-MB-Chip die DDR unter den sozialistischen Ländern im RGW zur Nummer Eins machen wollte.

Wedler hatte ausgezeichnete Beziehungen zu Günter Mittag, ZK-Sekretär der SED für Wirtschaftsfragen. Mittag war ein Uhren-Fan, Wedler ließ ihm hin und wieder ein Geschenk aus dem zum Kombinat gehörenden Uhrenwerk in Ruhla zukommen, das er einst geleitet hatte. Doch Mittag traute Wedler bei aller Freundschaft nicht zu, dass er befähigt war, das 1-MB-Projekt voranzubringen. Hinter den Kulissen überzeugte Biermann die Parteiführung davon, dass er den Chip bedeutend schneller zur Produktionsreife bringen würde.

Damit nicht genug: »Was hältst Du davon«, fragte mich Mittag eines Tages, »wenn wir das Dresdner Forschungszentrum *Zeiss* unterstellen?«

»Wedler soll sich auf sein Werk in Erfurt konzentrieren«, pflichtete ich ihm bei.

»Dann schreib doch mal eine Vorlage, in der wir die Übernahme damit begründen, dass wir das Tempo bei der Entwicklung der Mikroelektronik erhöhen müssen …«

Über die Beschlussvorlage sollte bei der nächsten Sitzung des Politbüros abgestimmt werden. Da der Termin vor der Tür stand und Mittag drängelte, nahm ich die Arbeit mit in den Urlaub und schrieb das Papier im thüringischen Wintersportort Oberhof.

Das Politbüro beschloss wenig später die Eingliederung des Dresdener Zentrums in den *VEB Carl Zeiss Jena.* Aus heutiger Sicht war es eine falsche Entscheidung, denn das Erfurter Kombinat wurde damit Forschungskapazitäten beraubt, die es dringend benötigt hätte. *Zeiss* hingegen hatte bis dahin nie Halbleiterproduktion betrieben, zumindest keine Serienproduktion wie sie Erfurt seit Jahren betrieb.

Umgekehrt war das neue Forschungszentrum in Erfurt ein reines Zugeständnis an die SED-Bezirksleitung. Das Werk in Erfurt-Südost war ein reiner Produktionsstandort. Zwar verfügte es über eine Abteilung für Entwicklung, betrieb aber keine eigene Forschung. Um seine Aufgaben tatsächlich zu erfüllen, hätte es in Erfurt solcher Erfahrungen bedurft, wie wir sie in Dresden gesammelt hatten. Schließlich konnte das ZFTM auf zwanzig Jahre Arbeit zurückblicken.

Unsere Fachleute schrieben eine Wunschliste, der Außenhandel, bei dem der »Embargoimport« angesiedelt war, berechnete, wie viel Devisen dafür gebraucht wurden. Für achtzig Prozent der Ausrüstung mussten wir – wie in der Vergangenheit schon so oft – die Embargobestimmungen umgehen. Die Staatliche Plankommission war prinzipiell gegen die Finanzierung solcher Beschaffungsaktionen, im Plan unseres Ministeriums standen deshalb für solche Projekte keine Gelder zur Verfügung. Der Vorsitzende der Plankommission, Gerhard Schürer, machte nach 1989 Günter Mittag für das vermeintliche Millionengrab Mikroelektronik verantwortlich. Deshalb wandte ich mich in solchen Fällen an Alexander Schalck, der den Bereich Kommerzielle Koordinierung (KoKo) im Ministerium für Außenhandel leitete: »Alex, ich brauch Geld!«

Die KoKo exportierte Waren abseits der Wege, über die der Außenhandel der DDR offiziell Produkte ins Ausland verkaufte, zum Beispiel Stoffe oder Bekleidung. Günter Mittag musste über die Verwendung der von Schalck beschafften Mittel befinden. Da Mittag die Mikroelektronik voranbringen wollte, entschied er stets zu unseren Gunsten. Um welche Summen es dabei ging, ob es nun eine, zwei oder drei Millionen waren, interessierte mich nicht.

Schalck war für das Geld verantwortlich – ich für die Technik. So beschafften wir im Westen Geräte und technisches Know-how für das Projekt.

Die Meinungen, ob das Forschungszentrum in Erfurt tatsächlich realisiert worden ist, gehen heute weit auseinander. Meine ehemaligen Erfurter Kollegen meinen, es sei gelungen. Ich hingegen vertrete die Auffassung: Das ambitionierte Vorhaben wurde nicht umgesetzt. Ein echtes Forschungszentrum müsste viel breiter ausgelegt sein als lediglich auf zwei oder drei Themen.

Irgendwann im Jahre 1986 beorderte *Zeiss*-Chef Biermann vollkommen überraschend Dieter Landgraf-Dietz, den Forschungs- und Entwicklungschef im ZFTM Dresden nach Jena und offenbarte ihm, dass er das Forschungszentrum ab sofort leiten werde. Wenig später lud Biermann Experten aus Dresden in das für DDR-Verhältnisse äußerst komfortable *Zeiss*-Gästehaus ein. Der »General«, wie sich Biermann gern nennen ließ, verlangte von seinen Gästen, minutiös aufzuschreiben, wie die Schritte bis zur Produktion von Mustern des 1-Megabit-Chips aussehen könnten. Binnen kürzester Zeit sollten sie ein Konzept für die Technologie vorlegen. Biermann traf diese Entscheidung eigenmächtig, sie war auch mit mir nicht abgesprochen.

Er kontrollierte penibel den Fortgang der Arbeiten, warf mühsam erstellte Konzepte über den Haufen und brachte mit seinen Launen die Experten schier zur Verzweiflung. Nach zwei Wochen im goldenen Käfig legten die Experten das von Biermann verlangte *Programm Höchstintegration* vor.

Einige Dresdner Forscher zweifelten an Biermanns Kompetenzen. Er selbst war von Haus aus Maschinenbauer, hatte vor seiner Karriere in Jena als Generaldirektor den *VEB Werkzeugmaschinenkombinat 7. Oktober* in Berlin geleitet. Einige Dresdner Spezialisten weigerten sich, mit ihm zusammenzuarbeiten, nahmen ihren Hut und wechselten in das Erfurter Forschungszentrum.

Das *Programm Höchstintegration* wurde nach Biermanns Plan umgesetzt. Für seine Masterpläne war er berühmt-berüchtigt, denn penibel kontrollierte er den Fortgang der Projekte. Für den Prototyp des 1-MB-Chip war ein konkretes Datum fixiert worden: Ein Muster sollte zum 40. Jahrestag der DDR am 7. Oktober 1989 vorliegen.

Wettlauf unter Waffenbrüdern

Biermanns Konzept sah vor, die Entwicklung des Speicherchips ohne Beschaffung von Unterlagen oder Technik aus dem Westen zu bewältigen. Kernstück sollte die Zusammenarbeit mit der Sowjetunion sein. Deshalb wurde ein Regierungsvertrag geschlossen. Er regelte die Aufgabenverteilung zwischen *Zeiss* und dem *Forschungszentrum Selonograd* in der Sowjetunion. Schon 1987 stellte sich heraus, dass die sowjetischen Partner, obwohl die Verantwortlichen dort steif und fest etwas anderes behaupteten, den Zeitplan nicht würden einhalten können.

Mittag ließ sich davon nicht beeindrucken, mehr noch, er hatte den Ehrgeiz – und er infizierte damit auch Honecker –, dass es die DDR auch ohne die Sowjetunion schaffen könne. So begann ein Wettlauf zwischen den Waffenbrüdern: Wer würde als erster ein Muster des 1-MB-Speichers präsentieren? Die Tatsache, dass auch eine Technologie für die Serienproduktion entwickelt werden musste, trat in diesem Wettlauf mehr und mehr in den Hintergrund.

Ich befürchtete, dass das Projekt just daran scheitern würde und wies Mittag immer wieder auf dieses Problem hin. »Du mit deiner Technologie«, wischte er meine Bedenken in seiner unnachahmlichen Art beiseite, »der Speicher ist entscheidend!«

Irgendwann gab ich auf, ließ es geschehen. Was konnte man von Politikern verlangen, die den Unterschied zwischen dem Muster eines Speichers und der für eine Serienproduktion nötigen Technologie nicht verstanden?

Dem Sektor Wissenschaft und Technik bei der Hauptverwaltung Aufklärung (HVA) ging die von Biermann angestrebte Entwicklung noch immer zu langsam voran. Die Verantwortlichen drängten darauf, die Unterlagen und die Technologie für den 1-MB-Chip aus dem Westen zu beschaffen. Sie setzten ihre Leute darauf an.

Die ehemaligen HVA-Mitarbeiter Horst Müller und Klaus Rösener beschreiben[1], wie diese Beschaffung erfolgte: *Toshiba* war führend auf dem Gebiet der Speicherentwicklung. Die Beschaffung von Unterlagen in diesem Unternehmen wäre riskant und aufwendig gewesen. Durch eine Quelle der HVA wurde bekannt, dass *Siemens* sich entschieden hatte, eine Produktionslizenz bei *Toshiba* zu kaufen. Die HVA beschaffte daraufhin alle Unterlagen aus dem *Siemens*-Entwicklungszentrum.

Biermann ließ es geschehen. Denn er fuhr eine Doppelstrategie: Für den Fall, dass die Dresdener Experten nicht rechtzeitig mit der Entwicklung fertig sein würden, hatte er einen Plan B, deshalb ließ er die HVA das Know-how aus dem Westen beschaffen, auf das man zur Not hätte

---

1 Klaus Eichner, Gotthold Schramm u. a.: *Hauptverwaltung Aufklärung. Geschichte, Aufgaben, Analysen.* edition berolina, Berlin 2014, Bd. 1, S. 442 ff.

zurückgreifen können. So war ihm der Erfolg in jedem Fall sicher.

Bei der Frühjahrsmesse in Leipzig traf sich alljährlich die Parteispitze mit allen Generaldirektoren der Kombinate, um sich über die neuesten Entwicklungen zu informieren. Bei der Messe 1988 versprach Biermann vollmundig: Der 1-Megabit-Chip wird schon im Herbst fertig! Also ein Jahr früher als geplant. Von da an arbeiteten die Experten in Dresden unter Hochdruck. Arbeitsschritte, die üblicherweise drei Monate dauern, wurden in zwei Monaten bewältigt. Am 9. August 1988 fielen sich die Entwickler in die Arme. Die Messgeräte zeigten erste positive Ergebnisse an. Der Chip funktionierte.

Wenig später bekam Horst Vogel, der Leiter des Sektors Wissenschaft und Technik bei der HVA, einen Anruf von Wolfgang Biermann. Biermann berichtete stolz, dass drei Muster des Chips fertig seien. Jedoch würden die Gehäuse noch fehlen. Vogels Mitarbeiter beschafften diese Gehäuse über Nacht.[2]

Am 12. September übergab Biermann ein Muster des Chips im Berliner Sitzungszimmer des Politbüros. An einer Längsseite des Besprechungstisches saßen Honecker, Mittag und ich. Gegenüber nahm Biermann mit seinen Experten Platz. Sie entfalteten feierlich eine meterlange Papierbahn, auf der stark vergrößert die Struktur des 1-MB-Chips dargestellt war.

»Genosse Erich, das ist Wolfgangs Werk!«, lobte Mittag überschwänglich den ihm gegenübersitzenden Biermann.

Honecker nickte erfreut. Mittag hatte bewiesen, dass die Übernahme des Dresdener Zentrums durch *Zeiss* die richtige Entscheidung gewesen war.

---

2 Klaus Eichner, Gotthold Schramm u. a.: *Hauptverwaltung Aufklärung. Geschichte, Aufgaben, Analysen.* edition berolina, Berlin 2014, Bd. 1, S. 457 ff.

Ich war ebenfalls begeistert von der Leistung der Dresdner, die es geschafft hatten, den 1-MB-Chip aus eigener Kraft zu entwickeln und die Muster zu produzieren.

Im Anschlus an die Sitzung verkündete Mittag gewohnt großspurig: »Das muss eine Spitzenmeldung im *Neuen Deutschland* geben!«

»Günter«, versuchte ich ihn zu bremsen, »das ist eine Versuchsfertigung, wir haben zwar ein paar Schaltkreise produziert, aber wir haben noch längst nicht die Technologie für die Serienproduktion!«

»Du mit deinem fachlichen Mist!«, kanzelte mich Mittag ab. »Hör auf mit diesem technischen Quatsch, das ist eine politische Entscheidung!«

Er ließ Dieter Brückner, seinen Hofberichterstatter, rufen, der einen Artikel für das *Neue Deutschland* verfasste. Als ich am nächsten Tag die Zeitung aufschlug, traute ich meinen Augen nicht: Die komplette Seite Drei beschäftigte sich mit unserem 1-MB-Chip!

Kurz nach der Präsentation im Politbüro bekam Horst Vogel erneut einen Anruf von Wolfgang Biermann: Honecker wolle den Chip noch im September in Moskau an Gorbatschow überreichen. Vogel schreibt, er habe Mielke gebeten, Honecker von diesem Vorhaben abzubringen, da mit der Präsentation des Chip durchsickern könnte, dass die HVA Unterlagen von *Siemens* beschafft hatte. Doch Honecker blieb stur.

Am 27. September stellte Biermann den Chip bei einer Präsentation seines Kombinats in Moskau vor. Das Gerücht, wonach Gorbatschow dort lediglich eine Attrappe präsentiert worden sei, trifft nicht zu.

Siemens hatte die Produktion eines 1-MB-Chips mit der *Toshiba*-Technologie getestet. Bei einem Besuch in dem Münchner Unternehmen durfte ich mir einen Reinraum anschauen, in dem die Musterfertigung ablief. Da hatte *Siemens* allerdings schon entschieden, dass der 1-MB-Chip im eigenen Unternehmen nicht lukrativ produziert werden konnte, stattdessen kaufte das Unternehmen fertige Chips von *Toshiba.*

Kurz nach der Präsentation unseres 1-MB-Chips auf der *Leipziger Messe* stand die CIA bei *Siemens* vor der Tür. Der US-Geheimdienst ging davon aus, die DDR habe die Technologie abgekupfert. In diesem Fall irrten die Amerikaner. Zwar waren Unterlagen beschafft worden, der Chip selbst jedoch war eine Eigenkreation der Fachleute in Dresden, wie *Siemens* 1990 bestätigte.

Für die Serienproduktion des Chips entstanden in Erfurt-Südost weitere Hallen. Im nun geplanten Werk ESO III sollte ein Reinraum entstehen, der deutlich höhere Anforderungen als sein Vorgänger im ESO II erfüllte.

1990 stellte sich heraus, dass das 1-MB-Projekt für die DDR allein viel zu groß war, dass – wie von mir und den Dresdner Spezialisten prophezeit – es noch mindestens zwei Jahre bis zur Serienreife gedauert hätte. Die Maschinen, die zur Serienproduktion des Chips benötigt worden wären, hätten weder aus eigener Kraft gebaut noch in diesem Umfang aus dem Westen beschafft werden können.

Botschaft im Chip

Speicherplatz ist das eine, ein Rechner benötigt jedoch auch einen leistungsfähigen Prozessor, der quasi sein Hirn darstellt.

Einer der ersten Mikroprozessoren der DDR war der Nachbau eines *Zilog*-Chips gewesen. Im Laufe der Jahre stellte sich heraus, dass *Intel* die besseren Prozessoren entwickelte. Nicht *Zilog*, sondern *Intel* bekam vom Pentagon den Auftrag, einen Prozessor zu entwickeln, der in ferngelenkte Raketen eingesetzt wurde.

Als *Intel* einen 32-Bit-Prozessor herausbrachte, bekamen die einstigen Verfechter dieser Technologie unter unseren Experten, die sich gegen den *Zilog*-Nachbau ausgesprochen hatten, wieder Oberwasser. In der Parteiführung war man sich einig: Wenn wir – wie Jahre zuvor geschehen – den 8-Bit-Prozessor nachbauen konnten, können wir auch den 32-Bit-Prozessor bauen. Dann hätten wir RGW-weit wieder die Nase vorn!

Wie immer in der DDR, lief alles nach Plan. Den Plan Wissenschaft und Technik gab es in drei Kategorien: als Staatsplan, auf Kombinatsebene und als Betriebsplan. Der 1-MB-Speicher war ein Projekt im Staatsplan gewesen, weshalb seine Entwicklung unter staatlicher Kontrolle stattgefunden hatte. Der 32-Bit-Prozessor hingegen war eine Aufgabe des *VEB Mikroelektronik*.

Zugleich wurde das Projekt von Gerhard Müller befeuert, dem Chef der SED-Bezirksleitung in Erfurt, der – da war er sich mit Generaldirektor Wedler einig – in Wolfgang Biermann seinen Feind sah.

Der 32-bit-Prozessor wurde von *Intel* weltweit vertrieben – mit Ausnahme der Ostblockländer, die die Technik wegen des Embargos nicht importieren durften. So mussten wir die gewohnten Wege gehen: Außer Schaltkreisen ließen wir von der Hauptabteilung Aufklärung auch Software beschaffen – wie das konkret ablief, interessierte mich nicht. Wichtig war, dass wir damit arbeiten konnten.

Schaltkreise wurden in der Entwicklungsabteilung des Erfurter Kombinats seit langem geknackt. Auch das neue Forschungszentrum hatte Spezialisten dafür.

Je mehr »Mathematik« in einem Prozessor steckt, umso mehr Halbleiterschichten liegen übereinander, der

32-Bit-Prozessor hatte über zwanzig. Nachdem die Auslandsaufklärer einige Chips beschafft hatten, trugen unsere Experten in Erfurt mit einer ausgefeilten Schleiftechnik Schicht für Schicht ab und analysierten sie. Plötzlich stutzten sie: Auf einer dieser Schichten waren Worte in kyrillischen Buchstaben gedruckt. Die Übersetzung aus dem Russischen ergab sinngemäß: Wann hört ihr endlich mit dem Klauen auf?

Hätten die argwöhnischen Spezialisten bei *Intel* der kleinen DDR zugetraut, den Chip zu knacken, hätten sie ihre Botschaft vermutlich auf Deutsch verfasst. Doch die *Intel*-Leute kannten die DDR vermutlich gar nicht. Sie gingen ganz selbstverständlich davon aus, dass die Sowjetunion als erstes Land im Osten den Chip knacken würde und hatten deshalb ihre Botschaft auf Russisch eingraviert.

SED-Bezirkschef Gerhard Müller hatte sich von Honecker ausbedungen, dass die Präsentation des 32-Bit-Prozessors aus Erfurt vor dem Politbüro der gleichen Prozedur folgen sollte wie die 1-MB-Chip-Vorstellung Biermanns. Auch ich war wieder dabei.

Honecker nahm mich beiseite: »Mal ehrlich, Genosse Nendel, ist das wirklich *unsere* Leistung?«

»Genosse Honecker«, versuchte ich mich aus der Affäre zu ziehen, »natürlich hat Erich Mielke etwas mitgeholfen …«

»Viel?«

»Er hat Unterlagen von *Intel* beschafft.«

Damit war Günter Mittag, der sich so gerne mit einem weiteren Erfolg gebrüstet hätte, die Suppe versalzen. Entsprechend wurde um den 32-Bit-Chip bei weitem nicht so viel Tamtam gemacht wie beim 1-MB-Speicher. Es blieb bei einer Meldung im *Neuen Deutschland*. Produziert wurde der 32-Bit-Prozessor so wenig wie der 1-MB-Chip.

Die Tage der DDR waren gezählt. Nach der Wende zeigte sich indes, welch enormes Potenzial die DDR trotz oder wegen des vom Westen verhängten Embargos entwickelt hatte: Rund um Dresden wuchs ein Cluster äußerst erfolgreicher Unternehmen der Elektronikbranche.

Winfried Sonntag

Hoch auf dem Kunststoffwagen –
Der Fahrzeugbau

Wie in keiner anderen Biografie spiegelt sich im Berufsweg von Winfried Sonntag die Entwicklung des DDR-Automobilbaus wider. Seit der Gründung der DDR bis zu ihrem Ende arbeitete er in verschiedenen leitenden Positionen dieser Branche.

Winfried Sonntag wird 1924 in Zwickau geboren. Sein Vater arbeitet für die berühmte Automobilfabrik Horch, die 1904 in Zwickau gegründet worden war. Schon früh tritt Winfried in die Fußstapfen des Vaters und absolviert nach der Volksschule 1938 eine Lehre als Werkzeugmacher bei Horch, besucht pa-

rallel dazu die Gewerbeschule in Zwickau und wird aufgrund seiner sehr guten Ergebnisse an die Ingenieurschule für Luftfahrttechnik nach Thorn delegiert. Diese besucht er vier Semester lang, bis er im Jahr 1943 zur Luftwaffe eingezogen wird. Am 28. Februar 1945 gerät er in sowjetische Gefangenschaft, aus der er erst am 8. November 1949 entlassen wird. In diesen Jahren arbeitet er als Werkzeugmacher im Traktorenwerk Wladimir, besucht für acht Monate eine Antifa-Schule in Taliza bei Gorki und wird im Anschluss im Bergbau in Thul eingesetzt.

Nach seiner Entlassung kehrt Winfried Sonntag in seine Heimatstadt Zwickau zurück. Infolge der Teilung Deutschlands muss die Zuliefererindustrie in der SBZ völlig neu aufgebaut werden. Er steigt als Detailkonstrukteur in die Horch-Werke ein und besucht ab Februar 1950 die IFA-Ingenieurschule in Chemnitz, die er als Kfz-Ingenieur abschließt. Im Dezember 1952 wird Winfried Sonntag auf eigenen Wunsch als Versuchsingenieur in die Versuchsabteilung bei Horch versetzt. In dieser Funktion arbeitet er an der Entwicklung des P240 mit. Am 1. Juli 1954 wird er zum Direktor für Technik im VEB IFA-Kraftfahrzeugwerk Audi in Zwickau berufen. Dort verantwortet er die Entwicklung des Trabant P50 und des P70. 1958 wird er Direktor für Technik in den zusammengelegten Werken Horch und Audi, das fortan unter dem Namen VEB Sachsenring Automobilwerke Zwickau geführt wird.

Mit der Gründung der VVB Automobilbau 1958 wird in Karl-Marx-Stadt ein wissenschaftlich-technisches Zentrum gebildet, als dessen Betriebsdirektor er fungiert. Zehn Jahre später wird er zum Generaldirektor der VVB berufen. Damit wird Winfried Sonntag verantwortlich für den gesamten Fahrzeugbau der DDR, darunter auch Zweiräder und Nutzfahrzeuge.

Als die VVB 1978 auf Politbürobeschluss in vier Kombinate aufgeteilt wird, wird Winfried Sonntag Stellvertreter des Generaldirektors des IFA-PKW-Kombinats. Winfried Sonntag beginnt ein Fernstudium der Wirtschaftswissenschaften an der

Karl-Marx-Universität Leipzig, das er als Diplom-Ökonom abschließt. 1987 wird ihm nach einer außerplanmäßigen Aspirantur der Doktortitel verliehen.
1990 geht Doktor Sonntag mit 66 Jahren in den Ruhestand.

Sowjet-Limousinen und Klappräder

Als frisch gekürter Generaldirektor wurde ich 1958 zur Dienstberatung zum Minister für Maschinen- und Fahrzeugbau Rudi Georgi gerufen. Der Minister zählte auf, welche Probleme ihm besonders unter den Nägeln brannten.

In Prahlitz, wo sich das Importlager für Fahrzeuge aus der Sowjetunion befand, standen seit Monaten 1200 Pkws russischer Herkunft. Längst sollten sie verschiedenen Bedarfsträgern zugeteilt worden sein, doch niemand war in der Lage, sie ordnungsgemäß zu verteilen. Einige der Wagen standen schon so lange dort, dass das Gras durch die Motorhaube wuchs. Innerhalb von vier Wochen sollte das Lager geräumt sein. Ich schickte 40 Spezialisten von *Sachsenring* nach Prahlitz, die eine provisorische Lackieranlage aufbauten und die Fahrzeuge »verkaufsfertig« machten. Als der letzte Wagen ausgeliefert war, schlossen wir das Außenlager. Fortan wurden aus der Sowjetunion importierte Fahrzeuge von den neu eingerichteten IFA-Verkaufsstellen in den Bezirkshauptstädten der DDR vertrieben.

Im *VEH Imperhandel*, dem für den Automobilbau zuständigen Importbetrieb in der Berliner Tabbertstraße, lagerten in Kisten verpackt Ersatzteile im Wert von 50 Mio. Mark. Sie wurden von einem Streifenwagen der Volkspolizei bewacht. Ich sollte diese Teile aufarbeiten und an den Mann bringen.

Der Betriebsdirektor des *VEB Mifa Fahrradwerke Sangerhausen* hatte ein Klappfahrrad auf den Markt gebracht. Die Leute rissen sich um das Gefährt. Doch wir kamen mit der Produktion nicht hinterher. Dem berechtigten Volkszorn angesichts dieser Unterversorgung sollte nun im Fernsehen der DDR begegnet werden. Vor laufender Kamera drehte ich im Rosarium der Kleinstadt ein paar Runden im Blaumann auf dem Klapprad und versprach dem Fernsehpublikum nicht das Blaue vom Himmel, aber immerhin genügend Fahrräder. Und siehe da: Innerhalb kurzer Frist erhöhten wir dank verbesserter Mechanisierung, der Anfertigung einiger Spezialmaschinen sowie optimierter Planung und Bilanzierung von Arbeitskräften die Erhöhung der Stückzahl. Damit war der Frieden wiederhergestellt und ich konnte mich meiner eigentlichen Aufgabe – dem Auf- und Ausbau der *VVB Automobilbau* – widmen.

Die VVB umfasste 49 Produktionsstandorte und Handelsbetriebe mit insgesamt 105 000 Arbeitskräften. Darüber hinaus kooperierten wir mit 205 Betrieben der bezirksgeleiteten Industrie, dem Handwerk und der Landwirtschaft. Das Grundprinzip dieses Riesenkonstrukts war die Einheit von Plan, Bilanz und Vertrag – dieses Prinzip funktionierte allerdings nur auf dem Papier. Die Praxis sah anders aus, weshalb im Nachhinein ungerechtfertigterweise immer wieder von einer Mangelwirtschaft die Rede ist.

Vereinfacht dargestellt, funktionierte das Konstrukt so: Die Staatliche Plankommission gab die Planauflagen vor, etwa die Stückzahl der zu produzierenden Fahrzeuge. Anhand dieser Vorgaben wurde das benötigte Material bilanziert. Die Bilanzanteile bildeten die Grundlage für die mit den einzelnen Betrieben abzuschließenden Lieferverträge. Die Betriebe handelten eigenverantwortlich und berichteten in regelmäßigen Abständen über die Planerfüllung.

Nach Gründung der DDR gab es eine enorme Aufbruchstimmung. In den 1950er Jahren war die Belegschaft im *Audi*-Werk derart motiviert, dass sie selbst an Feiertagen durcharbeitete. Silvester wurde gefeiert, wenn die geforderte Stückzahl erreicht war. Wenn man mit den Menschen richtig umgeht, kann man viel erreichen. Mir passierte es, dass wir in der P70-Produktion mit der Planerfüllung zurücklagen. Deshalb setzten wir für jedes zusätzlich produzierte Fahrzeug eine Prämie aus mit dem Effekt, dass mehr Fahrzeuge produziert wurden als wir Prämien zahlen konnten.

Von wegen Pappe ...

Im RGW gab es keinen Betrieb – das *Kombinat Umformtechnik Erfurt* ausgenommen –, der Anlagen für den Automobilbau herstellte. Wir mussten die gesamte Ausrüstung selbst bauen. Zu diesem Zweck schickte ich Ende der 1950er Jahre zehn Ingenieure zu VW nach Wolfsburg. Mit dem Einverständnis von Produktionsdirektor Höhne zeichneten unsere Ingenieure die Anlagen ab – und wir bauten sie nach. So konnten wir ein Band fertigen, auf dem das Blechgerippe des *Trabant* entstand.

Der Trabi ging am 1. Mai 1958 in Serie. Wir waren immer bemüht, die Arbeitsabläufe zu optimieren. So wurden die Dreiecklenker zur Befestigung der Räder von unten an die Karosserie angeschraubt. Das war eine schwere Überkopfarbeit. Ich wies an, eine Vorrichtung am Montageband zu installieren, mit der die Karosserie um 180 Grad gedreht werden konnte, womit die Arbeit wesentlich erleichtert wurde.

An der Karosserie des *Trabant* waren hinter den vorderen und vor den hinteren Radkästen in der Bodengruppe 120 Millimeter lange Rohrstücke eingeschweißt, die zum Ansetzen des Wagenhebers dienten. Bei der Montage des Fahrzeuges wurden sie für den Transport der Karosserie auf dem Montageband genutzt, indem ein mit einem Kugellager versehener Bolzen in dieses Rohrstück gesteckt wurde. Am Rand des Bandes wurde ein U-Profil angebracht, in dem der Bolzen mit Kugellager lief. In der Mitte des Montagebandes wurde eine Kette installiert, die die Karosserie taktweise transportierte. Damit wurde eine einfache Lösung zum Transport der Karosserie auf dem Montageband geschaffen. Solche Ideen entstanden oft durch Vorschläge aus der Arbeiterschaft. Jeder Mitarbeiter konnte Verbesserungsvorschläge einreichen. Jeder realisierte »Neuererantrag« wurde finanziell vergütet.

Feinbleche für den Karosseriebau mussten aus dem NSW importiert werden. Sie standen auf der Embargoliste. In Abstimmung mit dem Außenhandel schickten wir Mitarbeiter zu Herstellern und Händlern nach Österreich und Schweden – illegal. Das war auf Dauer keine Lösung. Deshalb wurde ab 1953 unter Leitung meines Vorgängers Kurt Lang für die Außenhaut des P50 ein Kunststoff entwickelt. Die *Auto Union AG* hatte sich bereits 1935 mit der Entwicklung eines Kunststoffes für den Karosseriebau beschäftigt. Ziel war die Ablösung der mit Kunstleder überzogenen Holzkarosserien. Daran waren die Firma *Römmler AG* in Spremberg und die Firma *Dynamit AG* in Troisdorf beteiligt. Als Bindemittel verwendete man Phenolharze und experimentierte mit verschiedenen Verstärkungsstoffen wie Papier, Holzspänen und Holzmehl. Erste Ergebnisse lagen 1936 vor. Daran knüpften wir an.

Kurt Lang und sein Mitarbeiter Wolfgang Barthel verrührten in einem Bottich Holzschliff mit Phenolharz. Der entstandene Brei wurde auf eine Platte aufgetragen und in einer 400-Tonnen-Presse bei 180°C gepresst. Vorher musste das Wasser herausgepresst werden. Das sollte mit einem Luftsack gemacht werden. Doch der Sack platzte.

Werkleiter Mikotsch rief im Ministerium an: »Sack geplatzt, was tun?« »Wir können nichts tun. Sack selber flicken!«, lautete die Antwort.

So begann die Kunststofffertigung. Kurt Lang ließ auf Vorschlag von Wolfgang Barthel anstelle des Holzschliffs Baumwolle einsetzen. Das war die Lösung: Baumwolle, die die Textilindustrie nicht verarbeiten konnte, weil sie zu kurzfaserig war, wurde zu einem Fleece verarbeitet, mit 50 Prozent Phenol- oder Kresolharz angereichert und bei 180°C für acht Minuten in eine Form gepresst. Der Kunststoff »Duroplast« war geboren. Um seine Witterungsbeständigkeit zu prüfen, gruben wir das Material für drei Jahre im Moor ein. Es blieb unverändert! Die serienmäßige Kunststofffertigung begann 1954 mit der Herstellung von Karosserieteilen für den Lkw H3A.

Unsere Betriebspläne zwangen uns zu Materialeinsparungen. Bestand die Auspuffanlage zunächst aus 1,4-Milimeter-Blech, wurde sie im Lauf der Zeit auf 1,2 und schließlich auf 0,99 Millimeter reduziert. Die Haltbarkeit verringerte sich damit auf ein Jahr, während sie vorher fünf bis sechs Jahre gehalten hatte. Ich stellte das Problem am Institut für sozialistische Wirtschaftsführung in Rahnsdorf vor. Dort hieß es: »Die Materialeinsparung ist wichtiger als die Lebensdauer.« Mit verzinktem Blech lösten wir das Problem. Der Auspuff hielt nun bis zum Lebensende des Trabis.

Als der *Trabant* in Serie ging war für die Herstellung ein Aufwand von 320 Fertigungsstunden (ohne Motor) erforderlich. Als die *Trabant*-Fertigung eingestellt wurde, betrug der Zeitaufwand noch 29 Stunden. Daran kann man ersehen, wie die Produktivität gesteigert wurde.

Der *Trabant P70* rollte zwischen 1955 und 1959 als Limousine, Kombi und Coupé im Automobilwerk *AWZ Zwickau* vom Band. Er war eine Schwarzentwicklung. Der als »Zwischentyp« bezeichnete Wagen sollte die Fahrzeugentwicklung zwischen IFA F8 und P50 überbrücken. Wir produzierten die Teile vom P50 etwas größer, damit die Karosserie auf das Fahrgestell des F8 passte. Wenn Kommissionen aus Berlin kamen und den Entwicklungsstand des P50 prüften, stellten sie fest: »Die Maße stimmen, aber warum sind die Teile so lang?«

»Weil der Karosseriepressstoff vorn ausfranst, brauchen wir Verschnitt«, redeten wir uns heraus.

Als das Fahrzeug fertig war, war es nicht mehr zu verheimlichen. Um den Wagen in Serie bauen zu können, brauchten wir die Genehmigung unseres Staatssekretärs Helmut Koch. Bis morgens um drei saßen wir in seinem Berliner Büro. Eine Zusage bekamen wir nicht. Als wir uns verabschiedeten, sagte ich: »Wir bauen das Auto.«

Darauf Koch: »Das werden wir sehen.«

Drei Wochen später bekamen wir grünes Licht. Ab 1963 wurde der *Trabant* in hohen Stückzahlen produziert. Um im Werk Sachsenring Platz zu schaffen, lagerten wir andere Erzeugnisse aus. Die Dieselmotoren gingen nach Nordhausen, der Lkw nach Werdau und Ludwigsfelde. Die unrentable Produktion des P240 wurde eingestellt. Dennoch konnten wir den enormen Bedarf am *Trabant* nicht decken.

»VEB Gelumpe« und das »Hängebauchschwein«

Generaldirektoren-Salon »Fahrzeugbau« vom 10. Januar 2013

Kurz darauf erhielten wir von der ČSSR den Auftrag für die Lieferung von homokinetischen Gelenkwellen. Zu diesem Zweck baute das französische Unternehmen Citroën das Werk in Mosel, einem Vorort von Zwickau. Die Investition wurde mit der Rücklieferung von Gelenkwellen (800 000 Stück pro Jahr) abgezahlt.

Im Jahr 1968 wurde die *VVB Automobilbau* in Kombinate überführt: Im Groben unterteilten sich die IFA-Kombinate in den Pkw-Bau (Karl-Marx-Stadt), den Nutzfahrzeugbau (Ludwigsfelde) und den Zweiradbau (Zschopau und Suhl). Ich selbst wurde mit der Kombinatsgründung zum Stellvertretenden Generaldirektor des *IFA-PKW-Kombinates*.

Im Zuge dieser Umstrukturierung wurde die Zulieferindustrie auseinandergerissen. In Haldensleben bauten wir Gelenkwellen, in Reichenbach Kupplungen, in Ronneburg Felgen und in Hartha Stoßdämpfer. Nachdem die Betriebe auf die Kombinate verteilt waren, versuchte jedes Kombinat seinen Eigenbedarf an Komponenten zuerst zu decken. Im Volksmund hieß der Betrieb »VEB Gelumpe«.

Ärger gab es auch in anderen Bereichen. Die Zweiradbetriebe *VEB MZ Motorrad-Werk* in Zschopau und *VEB Simson* in Suhl waren sich nicht grün. Sie versuchten, sich gegeneinander auszuspielen.

Wenig besser stand es um die Pkw-Produktionsstätten in Zwickau und Eisenach, die auf Betriebsdirektorenebene immer Konkurrenten waren. Wenn Zwickau eine Fensterkurbel entwickelte, konnte die von Eisenach nicht übernommen werden. Dort mussten sie eine eigene Kurbel herstellen. Die Feindschaft ging so weit, dass Eisenach sich weigerte, den Motor, wie bei *Sachsenring*, quer in den *Wartburg* einzubauen, was ihm den Namen »Hängebauchschwein« einbrachte. Erst eine Weisung des ZK der SED ließ die Eisenacher murrend einlenken.

Klaus Blessing: Ich kam Anfang 1986 als Leiter der Abteilung Maschinenbau und Metallurgie ins Zentralkomitee. Als neuer Mann nutzte ich die *Leipziger Messe*, um mich umzusehen. Auf dem Stand des *IFA-PKW-Kombinats* standen der neue *Trabant* und – jawohl: das »Hängebauchschwein«. Ich sagte spontan zum Generaldirektor: »Wollt ihr das Ding auf die Bevölkerung loslassen? Da lacht doch die ganze Welt.« Damit brach ich die alte Diskussion – längs oder quer – vom Zaun. Schließlich griff ich durch: »Leute, blamiert uns nicht. Baut den Motor quer in den Wartburg, dann sieht das vernünftig aus.« Ein paar Wochen später zeigte sich: Es ging!

Winfried Sonntag: Rangeleien gab es auch um die Vorherrschaft im Kombinat. Stammbetrieb des Kombinates blieb bis zu seiner Auflösung das Werk in Karl-Marx-Stadt.

Klaus Blessing: Ich habe in der VVB und im Kombinat gearbeitet. Die VVB war ein Verwaltungsorgan, sie hatte keinen direkten Zugriff zur Produktionsbasis. Die Idee der Kombinatsbildung war, eine Einheit aus Stammbetrieb und Leitung herzustellen. So konnte keine abgehobene Leitungsebene entstehen. Das hatte für die Leitung einen erzieherischen Effekt, da sie direkt mit den Prozessen und Problemen der Produktion konfrontiert wurde.

Jörg Roesler: Die historische Forschung ist sich einig, dass das Problem nicht die Bildung der Kombinate war. In den späten 1960er Jahren wurden in bestimmten Zweigen Kombinate gebildet. Strukturell gesehen bedeutete das: Vertikale Arbeitsteilung und -zuordnung. Die anderen Betriebe verblieben in den VVBs. Das Problem begann, als die Kombinatsbildung Ende der 70er Jahre administrativ in allen Zweigen durchgesetzt wurde. Unabhängig davon, wie der Zweig strukturiert war, wurde er in ein oder mehrere Kombinate gepresst. Das war in vielen Fällen ökonomisch nicht durchdacht.

Neuentwicklungen nicht gefragt

Winfried Sonntag: Während der 1960er Jahre entwickelten wir mehrere neue Modelle, etwa den P603. Er war etwas größer als der *Trabant*. Wir hatten neun Funktionsmuster hergestellt. 1969 wollten wir das Modell anlässlich der Bezirksdelegiertenkonferenz der SED im *Fritz-Heckert-Werk Karl-Marx-Stadt* Erich Honecker vorstellen. Am Tag der Präsentation erhielt ich den Befehl: »Bring den Wagen unverzüglich zurück nach Zwickau. Honecker darf das Auto nicht zu Gesicht bekommen.« Eine Woche später wies mich Günter Mittag an, die Entwicklungsarbeit einzustellen und die Funktionsmuster zu vernichten. Nur ein Modell konnten wir retten.

Aus der Mitarbeit in der Sektion 7 des RGW, in der die Automobilbauer tätig waren, ergab sich die Überlegung, mit der ČSSR und Ungarn zu kooperieren. Ich verständigte mich mit dem tschechischen Generaldirektor Nowotny, dem Leiter unserer Sektionsgruppe, und den Ungarn, gemeinsam ein Auto zu bauen. Über Monate entwickelte sich eine fruchtbare Zusammenarbeit, wenngleich bei der Planung der Details immer wieder Differenzen zutage traten: So bestanden die Tschechen auf ihrem Hinterradantrieb, während wir unseren Vorderradantrieb durchsetzen wollten. Schließlich einigten wir uns auf den Frontantrieb, kamen unseren Partnern aber insofern entgegen, als wir den Motor längs einbauten statt – wie von uns vorgeschlagen – quer. Den Motor sollte *Skoda* liefern. Getriebe, Achsen und Lenkung kamen von uns. Nur bei der Karosserie wurden wir uns nicht einig. Kein Problem, sagten wir uns. Dann bauen wir eben ein einheitliches Fahrgestell, auf das zwei unterschiedliche Karosserien passen. Parallel zu den technischen Aspekten kalkulierten wir alle Baugruppen bis ins kleinste Detail. Insgesamt sollten 600 000 Autos gebaut werden, eine Hälfte bei den Tschechen, die andere bei uns.

Jörg Roesler: Das Beispiel der Kooperation zwischen der DDR, der ČSSR und Ungarn geht zurück auf den Versuch, im RGW ein Amt zu schaffen, das länderübergreifende Projekte initiierte und kontrollierte, um das Gerangel zwischen den einzelnen Staaten zu überwinden. Dabei handelte es sich um das von Chruschtschow 1962 ins Leben gerufene RGW-Planungsamt. Der Plan scheiterte am rumänischen Staatschef Nicolae Ceausescu, dem die nationale Souveränität wichtiger war als die Solidarität mit den Bruderstaaten.

Winfried Sonntag: Unsere Zusammenarbeit mündete in einem Regierungsabkommen zwischen den drei RGW-Ländern. Die Umsetzung musste vom Ministerrat beschlossen werden. Die Vorlage des Ministerratsbeschlusses sah vor, dass *Sachsenring* den Grundtyp des P760 baut. Eisenach sollte Sonderausführungen wie Coupé oder Pickup umsetzen. Der Investitionsaufwand belief sich auf 7 Mrd. Mark. »Zu teuer!«, konstatierte die Staatliche Plankommission und legte fest: *Sachsenring* baut sämtliche Fahrzeugvarianten. In Eisenach sollten lediglich Lenkung, Hinterachsen und Getriebewerk gefertigt werden. Kostenpunkt: 4,5 Mrd.

Am 3. April 1973 verteidigte Ministerpräsident Willi Stoph die Vorlage vor dem Politbüro. Wir hatten die Musterfahrzeuge des P760 in der Tiefgarage des Zentralkomitees aufgefahren. Erich Honecker fragte Gerhard Schürer, den Leiter der Plankommission, der neben mir stand: »Nun Gerhard, klappt alles?«

»Ja«, erwiderte der, »alles klappt.«

Daraufhin stieg Honecker zur Probefahrt ins Auto.

In der sich anschließenden Sitzung trugen alle Politbüromitglieder ihren Standpunkt vor. Als letzter redete Günter Mittag: »Wenn wir so viel Geld in den Automobilbau stecken, bleibt nichts für die anderen Industriezweige übrig. Die Vorlage ist nicht beschlussfähig.«

»Wenn das so ist«, gab Honecker zu bedenken, »muss die Plankommission neue Berechnungen anstellen.«

Da sprang *Sachsenring*-Werkleiter Herbert Uhlmann auf: »Genosse Honecker, die Vorlage ist entscheidungsreif!«

Totenstille im Saal. Harry Tisch gewann die Fassung als erster zurück: »Den müssen wir ablösen!«

Daraus wurde nichts. Uhlmann hatte die Belegschaft, die mit Begeisterung an der Neuentwicklung gearbeitet hatte, geschlossen hinter sich.

Die von Honecker geforderten Neuberechnungen fanden im Nachtsanatorium der Bergbaupoliklinik Zwickau statt, wo sich Staatssekretär Klopfer, Schürers Stellvertreter in der Plankommission, einer Behandlung unterziehen musste. Das Ergebnis war für alle Beteiligten ernüchternd: Eine neue Beschlussvorlage kam nicht zustande. Eine Alternative zu *Trabant* und *Wartburg* schien nicht realisierbar.

Impuls aus dem Westen

Umso größer war unsere Verwunderung, als sich 1983 eine Geschäftsverbindung in die Bundesrepublik auftat: In einem Schreiben an DDR-Außenhandelsminister Gerhard Beil ergründete *Volkswagen*-Chef Carl Hahn, ein gebürtiger Chemnitzer, die Möglichkeit einer wirtschaftlichen Zusammenarbeit mit der DDR-Automobilindustrie.

Ich wurde in die Arbeitsgruppe berufen, die sich mit dem Anerbieten Hahns, den VW-Motor EA111 in Lizenz zu bauen, auseinandersetzte. Diesmal hatten wir das Politbüro auf unserer Seite. VW vermittelte den Kauf einer Gebrauchtanlage für die Lizenzfertigung der Motoren. Die Anlage und die Lizenzgebühren finanzierten wir über die Lieferung von insgesamt 500 000 Rumpfmotoren. An der Umsetzung dieses Vorhabens waren zehn Ministerien, 42 Kombinate und 109 Betriebe beteiligt. Neben einem zentralen Arbeitsstab beim ZK der SED wurden Arbeitsstäbe auf ministerieller und Kombinatsebene gebildet, die regelmäßig tagten. Alles war straff organisiert.

Jörg Roesler: Ab 1971 praktizierte die DDR eine Strategie, welche die Polen unter Edward Gierek entwickelt hatten. Honecker argumentierte: Warum uns so anstrengen im ökonomischen System des Sozialismus und alles selber entwickeln? Wir importieren neueste Technik aus dem Westen, nach Möglichkeit ganze Fabriken und refinanzieren die Anlagen über die Lieferung der mit der Anlage produzierten Erzeugnisse.

Klaus Blessing: Die Kompensationsgeschäfte waren – im Gegensatz zu heutigen Praktiken – klug. Die DDR musste in diesem Verfahren keine müde Westmark oder Dollar ins Land holen. Keine Bank konnte über dieses Objekt entscheiden, geschweige denn, den Geldhahn zudrehen.

Herbert Roloff: Die Kompensationsgeschäfte waren immer getrennt in Kaufgeschäfte und Verkaufsgeschäfte der Waren. Wenn eine Seite nicht liefern konnte, entband das die andere Seite nicht von ihren Lieferpflichten. Der *Außenhandelsbetrieb Industrieanlagen-Import* (AHB IAI) importierte immer auf der Basis von Krediten – mit langfristigen Laufzeiten zu geringen Zinssätzen. Unser Finanzministerium kontrollierte, zu welchen Bedingungen solche Geschäfte abgeschlossen wurden.

Wilhelm Hans: Ich war im AHB IAI für die Verhandlungen mit Volkswagen verantwortlich. Sie dauerten acht Monate. Der Vertrag umfasste zwölf Ordner. Wir haben manchmal Stunden um eine Formulierung gerungen. Dann dachten wir, jetzt haben wir es. Als wir uns das nächste Mal trafen, stellten wir fest: Es hatte doch jeder etwas anderes verstanden.

Herbert Roloff: Ich nahm 1983 am Gespräch zwischen Carl Hahn und Gerhard Beil teil. »Wir werden dieses Projekt verfolgen«, tippte ich im Anschluss des Gespräches eine Nachricht an Günter Mittag. Als ich Beil den Vermerk vorlegte, bekam er einen Wutanfall: »Was benutzt du denn für eine Schreibmaschine?!«, schimpfte er.

»Die beste, die wir haben, eine *Erika*.«

»So kann ich den Brief nicht weitergeben.«

Er wies an, dass ich eine *IBM* bekomme …

Auch die Bevölkerung wollte nicht länger der technischen Entwicklung des Westens hinterherhinken. Das galt besonders für die Straße. Der Zweitaktmotor war nicht die Krönung des Maschinenbaus: Wer hinter einem *Trabant* oder *Wartburg* herfuhr, hatte das Problem in der Nase. Die Zeit war reif für den Viertakter.

Wilhelm Hans: Zu allen Verträgen wurden Gegengeschäftsvereinbarungen abgeschlossen. Firmen, die Verträge mit der DDR schlossen, waren verpflichtet, Produkte im Wert von 30 Prozent des Auftragsvolumens aus der DDR zu importieren. VW kaufte etwa Kurbelpressen und komplette Pressenstraßen für die Fertigung von Karosserieteilen.

Winfried Sonntag: Ich übernahm 1984 die Auftragsleitung für das »Sondervorhaben Antriebsaggregat«. Wenn ich in die Betriebe kam und die Herstellung von Teilen für den Motor verlangte, pflegte der Betriebsdirektor zu antworten: »Pass mal auf. Da brauche ich mehr Arbeitskräfte, die musst du mir bilanzieren. Da brauche ich Investitionen, die musst du mir geben. Da brauche ich die Lizenz, die musst du mir beschaffen. Wenn das erledigt ist, liefere ich dir die Teile.«

Ein anderer, der die Kette für die Ölpumpe herstellen sollte, hatte die erforderlichen Maschinen bilanziert bekommen. Der sagte nun: »Ich muss auch Ketten für Motorräder herstellen, die müssen doch auch verbessert werden.« Dazu waren weitere Maschinen notwendig. Normalerweise hätten wir diesem Betrieb keine zusätzlichen Maschinen genehmigen dürfen, aber wir drückten ein Auge zu.

Aus heutiger Sicht muss ich sagen, dass sich der VW-Vertrag für die Volkswirtschaft der DDR insbesondere für die Zulieferindustrie als Segen erwies. Er löste Innovationen aus, die sonst nie möglich gewesen wären. Ein Beispiel:

Im Motorenbau waren Stahlketten für den Antrieb der Nockenwelle üblich. Die Stahlkette wurde im VW-Motor durch einen Zahnriemen ersetzt. Die Gummiindustrie der DDR war nicht in der Lage Zahnriemen herzustellen. Da gab es Leute, die sagten: »Für die Rumpfmotoren, die wir an *Volkswagen* liefern, importieren wir die Zahnriemen und wir machen den Motor für unsere Bedarfsträger mit der Kette weiter.« Aber der Vertrag mit *Volkswagen* sah vor, dass wir den Motor tüpfelgleich herstellten. Also wurde eine Lizenz von der Firma *Uniroyal* genommen. Anderes Beispiel: Ein Zahnrad für die Ölpumpe – hergestellt in Mansfeld – musste nach der Fertigung nachgeschliffen werden. Eine Firma aus der BRD stellte das gleiche Zahnrad passgenau her. Auch andere Teile, wie Tassenstößel oder Gummidichtungen konnten wir, ausgestattet mit Lizenzen westdeutscher Firmen, selber produzieren. Die Lizenzen brachten nicht nur den Motorenbau voran, sie bewährten sich auch in anderen Industriezweigen.

Vor Vertragsabschluss erhielten wir keinen verbindlichen Zeichnungssatz von Volkswagen. Als die Zeichnungen kamen, fielen wir aus allen Wolken: Die Lizenz bezog sich auf den komplexen Motor. Die Lizenzen für einzelne Komponenten mussten wir von den Herstellern extra erwerben. Eine kostspielige Angelegenheit, die uns die Vertragspartner von VW verschwiegen hatten. Zumal unsere eigenen Betriebe erst noch in neue Technik investieren mussten, um die Teile überhaupt herstellen zu können.

Dennoch: Carl Hahn ist hoch anzubrechen, dass er sich auch nach der Wende für die Produktionsstätten im Osten einsetzte. Hatten wir bei *Sachsenring* in den 1980er Jahren rund 12 500 Beschäftigte, sind im Motorenwerk Chemnitz, dem Werk in Zwickau und den angesiedelten Zulieferbetrieben, die heute täglich 1200 *VW Passat* und *Golf* herstellen, 25 000 Menschen beschäftigt.

Joachim Lezoch

Der Schuh-General –
Die Schuhindustrie

Am 6. Juni 1944 erblickt Joachim Lezoch in Schlesien das Licht der Welt. 1950 findet sein Vater, zurückgekehrt aus der Kriegsgefangenschaft, Arbeit in der Weißenfelser Schuhfabrik, in der Joachim den Beruf des Lederzuschneiders lernt. Nebenbei holt er an der Volkshochschule sein Abitur nach. Als ihn sein Betrieb zum Studium an der Ingenieurschule für Lederverarbeitungstechnik Weißenfels delegiert, entschließt er sich, in die SED einzutreten.

Als Ingenieur für Schuhtechnologie arbeitet Joachim Lezoch ab 1965 zunächst als Berufsschullehrer und schließlich als Assistent des Generaldirektors der VVB Schuhe. Im Alter von 22 Jahren wird er zum Leiter des Büros des Generaldirektors, ab 1970 besucht er für drei Jahre die Parteihochschule »Karl Marx« in Berlin, die er mit dem Diplom abschließt.

1973 kehrt Joachim Lezoch als Direktor für Materialwirtschaft in der Generaldirektion des VVB in die Schuhindustrie zurück. Rund um die Uhr konfrontiert mit den Problemen der Materialversorgung der Schuhbetriebe, erkennt er den Grundkonflikt des Industriezweiges: Außer einigen Gerbereien und Kunstlederfabriken existiert keine Vorstufenindustrie für die Schuhherstellung, die es erlaubt, mit der internationalen Entwicklung Schritt zu halten.

1977 wird Joachim Lezoch erster Stellvertreter von Siegfried Schmidt und 1979 schließlich zum Generaldirektor des Schuhkombinates Weißenfels berufen, das er bis 1990 leitet. Im Laufe dieser Zeit entwickelt er eine materialistische Theorie der Modeentwicklung und automatisiert die Produktion, wie es kein West-Unternehmen vermochte. Unter seiner Leitung wird die gesamte örtliche Schuhindustrie – bestehend aus 80 Betrieben – dem Kombinat zugeschlagen. Der Zusammenschluss aus Schuh- und Lederindustrie, der schuhchemischen Industrie und dem Schuhmaschinenbau sucht seinesgleichen in Europa und beschäftigt zum Schluss 47 000 Werktätige.

Eine bewegte Geschichte

Die Schuhindustrie der DDR und die in ihr integrierten Teilindustrien durchliefen eine bewegte Geschichte. Als ich am 1. Januar 1979 die Leitung des *VEB Kombinat Schuhe Weißenfels* übernahm, war ich bereits der sechste, der den Posten des Generaldirektors bekleidete. Die enorme Verschleißquote rührte daher, dass die Schuhindustrie aufgrund ihrer technisch-technologischen Ausstattung und der Prozesse im Ministerium für Leichtindustrie keine Vorstufe hatte und in ihrer Problematik nicht verstanden wurde.

Zu den Vorstufen zählen die Lederherstellung, die Erzeugung chemisch-technischer Stoffe, der Schuhmaschinenbau und vieles mehr. Die Schuhproduktion besteht aus manuell aufwendigen Arbeitsprozessen. Etwa einhundert Einzeloperationen sind nötig, um einen Schuh herzustellen. Allein beim Nähen der Schäfte, der Schuhoberteile, kamen bis zu 60 verschiedene Spezialnähmaschinen zum Einsatz. Dazu passte die DDR-Planmethodik nicht, die nach Arbeitsminuten und Durchschnittsaufwendung pro Schuhpaar plante. Sie beachtete nicht, dass es zwischen Sandalen und knielangen Stiefeln Unterschiede gab, die sich auf die Produktionszeit und auf unsere Kapazitäten auswirkten.

Die Planerfüllung wurde für die unterschiedlichen Schuharten auf verschiedenen Ebenen kontrolliert. So teilte sich die Bilanz des Staatsplans in Straßenschuhe und Hausschuhe auf. Diese unterlagen der monatlichen Kontrolle durch die Regierung. Arbeits- und Sicherheitsschuhwerk sowie Sportschuhe wurden nicht als Staatsplanpositionen erfasst. Sie unterstanden dem Minister. Daher konnte ich in der Not zum Beispiel hunderttausend Paar Arbeitsschuhe in Herrenschuhe umstellen und so den Plan erfüllen. Sandalen, Halbschuhe und Stiefel zählten zur Generaldirektor-Nomenklatur und wurden auf Ebene des Generaldirektors des Kombinats und des Handels überwacht.

Ein Hauptproblem unserer Arbeit bestand darin, dass die Planvorgaben unverrückbar feststanden. Sobald sich jedoch Materiallieferungen verzögerten oder sich die Produktionszeit erhöhte, ließ sich der Plan nicht erfüllen. Zudem wich unser Jahresreproduktionsalgorithmus, nach dem sich die Saisonproduktion richtete, meilenweit von den staatlichen Planungsstrukturen ab. Wollten wir am 1. Januar mit der Produktion der neuen Schuhkollektion beginnen, musste ein Großteil der Arbeit bereits erledigt sein. So mussten ein Dreivierteljahr vorher die argentinischen Rinderhäute, die wir in Buenos Aires ersteigert hatten, aufs Schiff verladen werden. Wenn die »Rauchfußkommission«, das Importkontrollgremium, die Mittel dafür nicht rechtzeitig freigab, kam das Schiff nicht, die Gerbereien schlossen und ein paar Wochen später stoppte die Schuhproduktion.

Die notwendigen Prozesse planmethodisch durch die Instanzen zu bringen, war Schwerstarbeit. Und es erforderte, sich von der Jahresstaatsplanung zu entfernen. Das tat ich in aller Konsequenz. Bereits am Beginn eines Jahres arbeitete ich die Pläne für das Folgejahr aus, ohne die staatlichen Vorgaben zu kennen. Ich schätzte ein, was uns die Regierung abverlangen würde und wartete nicht, bis mir Berlin Zahlen vorgab. Denn wenn im Juni die staatliche Planung abgeschlossen war, ließ sich an der Kollektion des ersten Halbjahres nichts mehr retten.

Hinzu kam, dass die zentrale Binnenkaufverhandlung für das erste Halbjahr des Folgejahres alljährlich im Oktober stattfand. Hier wurden die Schuhe für ein Halbjahr verkauft. Wir legten vertraglich fest, welche konkrete Menge an Schuhen – sortiert nach Artikel und Farbe – an einem bestimmten Stichtag geliefert wurde. Auf einen Schlag verkaufte ich so rund 30 Mio. Paar Straßen- und Hausschuhe an meinen größten Kunden, den staatlichen Schuhgroßhandel. Ein Privileg, um das mich die halbe Welt beneidete, die mit kleinen Mengen auf dem Markt kämpfte. Der Wermutstropfen bestand darin, dass die neuen staatlichen Planauflagen im Oktober noch nicht endgültig feststanden und nicht klar war, welche Materialmengen uns als Lieferanspruch gegenüber den Zulieferindustrien der verschiedenen Ministerien zugesprochen wurden.

Schuhe und Klebstoff

Durch die Angliederung verschiedener Zulieferbetriebe wuchs das Schuhkombinat stetig. Begonnen hatte diese Entwicklung bereits Ende der 1960er Jahre unter Walter Ulbricht. Damit endlich gescheiter Klebstoff für die Verarbeitung der Schuhsohlen hergestellt werden konnte, entschied er, dass uns verschiedene Chemiebetriebe, darunter auch Mölkau, zugeordnet wurden. Somit war das Kombinat nicht nur Schuhproduzent, sondern auch Produzent von *Kittifix*. Allein die Zuordnung dieses einzigen kleinen Chemiebetriebs brachte uns mehrere tausend zusätzliche bilanzpflichtige Chemiematerialpositionen. Aber sie bedeutete, dass die Sohlen endlich an den Schuhen blieben!

Als ich 1973 Materialdirektor wurde, war ich außerdem der Hersteller von Autokitt und Thermokitt für Thermoglasscheiben. Insbesondere die Herstellung des Thermokitts stellte uns vor große Herausforderungen. So rissen die Rührwerke aus den Fundamenten, der Kitt blieb luftzügig und Thermofenster, in denen er verarbeitet war, wurden blind. Im Fachglaskombinat Torgau wurden Berge von Abfallglas erzeugt. Das war allerdings für die LPGs günstig, denen ich die Glasplatten vermittelte und die daraus Gewächshäuser bauten. Ich kämpfte fünf Jahre lang, bis mir neue leistungsstarke Rührwerke zugesprochen wurden – kurz vor der Wende trafen sie ein.

So wuchs das Kombinat. Und es wurde funktionsfä-
higer. Seit 1979 schrieb es zehn Jahre ununterbrochen
schwarze Zahlen. Dies lag vor allem daran, dass ich mich
zu 80 Prozent mit den Vorstufen beschäftigte. Die Gestaltung der Schuhe, die Mode, überließ ich den Fachleu-
ten – denn ein Generaldirektor hat in der Mode nichts
zu sagen.

Mode und technischer Fortschritt

Die technische Entwicklung nahm Einfluss auf die Entwicklung der Schuhmode. Der internationale technische
Fortschritt brachte neue chemische Substanzen hervor,
aus denen Mode gemacht wurde. Die von der Dynamik
der Marktwirtschaft vorgegebene technische Entwicklung
traf uns meist unvorbereitet und wurde von den DDR-Zu-
lieferbetrieben nicht oder nur verspätet vollzogen. Um sie
zu beherrschen, entwickelte ich eine materialistische Mo-
detheorie. Mode entsteht niemals allein in den Gehirnen
von Gestaltern. Sie variieren die Neuerungen ästhetisch,
die substantiellen Innovationen kommen aus dem technischen Bereich.

In der chemischen Industrie Westeuropas herrschten
Anfang der Siebzigerjahre harte Konkurrenzkämpfe. So
rangen die Hersteller von Polyurethan mit der Kautschuk-
industrie um den Marktanteil an der Schuhsohlenproduk-
tion. An diesen Kämpfen beteiligte sich die DDR-Vor-
stufenindustrie kaum. Aber das Ergebnis betraf uns. Wir
waren modisch rückständig.

Die Erfindung von Polyurethanschaumstoff ermöglichte völlig neue geometrische Dimensionen. Plötzlich
tauchten Schuhe mit dicken Sohlen auf, die so genannten
»Clogs«. Diese neue Mode überschwemmte den Markt.

Wir konnten sie technisch nicht umsetzen, weil sowohl der Rohstoff Polyurethan als auch die Maschinen und das Spritzwerkzeug für Polyurethanformteile nicht verfügbar waren. Wir trieben daraufhin die Entwicklung von Polyurethansystemen für Schuhsohlen voran. Nicht die chemischen Betriebe in Schwarzheide, sondern das Institut für Schuhtechnologie in Weißenfels forschte an dem neuen Chemie-Werkstoff. Als Finalproduzent den internationalen technischen Fortschritt zu verfolgen und durchzusetzen, dass er in den Vorstufenbereichen der Industrieministerien in die Tat umgesetzt wurde, war eine der schwierigen Aufgaben.

Damit wir auf den internationalen Fortschritt reagieren konnten, ließen wir uns etwas einfallen – so zum Beispiel bei der Herstellung leichter und vielfarbiger Plattenwerkstoffe, genannt »Porokrepp«. Diese sollten als Sohle unter die Schuhe geklebt werden. Schwarzer »Porokrepp« wurde im Gummiwerk Schönebeck produziert. Hier entstanden die blauen Kindertextilsportschuhe, 2,5 Mio. Paar, mit denen wir den Schulsport versorgten. Es fehlte jedoch an buntem »Porokrepp«. In Schönebeck waren die technischen Voraussetzungen nicht gegeben, aber ich wollte die Produktion in Gang bringen. Die Schönebecker dachten: »Jetzt ist er wahnsinnig geworden. Das können wir niemals! Wenn wir schwarzen ›Porokrepp‹ herstellen, können wir die Anlagen nie wieder auf weiß, gelb oder rosa einstellen. Schwarz ist schwarz, Ruß ist Ruß.«

Es gelang mir, meinen Schönebeckern die unlösbare Aufgabe zu ersparen. Denn ich wandte mich an meine tschechischen Kollegen mit der Bitte, uns im Tauschhandel gegen Plastabsätze aus unserer Produktion mit ihrem buntfarbigen »Porokrepp« zu versorgen.

Aufwand und Preis

Als Generaldirektor war es meine Aufgabe, darauf zu achten, dass die Kollektionen Preise erzielten, die dem Kostenaufwand gerecht wurden. Materialkosten, Zeitaufwand, Kapazität und Preis mussten in Übereinstimmung gebracht werden.

Das Angebot an Schuhen der mittleren und gehobenen Preisklasse wuchs im Laufe der Jahre. Kinderschuhe und billige Erwachsenenschuhe sowie Arbeits- und Sportschuhe wurden bis zuletzt subventioniert. Im Jahr 1989 betrug die Summe etwa 1 Mrd. DDR-Mark.

Die Subventionierung führte dazu, dass die kostengünstigen Schuhe einen Schuhverbrauch provozierten, der angesichts des Devisen-Aufwandes volkswirtschaftlich unsinnig war. Als ich das Amt übernahm, produzierten wir pro Jahr 15 Mio. Paar Kinderstraßenschuhe; als ich das Kombinat auflöste, produzierten wir 25 Mio. – bei gleichbleibender Anzahl von Kindern!

Die durch die Preisstützungen provozierten Mengenumsätze führten von Jahr zu Jahr zu höheren Planvorgaben. Wir mussten immer größere Mengen an Schuhen produzieren, was sich wiederum auf die Qualität auswirkte. Den Kampf um Planerfüllung als Erfolg zu beschreiben und zu feiern, und dabei zu wissen, dass wir volkswirtschaftliche Schäden anrichteten, belastete mich psychisch am meisten.

Der Staatsplan gab die Schuhmengen vor, uns blieb es überlassen, mit den verfügbaren Arbeitsminuten die geforderten Mengen abzusichern – zugleich aber in die modische Gestaltung zu investieren. Das glich der Quadratur des Kreises. Da sich die modebedingten Mehraufwendungen auf das Schuhoberteil bezogen, öffnete sich die Schere zwischen den Kapazitäten der Nähereien und der Schuhendmontage nach und nach so weit, dass 10 Mio. Paar Schäfte in Lohnarbeit in Polen, Jugoslawien, Rumänien und Vietnam gefertigt wurden. Aus Indien importierten wir weitere 5 Mio. Paar. Die dortigen Fabriken wurden mit technischer Hilfe aus der DDR errichtet – sie werden noch heute von deutschen Importeuren genutzt.

Damit die größeren Größen der subventionierten Kinderschuhe nicht von den Erwachsenen gekauft wurden, sollten wir sie so gestalten, dass sie für sie weniger attraktiv waren. 35 Mark zahlte der Staat pro Kinderschuh. Ich versuchte verzweifelt nach »oben« klarzumachen, dass wir es bei den älteren Kindern mit jungen Leuten zu tun hatten, die ihre Jugendweihe feierten und Pubertätsambitionen hatten. Sie wollten schöne Schuhe tragen! Von uns wurde verlangt, ihre Erwartungen zu enttäuschen und zudem 35 Mark draufzulegen. Hinzu kam, dass viele Kinder schon ab zwölf Jahren so große Schuhe brauchten, dass sie außerhalb des Kindergrößen-Sortiments lagen. Sie wurden von Honeckers Sozialpolitik, die mit Hilfe von Billigpreisen umgesetzt wurde, nicht erreicht – die Menge der Beschwerden war erheblich.

Die Salamander-Gestattungsproduktion

Im Laufe der Jahre entwickelte sich die *Salamander*-Gestattungsproduktion zu einem Paket von Maßnahmen, die halfen, die Effizienz unseres Industriezweiges zu verbessern. Unsere Schuhfabriken produzierten seit 1976 *Salamander*-Schuhe für den Verkauf in der DDR.

Anfänglich geriet die Gestattungsproduktion zum Desaster, weil die Herstellungszeit nicht richtig berechnet worden war und die nötigen Planungs- und logistischen

Vorlaufprozesse nicht beachtet wurden. Drei Männer hatten den Vertrag ausgearbeitet. Eine geheime Verschlusssache. Als ich ihn zum ersten Mal las, hielt ich meinem Vorgänger die Mängel vor. Mit maximal 20 Prozent mehr Arbeitsleistung pro Paar Schuhe sollte das Qualitätsprodukt hergestellt werden. Das genügte bei Weitem nicht. Wir wandten 40 Prozent mehr Arbeitszeit auf. Zudem überschnitt sich der Termin für Materialeinkäufe aus Importen mit dem des Anlaufs der Produktion. Es kam zu Produktionsausfällen in deren Konsequenz mein Amtsvorgänger abgelöst wurde. Ich übernahm die Leitung des Kombinats. Wir ordneten die gesamte Vorbereitung neu und verbesserten die Abläufe. Eine Heidenarbeit!

Danach waren wir mit der *Salamander*-Produktion sehr erfolgreich. Anfangs nur für Damen- und Herren-Straßenschuhe aufgenommen, bekam sie reichliche Facetten. Systematisch weitete ich den Vertrag aus – in aller Stille. Alexander Schalck-Golodkowski beauftragte mich, den *Salamander*-Konzern zu überreden, sich als Sportschuhproduzent zu etablieren. In Kornwestheim führte dies zu einem Heidenaufruhr, weil sie nicht in fremden Gewässern fischen wollten. Der Markt für Sportschuhe war im Westen streng aufgeteilt. Ich machte *Salamander* darauf aufmerksam, dass die DDR unser Gewässer sei und wir entsprechend fischen konnten, wo wir wollten. Damit wurde *Salamander* zum Sportschuhproduzenten.

Wir stellten 500 000 Paar her und überschritten zum ersten Mal die Preisgrenze von 36,50 Mark für Ledersportschuhe in der DDR. 140 Mark durften *Salamander*-Sportschuhe bei uns kosten. In ihrem Schatten schoben wir DDR-Marken nach: *Sprint super* und *Sprint Star* bei denen wir die Preise an die 100-Mark-Grenze heranführten. Damit entwickelte sich ein differenziertes, preisliches und qualitatives Angebot an Sportschuhen. Da die

Preisstruktur bis 1987 in Ordnung gebracht wurde, war die Produktion ertragreich.

Um weiterhin die Leistung steigern und unsere Verluste senken zu können, erfanden wir als Nächstes die *Salamander*-Beratungsproduktion – ein Sortiment von qualitativ hochwertigen Schuhen, die zu höheren Preisen angeboten werden konnten. Ich schlug dem Konzern vor zu bewerten, welche Teile unserer Hauskollektionen internationales Niveau hatten. *Goldschuhfabrik Berlin*, *Schuhfabrik Bella*, die Schuhfabrik *Kranich* in Eppendorf, *Meißner Herrenschuh*, *terra-Schuhfabrik Roßwein* und *Trumpf* waren bekannte Namen. Die Fachleute von *Salamander* galten als Autoritäten. Sie bestätigten, dass sich große Teile der DDR-Schuhproduktion auf gleichem Niveau befanden wie die *Salamander*-Produkte. Unter dem Namen »Design International« wurden 3 Mio. Paar pro Jahr hergestellt.

Erfolgreich war auch unsere Hausschuhproduktion. Wir stellten 30 Mio. Paar Hausschuhe her, darunter knapp 20 Mio. für den DDR-Binnenmarkt. DDR-Hausschuhe waren ein beliebtes Geschenk in Westpaketen. Aus der BRD kamen die Pakete mit Schokolade, Kaffee und Strumpfhosen zurück. Die angespritzten PVC-Sohlen unserer Hausschuhe waren hoch abriebfest, das Obermaterial bestand aus qualifizierten Stoffen. In südeuropäischen Ländern und in der Sowjetunion eigneten sie sich als Straßenschuhe. Wir exportierten 12 Mio. Paar Hausschuhe als Straßenschuhe in die UdSSR. Sowjet-Touristen kauften sie als Urlaubsmitbringsel. Die DDR-Hausschuhe waren so erfolgreich, dass in den Siebzigerjahren in Moldawien zwei Schuhfabriken aus dem Boden gestampft wurden. Mit einer Gesamtkapazität von 10 Mio. Paar Textilschuhen pro Jahr versorgten sie die sowjetischen Schuhgeschäfte. Die DDR stellte alljährlich die Kollektion, das technologische Know-how und lieferte die Materialien.

Salamander fand Geschmack an dem Gedanken, dass es *Salamander*-Hausschuhe im Osten geben würde. Wir stellten ihnen die von uns entwickelte Kollektion zur Verfügung, ihre Fachleute schauten sie sich an und verglichen die Qualität. Schließlich gaben sie ihren Namen her und fortan produzierte die DDR *Salamander*-Hausschuhe.

Das brachte gutes Geld. Aber damit nicht genug. *Salamander* erzeugte – so wie wir – chemisch-technische Vorstufen. Sie stellten ebenfalls Tubenklebstoff her, *Saladur*, der allerdings das Drei- oder Vierfache unseres *Chemisols* kostete. Laboranalysen ergaben, dass unser Klebstoff mit dem westdeutschen identisch war. Deshalb schlug ich 1987 vor, in der DDR *Saladur* herzustellen. *Salamander* sollte uns dafür Tuben liefern. So tauchte in der DDR originaler *Salamander*-Klebstoff auf und wir bekamen einen zuverlässigen Tuben-Lieferanten.

Der Handel

Den Ruf der Schuhindustrie prägte der Schuhhandel. Unser Partner war der staatliche Schuhgroßhandel, das *Zentrale Warenkontor Schuhe und Lederwaren*, welches dem Handelsministerium unterstand. Wir Hersteller hatten keinen direkten Zugang zu den Einzelhandelsgeschäften von HO und *Konsum* und somit keinen Zugang zum Kunden. Pro Halbjahr stellten wir 4000 Modelle her, pro Modell zwölf Größen. In den Schuhläden wurde jedoch nur ein Bruchteil davon angeboten. Eine Katastrophe. Schuhe zu handeln heißt, verschiedene Modelle in den verschiedenen Größen im Bestand zu haben. Das braucht Platz. Die Läden waren dafür schlichtweg zu klein. Hinzu kamen die langen Transportwege und Lagerzeiten.

Auf unseren Rampen standen täglich 5 Mio. Paar Schuhe für den richtungsweisenden Versand: Alle Ware wurde gesammelt und ging, sobald sie einen Waggon füllte, entweder in Richtung Karl-Marx-Stadt oder in Richtung Rostock. In den Großhandelsläden lagen die Schuhe zum täglichen Abruf für den Einzelhandel bereit. Der Einzelhandel lagerte die Ware zumeist in Waschküchen und Speichern in der Nachbarschaft. Ich verlangte nach Hallen und Sälen, um Schuhe zu verkaufen und der Bevölkerung einen Eindruck zu geben, was im Angebot war. Vergeblich.

Im besten Sinne Volkseigentum

Mit der Wende erwies sich als entscheidender Nachteil, dass wir keinen Zugang zum Markt besaßen. Es wurde nicht geduldet, dass wir in den Handelsbereichen Fuß fassten, um so mit einem Teil unserer DDR-Schuhe am Markt zu bleiben. Im ersten Halbjahr 1990 stampften wir 47 Supermärkte für Schuhe aus dem Boden, räumten rigoros Lagerhallen und Produktionshallen, um wenigstens ein Minimum an Repräsentanz und Marktaktivität zu behalten. Doch die am Markt etablierten Westfirmen belegten die Läden. Der Schuhgroßhandel ließ uns im ersten Quartal 1990 auf allen abgeschlossenen Verträgen sitzen. Pro Tag produzierten wir 480 000 Paar Schuhe. Wir erstickten daran. Auf allen Gängen, in allen Korridoren und allen Räumen standen Schuhe. Keiner nahm sie ab.

Dass wir auf lange Sicht das Schicksal der westdeutschen Schuhindustrie teilen würden, war uns klar. Während die westdeutsche Schuhindustrie im Jahr 1949

230 000 Beschäftigte umfasste – ohne Berücksichtigung der Vorstufen – arbeiteten hier zur Wende noch 30 000. Trotzdem überraschte uns die Geschwindigkeit, mit der die DDR-Schuhindustrie unterging. Wir wurden in allerkürzester Zeit vernichtet.

Über lange Jahre bildete die Schuhindustrie eine fest gefügte Gemeinschaft. Darauf bin ich stolz. Noch immer treffen wir – Kombinatsleitung und viele Betriebsdirektoren – uns einmal im Jahr. In den Betrieben existierte eine starke Eigentümerhaltung, wir betrachteten sie im besten Sinne als Volkseigentum. Im Kombinat arbeiteten engagierte Werktätige. Um sichtbar zu machen, was in anderen Betrieben stattfand, veröffentlichte die Kombinatsleitung eine Betriebszeitung. Wir wollten mitteilen, was andere leisteten, welche Vorschläge aus der Neuererbewegung kamen. Jeder war informiert, über das, was in den anderen Kombinatsbetrieben stattfand.

Besonders stolz bin ich auf unsere Berufsförderung. An fünf Betriebsberufsschulen bildeten wir den Nachwuchs aus. In Weißenfels betrieben wir die Facharbeiterausbildung mit Abitur. Wir warben mit einem Berufsberatungskabinett auf den Straßen von Weißenfels um das Interesse von Kindern und Eltern. Wir veranstalteten jährlich in allen Schulen Mode- und Zeichenwettbewerbe zur Talentsuche. In Weißenfels stand die Ingenieurschule für Lederverarbeitungstechnik, an der Technischen Universität Karl-Marx-Stadt existierte der entsprechende Hochschullehrstuhl. Es ist eine der wichtigsten Erfahrungen meines Lebens, dass diese konzentrierte Hinführung in eine qualifizierte Berufsbeherrschung am Start eines jungen Lebens in der DDR in beispielhafter Weise praktiziert wurde.

Diskussion

*Generaldirektoren-Salon »Schuhindustrie« vom
30. Januar 2014*

Detlef Jank: Der Zusammenhalt von Generaldirektoren
und Betriebsdirektoren war groß. Es wirkte nur anteilig
die Ideologie »ich Genosse« und »du Genosse«. Uns verband dasselbe Ziel. Wir waren vom Idealismus geprägt.
Und wir waren selbstbewusst: »Wir können das und wir
kriegen das hin! Wenn wir es nicht können, kann es keiner.«

Erfolg war Pflicht – und wir wollten den Erfolg. Selbst
Günter Mittag äußerte sich aus seiner abgehobenen Stel-
lung heraus bei einer Tagung auf der *Leipziger Messe* sinngemäß: »Ich weiß, dass Ihr Generaldirektoren mit großer
Einsatzbereitschaft und Zielstrebigkeit, auch in kamerad-
schaftlicher Zusammenarbeit, kämpft, um Unzulänglich-
keiten zu überwinden.«

Nicht alle verantwortlichen Leiter wurden als Kommunisten oder Söhne von Antifaschisten geboren. Viele qua-

lifizierten und engagierten sich im Laufe der Jahre und bewiesen sich als Kommunisten, als Kämpfer.

Jörg Roesler: Ich möchte Joachim Lezochs Ausführungen zur *Salamander*-Gestattungsproduktion ergänzen. Die Kooperation zwischen Betrieben der DDR und der BRD war Bestandteil der seit den Achtzigerjahren blühenden Ost-West-Kooperation. Es existierten verschiedene Zusammenarbeitsformen wie Auftragsfertigung, Lohnveredelung, Lizenzproduktion und wissenschaftlich-technische Zusammenarbeit. Im Jahr 1987 gab es 153 laufende Projekte in der DDR, davon 60 in der Konsumgüterindustrie. Für westdeutsche Unternehmer waren die Betriebe der DDR geeignete Partner. Sie sprachen die gemeinsame Sprache, es gab eine qualifizierte Facharbeiterschaft, gut ausgebildetes, wissenschaftlich-technisches Personal, ein hohes technisch-technologisches Niveau und eine ausgezeichnete wissenschaftlich-technische Forschung. Weitere Vorteile waren Vertragstreue, die räumliche Nähe und bessere Infrastrukturbedingungen als in anderen Ländern. Die hohe Wertschätzung der DDR-Betriebe als Kooperationspartner wurde durch eine 1987 von drei Wissenschaftlern des Deutschen Instituts für Wirtschaftsforschung (DIW) – Horst Lambrecht, Jochen Bethkenhagen und Heinrich Machowski – vorgenommene Befragung bestätigt. Die Verhandlungen mit der DDR wurden in der Regel als leichter empfunden als mit anderen sozialistischen Ländern. In den Projektschilderungen wurden die Erfahrungen mit den Kooperationspartnern als zufriedenstellend bis gut bezeichnet.

Katrin Rohnstock: Kann es sein, dass Modegüter nicht planbar sind? Und dass wir die modeabhängigen Industrien aus dem Plansystem herausnehmen müssen, weil sie nicht in die Planungsrhythmen passen?

Jörg Roesler: Wir müssen im Blick behalten, dass es verschiedene Phasen gab. In der Zeit des NÖS wurde erstens die Verringerung der Anzahl der vorgegebenen Plankennziffern nicht nur angestrebt, sondern teil- und zeitweise auch verwirklicht. Zweitens sollte das Hauptkriterium dieser Einschätzung der Gewinn sein und nicht die Details der Erfüllung. Drittens: Das Hauptinstrument der Lenkung sollten der Perspektivplan, Sieben- oder Fünfjahrpläne sein, also dieser Jahresplanungsdruck, den Sie so trefflich schilderten, wäre weg gewesen. Das Ganze ist, wie wir wissen, 1970 mit der Absetzung Walter Ulbrichts durch Erich Honecker nicht dauerhaft verwirklicht worden. Der Chef der Plankommission, Gerhard Schürer, hat diese Entscheidung mitgetragen. Wirtschaftsfunktionäre wie er hatten Angst, den Überblick über die Volkswirtschaft zu verlieren. Diese Angst war ungerechtfertigt, wie das Beispiel China zeigt. Dort ist es unter Deng Xiaoping gelungen, aus dem zentralistischen Planungssystem auszubrechen ohne den (Markt-)Sozialismus kaputt zu machen.

Joachim Lezoch: Aus der volkswirtschaftlichen Gesamtdimension ergeben sich Verflechtungen. Die Volkswirtschaft der DDR war auf hohe Autarkie ausgelegt. Sie realisierte 80 Prozent der Weltproduktion innerhalb ihrer Grenzen. Das birgt methodische Probleme, welche die Planung von wirtschaftlichen Grundstrukturen betreffen.

Die Leistungsprojekte zu den Jahresplänen des *Kombinates Schuhe* wurden – bezogen auf die Kapazitätsstrukturen – von mir persönlich ausgearbeitet, ein Jahr vor der offiziellen Staatsplanung. Das war mein Selbstverständnis als General. Entweder ich führe die Schlacht strategisch und taktisch, oder ich habe meinen Beruf verfehlt.

Christa Bertag

Schönheit kommt von Chemie –
Die Kosmetik

Christa Bertag wird am 16. Dezember 1942 in Sondershausen als Tochter eines Porzellandrehers und einer Montiererin geboren. Bereits in der Schule begeistert sie sich für die Chemie. 1961 macht sie ihr Abitur an der Arbeiter- und Bauernfakultät II und absolviert im Anschluss ein praktisches Jahr als Schichtarbeiterin im Chemiekombinat Bitterfeld, wo sie sich an der Betriebsberufsschule zur Chemiefacharbeiterin ausbilden lässt. Anschließend studiert sie an der Technischen Hochschule für Chemie in Merseburg und schließt das Studium 1967 als

Diplomchemikerin ab. Als aktives FDJ-Mitglied tritt sie bereits 1965 in die SED ein. Während des Studiums lernt sie ihren Mann kennen und bringt noch während des Studiums eine Tochter zur Welt. Kurz nach dem Studium wird ihr Sohn geboren.

Ihre Diplomarbeit, in der sie ein Verfahren zur Beeinflussung der Korngröße bei der Kaliverarbeitung entwickelt, bringt ihr ein Patent und den Kali-Preis der VVB Kali ein. Ihre berufliche Laufbahn beginnt in der Patentabteilung der Leunawerke. Später übernimmt sie Aufgaben in der Katalysatorenforschung, der Wissenschaftsorganisation in der betrieblichen Praxis und baut das Projekt »Jugend in der Konsumgüterproduktion« auf.

Von 1974 bis 1977 nimmt sie ein Studium an der Parteihochschule »Karl Marx« in Berlin auf, das sie mit dem Diplom abschließt. Die folgenden acht Jahre ist sie als politische Mitarbeiterin in der Abteilung Grundstoffindustrie des Zentralkomitees der SED tätig. Sie ist verantwortlich für den Sektor Leichtchemie (Lacke, Farben, Waschmittel, Kosmetika). Weil sie die Betriebe häufig besucht, lernt sie die Branche und ihre Probleme kennen und erarbeitet sich großes Vertrauen. Sie setzt sich mit Erfolg dafür ein, dass Investitionsmittel für die verarbeitende Chemie bereitgestellt werden, mit Hilfe derer Technologien erforscht und die Arbeitsbedingungen verbessert werden können.

1986 trägt der Minister für Chemische Industrie, Günther Wyschofsky, Christa Bertag den schwierigen Posten der Generaldirektorin des Kosmetik-Kombinats Berlin an, an dem mehrere ihrer männlichen Vorgänger gescheitert waren. Unter der Bedingung, dass die Planvorgaben realisierbar und ausreichend Investitionsmittel verfügbar sind, nimmt sie den Job an, den sie bis zur Auflösung des Kombinats im Jahr 1990 erfolgreich meistert.

Das Kombinat – meine Verpflichtung

War ich als Generaldirektor Verwalter einer Mangelwirtschaft? Das werde ich oft gefragt. Die DDR besaß nur wenige technologische und materialwirtschaftliche Ressourcen. Wir waren gezwungen, sparsam mit ihnen umzugehen. Aber wir verwalteten sie keineswegs nur. Wir versuchten, aus dem, was uns zur Verfügung stand, das Beste zu machen. Es war für uns ein Ansporn, die Planauflagen zu erfüllen, indem wir durch Straffung des Sortiments und Vermeidung von Ausschuss aus dem Vorhandenen mehr machten. So manchem Unternehmen würde es heute gut anstehen, sparsam mit Ressourcen umzugehen, sie nicht zu verschwenden.

Also: Verwalter einer Mangelwirtschaft? Ich nahm mich als Generaldirektor nie als Angestellter oder Verwalter wahr, für mich handelte es sich nicht um einen austauschbaren »Job«, nach dem Motto: Heute arbeite ich in dieser Firma, aber wenn mir morgen eine andere mehr zahlt, wechsle ich dorthin. Ich betrachtete die Aufgabe als Auftrag und wollte in diesem Kombinat etwas bewegen, die Produktion besser organisieren, alles tun, damit der Bedarf der Bevölkerung und die Exportaufträge erfüllt werden konnten. Es war mir eine Verpflichtung.

Kombinatsbildung

Das *Kosmetik-Kombinat Berlin* wurde 1980 gegründet. Das Ziel der Kombinats-Bildung bestand darin, größere industrielle Einheiten herzustellen und die Betriebe – die zuvor in den nach Erzeugnisgruppen geordneten *Vereinigungen Volkseigener Betriebe* (VVB) zusammengefasst waren – unter eine einheitliche zentrale Leitung zu stellen. Damit wurden die Voraussetzungen geschaffen, die zentrale staatliche Planung und Bilanzierung bis in die kleinste Produktionseinheit zu ermöglichen und zu kontrollieren.

Gleichzeitig wurden von der Kombinatsbildung eine Straffung der Produktions- und Zulieferprozesse, eine größere Fertigungstiefe und eine höhere Effektivität erwartet. Insofern ordnete man die Betriebe den Kombinaten sowohl unter horizontalen Gesichtspunkten zu, dass heißt auf Erzeugnisgruppen bezogen, als auch unter vertikalen Gesichtspunkten, dass heißt auf für das Endprodukt notwendige Zulieferbetriebe bezogen.

So entstand das *Kosmetik-Kombinat* mit 8500 Beschäftigten. Etwa 60 Einzelbetriebe, die zuvor in der VVB *Leichtchemie* organisiert waren, sowie Hersteller von Kosmetikrohstoffen und Verpackungsmitteln wurden, unter Berücksichtigung territorialer und historisch gewachsener Beziehungen, zusammengefasst. Es entstanden acht wirtschaftlich selbständige Kombinats-Betriebe – darunter der Stammbetrieb *Berlin-Kosmetik*.

Neben der Produktion von kosmetischen Erzeugnissen aller Art war das *Kosmetik-Kombinat* der größte Aluminiumtubenproduzent der DDR. Wir produzierten Fettalkohole, Riech- und Geschmacksstoffe sowie andere Grundstoffe der Kosmetik. Unser eigener Rationalisierungsmittelbau fertigte Anlagen und Ersatzteile, forschte an technologischen Entwicklungen. Im Kombinat waren sieben unterschiedliche Industriezweige vereinigt. Kooperationen zwischen Zulieferern und Endproduzenten wurden durch die zentrale Bilanzierung geregelt. Die Integration der Zulieferbetriebe verschaffte dem Kombinat Flexibilität, um schnell auf Diskrepanzen zwischen dem Bedarf an Kosmetika, den zentral geplanten Stückzahlen und den verfügbaren Verpackungsmitteln zu reagieren.

Ich hätte mir eher die Hände abhacken lassen, als diese Betriebe an andere Kombinate abzugeben.

Für die heutige Wirtschaft ist die vertikal und horizontal gegliederte Struktur der Kombinate deshalb interessant – so können sie bei Bedarfsschwankungen schnell Einfluss auf die Zulieferer nehmen. Unternehmen kaufen ihre Zulieferbetriebe auf, um gestörte Kooperationsbeziehungen zu verbessern.

Das Leitungsprinzip der Kombinate baute auf der Einzelverantwortung des Generaldirektors auf. Er war allein dem Minister unterstellt. Dem Generaldirektor zur Seite standen ein Stellvertretender Generaldirektor und Fachdirektoren. Die einzelnen Kombinatsbetriebe wurden von Betriebsdirektoren geleitet. Diese waren dem Generaldirektor direkt unterstellt. Jeder Generaldirektor übernahm große Verantwortung. Im Stammbetrieb des Kombinates befand sich der Sitz der Kombinatsleitung, der Generaldirektor war gleichzeitig Betriebsleiter des Stammbetriebes.

Über die Außenhandelsbetriebe wurden Import- und Exportgeschäfte abgewickelt. Das *Kosmetik-Kombinat* war dem *Außenhandelsbetrieb Chemie* zugeordnet. Darüber hinaus gehörten wir der Vereinigung *Domochim* (übersetzt »Haushaltschemie«) an, einer internationalen Vereinigung der Produzenten haushaltchemischer und kosmetischer Erzeugnisse, in der alle sozialistischen Staaten vertreten waren. *Domochim* koordinierte und steuerte die Produktion und Entwicklung der Branche in den einzelnen Ländern. Dazu fanden jährlich Tagungen und eine Messe in Bratislava statt, in der wir unsere Erzeugnisse vorstellten. Das *Kosmetik-Kombinat* staubte auf dieser Messe viele Medaillen ab. Doch der Sinn dieser Vereinigung, eine höhere Effektivität durch Arbeitsteilung und Spezialisierung zu erreichen, kam nie zum Tragen, weil jedes Land für sich

arbeitete und sich keiner in seine Angelegenheiten hinein-
reden ließ.

Den Bedarf der Bevölkerung decken

Im *Kosmetik-Kombinat* wurden 95 Prozent aller kosmetischen Erzeugnisse der DDR produziert. Heutzutage wäre
jeder Kosmetikunternehmer froh, solche Marktanteile
zu besitzen: Wir waren Monopolist. Der Markt war *unser* Markt. Hinzu kam das gesamte Sozialistische Wirtschaftsgebiet. Begrenzt waren nur die Ressourcen. Was
hieß das für uns?

In der DDR existierte kein Markt im herkömmlichen
Sinne. Unsere Herausforderung, unser Maßstab war der
Bedarf der Bevölkerung. Dieser Bedarf musste gedeckt
werden, das war ein politischer Auftrag. Die Bereitstellung von Verbrauchsgütern für den individuellen Bedarf,
die in der freien Marktwirtschaft weitgehend über Angebot und Nachfrage geregelt wird, wurde durch zentrale
Vorgaben in die Verantwortung der Kombinate gelegt.

Wir trugen die Verantwortung für die Versorgung der
Bevölkerung mit kosmetischen Erzeugnissen in allen Sortimenten, in allen Altersgruppen und in allen Regionen.
Die Versorgungsaufgabe für eine ganze Nation. Intern
geisterte der Spruch durch das Kombinat: »Von der Wiege bis zur Bahre begleitet dich *Florena*-Ware.« Das ist ein
erzkatholischer Anspruch.

Die Marken, die wir herstellten, sind vielen Menschen
bekannt: *Kovoi, Atoll, Indra, Florena*. Ein riesiges Sortiment. Die Plankommission gab vor, wie hoch die Stückzahl in den Sortimenten sein sollte, wie viel Shampoo,
wie viele Lippenstifte. Das Ministerium für Chemische
Industrie gab diese Kennziffern an die Kombinate weiter.

Darauf folgte die Plandiskussion. Es ging darum, einen Schlachtplan zur Bewältigung der Vorgaben zu erstellen und sich diesen anzunähern. Heute kann ich offen sagen – damals wusste es jeder, sprach aber nicht darüber –, dass wir immer eine kleine Reserve zurückbehielten, denn beim nächsten »Leipziger Seminar« (das halbjährliche Forum, das Günter Mittag im Vorfeld der *Leipziger Messe* mit allen Generaldirektoren der Kombinate abhielt) oder beim nächsten Parteitag wurden Zusatzverpflichtungen erwartet.

Abgesehen vom Zurückhalten der Reserve war die Erfüllung des Planes eine ernsthafte Sache. Alle Ressourcen wurden bilanziert und wir konnten uns nur im Rahmen dieser Bilanz bewegen. Trotzdem traten Kuriositäten auf: Wir erhielten die Auflage, 50 Mio. Stück Zahnpasta zu produzieren, uns standen jedoch nur 45 Mio. Tuben zum Befüllen zur Verfügung. Wo sollte der Rest herkommen? Aus Einsparung von Abfällen? Unsere Abfälle in der Aluminiumtubenproduktion lagen unter einem Prozent! Was sollten wir tun? Ich fragte beim Ministerium nach – und es wurde neu bilanziert.

Als sich 1988 die Unzufriedenheit in der Bevölkerung zuspitzte, belasteten uns die Vertragsrückstände, die ständigen Kritiken, Kontrollen vom Ministerium, von der Parteiführung und vom Zentralen Warenkontor, dem staatlichen Großhandel der DDR. Wir konnten nicht immer das liefern, was das Zentrale Warenkontor, das die Verteilung von kosmetischen Erzeugnissen im Inland vornahm, anforderte. Es gab Differenzen zwischen Plan und Realität. Deshalb wurde ein sogenannter Rapport eingeführt, bei dem – unter Teilnahme eines Stellvertretenden Ministers und des Handels – wöchentlich jedes Produkt einzeln durchgegangen wurde. Wir waren nur noch damit beschäftigt, entsprechende Listen zu verfassen. Es war lästig und überflüssig und verbesserte die Versorgung nicht.

Große Wellen schlug es, wenn ein Mitarbeiter von Günter Mittag ein bestimmtes Erzeugnis nicht im Handel fand, wenn es zum Beispiel kein Birkenhaarwasser gab, das jemand für sein schütteres Haarkleid benötigte. Oder wenn Margot Honecker und Inge Lange keine Blauspülung bekamen, um ihren gekrönten Häuptern den FDJ-Touch zu verleihen. Das führte zu einem Heidentheater und ich konnte mir sicher sein, beim nächsten »Leipziger Seminar« Kritik einzustecken.

Erichs Krönung, Action und Theater

Anfang der 1980er Jahre wurden die Devisen knapper. Deshalb sagte die Parteiführung: »Wir müssen Bohnenkaffee einsparen, wir können nicht mehr so viele Kaffeebohnen importieren. Entwickelt bitte Kaffeearoma oder Kaffeeersatz.«

Der dem *Kosmetik-Kombinat* angegliederte *VEB Chemisches Werk Miltitz* machte sich an die Arbeit. Wir gaben allerdings zu bedenken, dass es noch niemandem gelungen war, ein solches Aroma herzustellen, weil die natürliche Kaffeebohne aus etwa 40 Bestandteilen bestehe, die zu isolieren und künstlich herzustellen unmöglich sei. Egal, hieß es von »oben«. Also rührten und experimentierten die Miltitzer und stellten verschiedene Muster her.

Am Tag der Verkostung fuhr ich mit einem Kollegen aus der Abteilung Grundstoffindustrie des ZK nach Miltitz. Es war eine Katastrophe. Die Proben schmeckten so erbärmlich wie Muckefuck mit Aromastoffen. Danach war das Thema für uns vom Tisch. *Kaffee-Mix*, eine Mischung aus wenig Bohnenkaffee und gerösteter Gerste, kam später in die Geschäfte. Auch dieser Ersatz schmeckte weder nach Kaffee, noch duftete er so. Schlimmer. Er verstopfte die Filter der Kaffeemaschinen in den Restaurants und Kantinen und verschwand bald.

Miltitz entwickelte auch einen *Campari*, der von den *Delikat*-Geschäften vertrieben werden sollte. Den italienischen *Campari* kannte jeder aus der Werbung im Westfernsehen. Bei uns gab es ihn nicht, denn ihn zu importieren, hätte Devisen gekostet. Die Miltitzer fanden einen Weg, das Aroma aus Äpfeln zu gewinnen. Es entstand ein *Campari*, nach dem sich alle die Finger leckten. Er durfte jedoch nicht *Campari* heißen, das hätte Ärger mit den Italienern gegeben.

Etwas Besonderes war die Theaterkosmetik, die wir im Stammbetrieb in Berlin unter dem Namen *Coloran* herstellten. Im ganzen sozialistischen Lager fertigten außer uns nur die tschechoslowakischen Filmstudios in Barrandov Theaterkosmetik. Als der *Friedrichstadtpalast* 1984 eröffnet wurde, sollte es Vorführungen im Wasser geben. Die Damen stiegen bei den Proben ins Wasser und prompt verlief ihnen die Schminke. Sie riefen verzweifelt bei uns an: »Kinder, ihr müsst sofort wasserfeste Schminke herstellen, bald ist die Eröffnung.«

Wir schafften es über Nacht! Mit unserer Schminke sahen die Damen fesch aus – auch unter Wasser.

Wir ließen uns auch einiges einfallen, um Produkte für die Jugend anzubieten. So entwickelten wir die Kosmetikserie *Action*. Zum ersten Mal führten wir dafür eine Analyse nach marktwirtschaftlichen Gesichtspunkten durch und fragten: Was will die Jugend? Wie soll das Produkt aussehen? In der *Jungen Welt* und bei Jugendveranstaltungen machten wir Umfragen: Welche Farbe und welchen Duft möchtet ihr, wie soll die Verpackung aussehen? Am Tag der Republik 1986 brachten wir die Serie mit sechzig neuen Erzeugnissen für Damen und Herren auf den Markt. Der Erstverkauf fand im *Centrum*-Warenhaus am Alexanderplatz statt. Wir hofften, nun endlich Lob für unsere Arbeit zu bekommen. Doch um die Mittagszeit rief die Direktorin des Hauses bei mir an: »Ihr seid wohl verrückt geworden mit eurem neuen Zeug?«

»Was ist denn los?«, frage ich.

»Ihr macht mir mein Warenhaus kaputt, holt den Mist ab!«

Was war passiert? Alle wollten *Action* kaufen. Im Warenhaus herrschte ein immenser Andrang. Es gab Gerangel unter den Käufern. Sogar die Polizei musste eingreifen.

Winterkampf

Wenn ich an den *VEB Deutsches Hydrierwerk Rodleben* denke, das Rohstoffe für unsere kosmetischen Erzeugnisse produzierte, erinnere ich mich vorrangig an den »Winterkampf«. Rodleben war ein Riesenbetrieb mit einem Riesenkraftwerk, das bereits 1928 errichtet worden war. Da ging immer etwas kaputt und mit der Zeit wurde ich als Generaldirektor des Kombinats vertraut mit der Technologie des Braunkohlekraftwerks.

Wenn im Winter bei mir zu Hause in der Nacht das Telefon klingelte, wusste ich immer: Rodleben! Der Diensthabende des Ministeriums sagte: »Die Kesselpumpe in Rodleben ist ausgefallen, was tut ihr zur Beseitigung der Havarie?«

»Wir stellen über Leitung drei zu Pumpe fünf um!«, antwortete ich prompt.

Ohne je eine Ausbildung in Kraftwerkstechnologie genossen zu haben, musste ich den Überblick behalten und nach einer Lösung der Probleme suchen.

Wir taten viel, um das Kraftwerk am Leben zu erhalten. Im Winter war es jedoch kritisch. Wenn die Braunkohle auf der riesigen Halde einfror, schlugen die Arbeiter sie mit der Hand los. 1988 bemühte ich mich, ein Strahltriebwerk von der Armee zu bekommen, um die Halde aufzutauen. Der Stellvertretende Minister bestätigte: »Alles klar, ihr kriegt das Triebwerk, mit Soldaten dazu.«

Eine Woche lang stand uns die Turbine zur Verfügung. Wir freuten uns, da nun die Stocherei in der vereisten Kohle ein Ende hatte. Doch plötzlich rief mich der Betriebsdirektor an: »Bist du verrückt geworden?! Was hast du uns hierhergestellt? Hol das Ding sofort wieder ab!«

Folgendes war passiert: Durch die Platzverhältnisse konnte die Turbine nur in der Nähe der Transportvorrichtung für die Kohle aufgestellt werden. Durch die Hitze der Turbine wäre sie beinahe weggeschmolzen. Mir blieb nichts anderes übrig, als beim Stellvertretenden Minister anzurufen: »Ich bedanke mich sehr, aber ihr könnt die Turbine und die Soldaten wieder abholen. Das funktioniert bei uns nicht.«

Der war entsetzt: »Das geht überhaupt nicht! Was soll der Armeeminister denken! Macht damit, was ihr wollt, bis die Woche abgelaufen ist.«

Also versorgten wir die Soldaten für den Rest der Woche gut. Sie halfen uns beim Kohle-Aufpicken und als die Zeit um war, lieferten wir die Turbine zurück.

Eins zu null für Florena

Viele der Maschinen, die wir benötigten, um die Produktion zu modernisieren, gab es nur im NSW. Die Investitionsmittel dafür zu bekommen, war ein Kampf. Da das *Kosmetik-Kombinat* nicht in den Westen exportierte, standen uns keine Devisen zur Verfügung. Wir konnten den Import von Maschinen nicht eigenständig refinanzieren. Durch einen ausgeklügelten Tauschhandel, bei dem mich sowohl das Ministerium als auch die Außenhandelsbetriebe, das ZK und KoKo unterstützten, bewerkstelligten wir jedoch die Refinanzierung. Andere Betriebe der chemischen Industrie übernahmen für uns Exporte ins NSW, dafür lieferten wir für sie Konsumgüter in das Sozialistische Wirtschaftsgebiet.

Um Investitionen tätigen zu können, gab es auch die Möglichkeit, eine Gestattungsproduktion aufzubauen – in Zusammenarbeit mit einem westdeutschen Unternehmen. Wir benötigten neue Hochleistungsmischanlagen, um eine bessere Konsistenz unserer Cremes zu erreichen. Mit Hilfe von KoKo gelang es uns, den *Beiersdorf*-Konzern zu bewegen, seine Gestattungsproduktion bei *Florena* in Waldheim einzurichten.

Ich traf mich mit dem Vorstandsvorsitzenden, Hans-Otto Wöbcke, den ich hoch schätze. Er war ein Mann vom alten Schlag, bei ihm galt das gesprochene Wort. Wir trafen eine Vereinbarung, nach der auf keinen Fall bekannt werden durfte, dass wir *Nivea*-Creme produzieren. Wir hielten uns daran. Als wir uns mit Wöbcke trafen, um die ersten Muster von *Nivea* aus unserer Produktion vorzustellen, hatten wir eine *Nivea*-Dose mit unserer *Florena*-Creme befüllt. Ich gab sie ihm und sagte: »Sehen Sie, das ist aus dem Probelauf?«

Er probierte und war sehr zufrieden. Ich klärte ihn auf: »Das ist aber unsere *Florena*-Creme.«

Darauf erwiderte er: »Eins zu null für Sie.«

Auflösung des Kombinats

Bis das Kombinat nach der Wende aufgelöst wurde, hatten wir viel erneuert. In den meisten Betrieben befand sich die Produktion auf modernstem Stand, wir besaßen eine entwickelte Warenproduktion, fertigten Erzeugnisse von Weltniveau. Bei uns war nichts marode. Die meisten Betriebsteile und Betriebe existieren noch heute, übernommen von namhaften Konzernen. Nur wenige wurden plattgemacht.

Es wird immer suggeriert, dass, weil die Wiedervereinigung plötzlich und unerwartet erfolgte, bei der Einführung der Marktwirtschaft und der Privatisierung Fehler unvermeidlich waren. Jedoch zeigen sich bei der Angliederung der DDR an die BRD auffällige Parallelen zu den Vorschlägen des *Forschungsbeirats für Fragen der Wiedervereinigung Deutschlands*, 1975 umbenannt in *Forschungsstelle für gesamtdeutsche wirtschaftliche und soziale Fragen*. Als vorrangige Ziele im Falle der Wiedervereinigung definierte diese Institution die Auflösung der volkseigenen Betriebe durch Reprivatisierung, Rückführung des Volkseigentums in Privateigentum und Vernichtung der Eliten durch Entlassung von bis zu 90 Prozent der öffentlichen Bediensteten der DDR. Der Forschungsbeirat empfahl, die meisten Betriebsleitungen sofort auszuwechseln. 1956 entstand eine *Richtlinie für Übergangsmaßnahmen im Bereich der Düngemittel*. Es hieß, dass in der Sowjetischen Besatzungszone Kapazitäten bei Kali existierten, die im Falle der Wiedervereinigung Überkapazitäten für Gesamtdeutschland darstellen würden.

Genau nach diesem Schema agierte die *Treuhandanstalt*. Nach der Wende wurden der DDR-Wirtschaft als Erstes die Märkte genommen. Schlagartig. Absatzverträge mit dem Binnenhandel galten nichts mehr, plötzlich waren die Regale mit West-Erzeugnissen gefüllt. Ein Albtraum. Und die Bevölkerung verlangte verständlicherweise nach den Produkten, die sie aus der Werbung kannte. Auch unsere Exportmärkte wurden nach und nach durch westliche Produkte besetzt.

Für mich war es wie ein Krieg ohne Waffen. Unser Gebiet wurde okkupiert. Wir versuchten, über Nacht einen Außendienst auf die Beine zu stellen und mit den Handelsketten zu verhandeln. Aber es blieb aussichtslos. Sie listeten uns nicht.

Unsere Exportverträge wurden bei der Privatisierung von den großen Konzernen wie *Beiersdorf* und *Wella* mit Kusshand übernommen. Sie nutzten die in den RGW-Ländern weit bekannten Marken *Florena* und *Londa* dort zum Markteinstieg. Dabei wurden sie preislich unterhalb der Marken *Nivea* und *Wella* platziert, sodass neben den eigenen Produkten eine in der Qualität vergleichbare Billigmarke angeboten werden konnte. So hatten wir mit unseren Erzeugnissen fast keine Chance.

Nach der Wende wurde ich Geschäftsführer der *Berlin-Kosmetik GmbH*. Es war äußerst interessant und lehrreich, unter einem amerikanischen und später einem BRD-Unternehmer zu arbeiten. Ich werde manchmal gefragt, warum ich nach Auflösung des Kombinates nicht gegangen bin. Zweifelsohne hätte ich das tun können, ich hatte verlockende Angebote. Aber ich wollte nicht all das, was wir gemeinsam unter schwierigen Bedingungen geschaffen hatten, aufgeben, ich wollte um den Erhalt von *Berlin-Kosmetik* kämpfen. Nicht für mich, sondern für die Beschäftigten, für ihre Arbeitsplätze – für unsere Würde.

Diskussion

Generaldirektoren-Salon »Kosmetik« vom 10. Oktober 2013

Jörg Roesler: In der DDR-Wirtschaft sollten alle Kapazitäten durch die hohen Vorgaben des Plans beansprucht werden. Dennoch versuchten die Kombinate, freie Kapazitäten in der Hinterhand zu behalten. Dieses Verhalten wurde als »weicher Plan« bezeichnet. Bei der *Zentralen Plankommission* war bekannt, dass alle Betriebe versuchten, den »weichen Plan« durchzusetzen. Jedoch gab es auch die Möglichkeit der »Planpräzisierung«. Diese konnte Fehlplanungen – wie die Diskrepanz der 45 Mio. Tuben zu den geforderten 50 Mio. Stück Zahnpasta – korrigieren.

Christa Bertag: Planpräzisierung fand statt. Der Plan, wie er aufgestellt und im Verlaufe des Vorjahres verabschiedet wurde, ging nie vollständig auf. Es traten Verschiebungen ein. Wenn Zulieferungen ausfielen, mussten wir umstellen. Stellte der Handel fest, dass er weniger Lippenstifte und mehr Shampoo brauchte, einigten wir uns

175

mit den zuständigen Planungsorganen in den Ministerien für Chemische Industrie und Handel und änderten den Plan. Diese Umstellung war möglich, weil wir durch unsere Fertigungstiefe relativ flexibel waren. Problematisch war es wegen der großen Preisunterschiede trotzdem. Shampoo kostete weniger als Lippenstift. Die Differenz musste ausgeglichen werden.

Planpräzisierung funktionierte auch so: Wenn wir zum Jahresende merkten, dass wir die Plankennziffer X nicht schafften, die Kennziffer Y jedoch übererfüllten, rief ich einen vertrauenswürdigen Generaldirektor an, dessen Kombinat unserem Ministerium angehörte, und sagte: »Du, wir haben ein Problem bei der Kennziffer X. Wenn ihr in dieser Kennziffer etwas übrig habt, tretet es an uns ab. Dafür übernehmen wir eure Differenz in der Kennziffer Y.«

So einigten wir uns. Hatten wir Generaldirektoren uns abgestimmt, gingen wir zum Ministerium und legten den Tausch dar. Beeinträchtigte er das Gesamtergebnis des Ministeriums nicht, wurde er akzeptiert und keiner der Beteiligten musste sich für die Nichterfüllung des Planes verantworten.

Hermann Hering: In der Konsumgüterindustrie der DDR gab es eine außerordentliche Dynamik in der Plangestaltung und -durchführung. Es konnte an Vielem mangeln, doch wenn es keine Margarine, kein Flaschenöl oder keine Backhefe gab, war der Teufel los. Bei den Versorgungskommissionen der Landkreise konnten die Verkaufsstellen mindestens einmal wöchentlich ihren Bedarf präzisieren.

Den Plan für mein Kombinat konnte ich entsorgen, sobald der reale Bedarf dazwischenkam und ihn konkretisierte: Wenn im Sommer schönes Wetter war und Hunderttausende Urlauber an die Ostsee fuhren, brauchten die Verkaufsstellenleiter zehn Tonnen Margarine mehr. Sofort! Die Anforderung lag am nächsten Tag auf meinem Tisch.

Jörg Roesler: Otto Reinhold – er gilt als der größte Wirtschaftswissenschaftler der DDR – vertrat die Ansicht: In der Konsumgüterindustrie geht es auch ohne Plan. Die Meldungen der Verkaufsstellen genügen – die Produktion regelt sich über Preise, Angebot und Nachfragen. Dass diese Idee praktiziert wurde, ist mir neu.

Hermann Hering: Wir passten unseren Plan ständig dem Bedarf an und machten damit eine flexible, kluge Politik zur Plandurchführung. Da wir den Hauptrohstoff der Margarine – die Sonnenblumenkerne – nicht selbst anbauten, sondern aus dem NSW importieren, war Dr. Leihkauf von der Zentralen Plankommission heilfroh, wenn wir 10 000 Tonnen Margarine weniger brauchten. Denn darin steckten 6000 Tonnen Sonnenblumenöl, die viele Millionen Valutamark kosteten.

Hermann Leihkauf: Um die Leistung der DDR zu beurteilen, muss man wissen, dass die Konsumgüterindustrie der Nachfrage der Bevölkerung zu 95 Prozent durch eigene Leistungen nachkommen musste. Die zeit- und sortimentsgerechte Versorgung der Bevölkerung erforderte hohe Flexibilität und verlief nicht problemlos.

Auf dem Konsumgütermarkt der DDR kannten die Hauptakteure – Handel und Industrie – die Kaufkraftsumme und das Volumen an Konsumgütern, für die unter Beachtung von Angebot und Nachfrage kommerzielle Verträge zur saison-, sortiments- und termingerechten Bereitstellung für die Versorgung der Bevölkerung abzuschließen waren. Es wurde zentral entschieden, welcher Anteil vom erwirtschafteten Nationaleinkommen für die Konsumtion zur Verfügung stand. Davon abgeleitet – minus gesellschaftliche Konsumtion, Steuern, Mieten, Ausgaben für Reisen und anderes – wurden die Nettogeldeinnahmen berechnet, die der Bevölkerung für Warenkäufe zur Verfügung standen. In enger Zusammenarbeit wirtschaftsleitender Organe wurde der für diese Einnahmen notwendige Warenfond ermittelt. Im Prozess der Planausarbeitung bis zur Beschlussfassung durch die Regierung wurden Präzisierungen eingearbeitet.

Obwohl sich das Ministerium für Handel und Versorgung bei der Vorbereitung des Plans auf das Marktforschungsinstitut in Leipzig stützen konnte, war der Versorgungsplan nicht bis ins Detail spezifiziert und nicht mit der Industrie verzahnt. Industrie und Handel hatten die Aufgabe, auf Grundlage des Plans die sortiments- und zeitgerechte Bereitstellung der Konsumgüter zu gewährleisten und dazu kommerzielle Verträge abzuschließen. Der Stand der vertraglichen Ausgestaltung des beschlossenen Planes wurde kontrolliert.

Die Bürger der DDR hatten natürlich freie Wahl, wofür sie ihr Geld ausgeben wollten. Das machte mitunter Vertragsänderungen notwendig.

Uwe Trostel: Der Bedarf wurde sorgfältig nach den Wünschen der Bevölkerung und deren Nachfrage ermittelt. Ich arbeitete bis 1987 in der Bezirksplankommission Magdeburg. Wir beschäftigten uns mit Handelsfragen und den im Handel fehlenden Waren. Wir wussten, wie hoch der Bedarf der Bevölkerung war, was die Menschen kaufen wollten und welche Möglichkeit wir hatten, den Bedarf zu decken.

Für viele Positionen gab es eine Fehlbedarfsliste. Zweimal im Monat bekamen wir eine Liste auf den Tisch – hochgerechnet aus den größten Verkaufsstellen der HO und des Konsums –, die darstellte, welche Positionen fehlten. Die Geschäfte waren verpflichtet, sorgfältig zu registrieren, in welchen Warenpositionen die Nachfrage größer als das Angebot war. Mit dieser Liste ging ich als Vertreter der Plankommission in die Industriebetriebe und fragte: »Was kannst du an Konsumgütern über dein jetziges Sortiment hinaus produzieren? Was kannst du liefern?«

Viele Betriebe sagten: »Wir wollen zusätzlich Konsumgüter produzieren, wir wissen aber nicht, was im Handel fehlt und wo wir mit unseren Kapazitäten einspringen können.«

Anhand unserer genauen Kenntnis des Bedarfs konnten wir den Betrieben konkrete Vorschläge unterbreiten, welche Erzeugnisse im Handel fehlten und produziert werden mussten. Dadurch schlossen sich viele Lücken. Die ständig wachsende Nachfrage war jedoch immer höher als die Möglichkeiten, bestimmte Warensortimente ausreichend zur Verfügung zu stellen.

Hermann Hering: Die fehlende Konkurrenz und die Zentralisierung der Produktion in den Kombinaten brachten große Vorteile. Denn die entscheidenden Fragen wurden zentral vernünftig entschieden – nicht im Verdrängungswettbewerb, sondern mit Vernunft. Der Verdrängungswettbewerb führt zu immensen volkswirtschaftlichen Verlusten. Unternehmen gehen bankrott – das war bei uns unmöglich. Doch hatte die Struktur auch einen Riesennachteil, da die Stimulanz zur Höchstleistung und Qualitätssteigerung fehlte. Den führenden Kadern in den zentralen Planungs- und wirtschaftsleitenden Organen fehlte das Verständnis für bestimmte technologische Zusammenhänge und dafür, welche Qualität wir damit erzeugen konnten. Dadurch wurden Fehlentscheidungen getroffen.

Katrin Rohnstock: Was können Sie uns über den Export von Konsumgütern in die UdSSR sagen?

Hermann Leihkauf: Gegenüber 1960 wurde der Export von Konsumgütern in die UdSSR 1962 mehr als vervierfacht und künftig waren Konsumgüter ein Hauptbestandteil des Warenpaketes, mit dem die Rohstoffimporte der DDR aus der UdSSR bezahlt wurden. Später hatte das *Kosmetik-Kombinat* große Bedeutung für den Export in und den Import aus der UdSSR. Es lieferte innerhalb von fünf Jahren für 450 Mio. Rubel Konsumgüter in die Sowjetunion. Dieser Beitrag half, Erdöl und Erdgas zu bezahlen. Dabei spielten in den Verhandlungen Einzelpositionen wie Zahnpasta, Seife und Parfüm eine große Rolle.

Christa Bertag: Es gab nur wenig Kosmetik-Importe so zum Beispiel bei Zahnpasten. Wir hätten den Zahnpasta-Bedarf der DDR durchaus decken können. Doch wir hatten riesige Verpflichtungen gegenüber der Sowjetunion. Denn Zahnpasta wurde für Erdöl geliefert.

Um die Exportmengen vertragsgerecht zu gewährleisten und trotzdem die DDR-Bevölkerung zu versorgen, mussten wir Zahnpasta aus Bulgarien importieren – eine salzige Paste, einige haben sie gemocht, andere verteufelt. Der Druck, den die Sowjetunion auf uns ausübte, wurde mit der Zeit stärker, weil die Ansprüche der Sowjetbevölkerung stiegen. Sie verlangten von uns, die gleichen Produkte zu liefern, die wir in der DDR hatten. Das war nur bedingt möglich, weil in einigen Produkten Stoffe enthalten waren, die wir aus dem NSW importierten.

Ich erinnere mich an eine *Leipziger Messe* Ende der 1980er Jahre, bei der mich der sowjetische Vertreter um ein Gespräch unter vier Augen bat. Er sagte: »Wir brauchen mindestens 2 Mio. Zahnpasten mehr. Sonst kann ich nicht nach Hause, die reißen mir den Kopf ab und ihr kriegt kein Erdöl.«

Gemeinsam mit dem Zahnpasta-Betrieb, dem Chemieminister und Vertretern der Plankommission fanden wir eine Lösung.

Katrin Rohnstock: Christa Bertag, Sie waren eine von sehr wenigen Frauen an der Spitze der Kombinate. Obwohl Frauen in der DDR gleichberechtigt gegenüber den Männern waren, sind Sie damit eine Ausnahme.

Christa Bertag: In der chemischen Industrie waren zwei Frauen als Generaldirektor eingesetzt: Dr. Brunhild Jaeger, die mit großem Engagement die *Filmfabrik Wolfen*, ORWO, leitete, und ich. Ich war 43 Jahre alt, als ich den Posten antrat, das heißt, ich war nicht nur eine Frau, sondern eine der Jüngsten. Manchmal behandelten meine Kollegen mich deshalb als Küken.

Im *Kosmetik-Kombinat* waren überwiegend Frauen beschäftigt. Sie besetzten viele Leitungsfunktionen auch in den anspruchsvollen Bereichen wie Forschung, Investitionen, Technik. Die Frauen leisteten viel. Wer eine Funktion bekleidete, musste diese bestmöglich ausfüllen. Es gab keine Ausnahme in der Beurteilung. Nicht für Frauen und nicht für Männer. Es mag sein, dass mit den Frauen höflicher umgegangen wurde, bevorzugt wurden sie jedoch nicht.

Haben Frauen einen anderen Leitungsstil als Männer? Mir wurde nachgesagt, hart und unnachgiebig zu sein – das stimmt. Ich war ein Dragoner. Doch ich hatte eine ungeheure Hochachtung vor der Leistung unserer Mitarbeiter. Es ist wichtig zu schätzen, was andere tun. Denn Maschinen ohne Arbeiter sind nichts. Diese Achtung vor der Arbeit der Angestellten ist den Managern abhanden gekommen. Kaum einem ist bewusst, dass er nur deshalb lebt, weil die anderen arbeiten.

Winfried Noack

Gesundheit für alle –
Die Pharmazie

Winfried Noack, 1937 geboren, wächst in Berlin-Adlershof auf. Als Sohn eines Maschinenbauers und einer Stenotypistin beginnt er im Alter von 15 Jahren eine Ausbildung als Chemiefacharbeiter im VEB Chemische Fabrik Grünau und qualifiziert sich nach Beendigung der Lehre im Abendstudium zum Chemie-Ingenieur.

In Grünau wird er Laborleiter in der pharmazeutischen Abteilung und alsbald Leiter einer Abteilung für die Verarbeitung tierischer Rohstoffe. Winfried Noack merkt, wie wichtig ihm das Verständnis ökonomischer Zusammenhänge ist und beginnt 1960 ein Studium an der Hochschule für Ökonomie, nach dessen Beendigung er Stellvertretender Produktionsleiter des Betriebs wird.

Mit 30 avanciert er zum Direktor des Versorgungskontors Labor- und Feinchemikalien und ist damit Vorgesetzter von etwa 200 Mitarbeitern an verschiedenen Standorten in der gesamten Republik von Rostock bis Dresden. Von da an organisiert er die Versorgung wissenschaftlicher Einrichtungen und Schulen der DDR mit Labor- und Feinchemikalien. Am 1. Januar 1970 wird er Stellvertreter des Generaldirektors und Direktor für Ökonomie der VVB Pharmazeutische Industrie.

1979 wird Winfried Noack Generaldirektor des neu gegründeten Pharmazeutischen Kombinates GERMED. Diese Tätigkeit übt er bis zu seiner Abberufung 1990 aus. Mit dem Ende er DDR wird das Kombinat durch die Treuhand zerschlagen. Etliche Einzelbetriebe werden in selbständige GmbHs oder AGs umgewandelt. Winfried Noack wird Vorstandsmitglied der GERMED-Pharma AG, die aus dem Kombinat hervorgeht, scheidet jedoch schon zum 1. Dezember 1990 aus der AG aus. Danach gründet er eine eigene Firma, die er bis 2009 leitet.

Plan und Marke

Winfried Noack: Als mir im April 1979 die Leitung des neuen *Pharmazeutischen Kombinates GERMED* übertragen wurde, befand ich mich in einem einjährigen Lehrgang an der Parteihochschule in Berlin. Auf eine Freistellung für die Organisation des neuen Betriebs hoffte ich vergeblich. Schlug das Herz der Pharmazeutik bislang in Berlin-Adlershof, dem Sitz des *VEB Berlin-Chemie*, sollte das neue Kombinat in Dresden angesiedelt sein. Nur sechs der Berliner Kollegen – und lediglich einer der Direktoren der VVB – ließen sich bewegen, mit nach Dresden zu kommen, die anderen 200 Mitarbeiter blieben in der Hauptstadt.

Zum Kombinat zählten 13 Fertigungsbetriebe mit Betriebsstätten an über 100 Standorten der DDR, drei Forschungsinstitute sowie ein Rationalisierungsbüro. 1980 stellten 15 000 Beschäftigte Arzneimittel im Wert von 3,1 Mrd. Mark her, wovon ein Drittel in den Export ging. Im Verlauf der zehnjährigen Existenz des Kombinats stieg das Produktionsvolumen 1989 auf 5,2 Mrd. Mark, der Export wurde auf 3,2 Mrd. Mark erhöht.

Mit der Arzneimittelproduktion konnten wir den Eigenbedarf der DDR zu 80–90 Prozent decken. Den größten Produktionsumfang nahmen mit 90 Prozent die Arzneimittel ein. In den Betrieben des Kombinates stellten wir etwa 1600 Medikamente in unterschiedlichen Applikationsformen und Packungsgrößen her, darunter 1300 Human- und 300 Veterinärpharmaka.

Außerdem produzierten wir Arzneipflanzen. Zu unserem Dresdener Betrieb gehörte eine Gärtnerei, in der wir unter anderem Fingerhut züchteten. Wir produzierten Babypflegemittel, medizinische Badezusätze, Pflanzensäfte und Verbandskästen. In Gotha bauten wir eine Pflasterfabrik (*Gotha Plast* ist bis heute im Handel). Zu unserem Sortiment gehörten Labor- und Industriechemikalien, Reinstchemikalien für die Mikroelektronik, Flotationsmittel für die Erzaufbereitung, Textil- und Lederverarbeitungsmittel, Chemikalien für den Bautenschutz sowie Leuchtstoffe zur Beschichtung von Bildröhren für die TV-Herstellung. Auch Pflanzenschutz- und Schädlingsbekämpfungsmittel zählten zu unserer vielfältigen Produktpalette.

Wir waren einer der forschungsintensivsten Zweige innerhalb der Chemischen Industrie. Das Institut für Pharmakologische Forschung führte unter anderem Tierversuche zur Untersuchung der Wirksamkeit von Arzneimitteln durch. Am Institut für Toxikologie wurde die Unbedenklichkeit der Anwendung neu entwickelter Arzneimittel überprüft. 1984 bildeten wir ein Institut für Biotechnologie, an dem wir gentechnische Forschung betrieben.

Wie alle Kombinate der DDR unterlag die pharmazeutische Industrie den Vorgaben der zentralen Planung, in unserem Fall dem Staatlichen Versorgungskontor für Pharmazie und Medizintechnik (SVPM). Das Arzneimittelsortiment war auf circa 2000 Medikamente begrenzt und wurde von Zentralen Gutachterausschuss (ZGA) festgelegt, deren 32 Mitglieder vom Minister für Gesundheitswesen berufen wurden. Es war ein Wunder, dass die kleine DDR so viele Arzneimittel und Substanzen produzieren konnte. Kein Werk der Bundesrepublik war in der Lage, mehr als 70 Spitzenpräparate herzustellen, mit dem es Geld verdiente.

Peter Grabley: Dem Sortiment lag die Abstimmungen zwischen Gesundheitswesen, Handelskontor und Kombinat zugrunde. Die Plankommission setzte lediglich den ökonomischen Rahmen. Selbst Günter Mittag kam in seinem Kontrollwahn nicht auf die Idee festzulegen, welche Tabletten gebraucht wurden.

Winfried Noack: Geleitet wurde der ZGA vom Direktor des Pharmakologischen Instituts der Humboldt-Universität zu Berlin, Prof. Dr. Friedrich Jung. Weitere Mitglieder waren der Direktor des Arzneimittelprüfinstituts Prof. Dr. Joachim Richter sowie Ärzte, Apotheker, Vertreter des Gesundheitswesens, der Industrie und des Handels. Eine Aufgabe des ZGA war es, überholte Arzneimittel zu streichen, neue Arzneimittel aus Eigenentwicklungen, Lizenznahmen und Importen zuzulassen.

Das Arzneimittelsortiment war überschaubar. Wenn man davon ausgeht, dass ein Arzt selten mehr als 100 Arzneimittel »in der Feder« hat, sind die möglichen Kenntnisse über 2000 Arzneimittel fundierter als bei heute etwa 70 000 zugelassenen Medikamenten.

Im Zuge der Kombinatsbildung wurde der Verantwortungsbereich des SVPM und seiner Versorgungsdepots erweitert. Die Depots hatten ein sechsmonatiges Bestandsvolumen, um die Versorgung der Bevölkerung zu sichern und Verbrauchsschwankungen auszugleichen. Das war insbesondere hinsichtlich der Liefervereinbarungen mit unseren RGW-Partnern wichtig, denn auch im Bereich der Chemischen Industrie war genau festgelegt, welches Land welche Erzeugnisse zu produzieren hatten. Trafen Lieferungen nicht termingemäß ein oder fielen gar ganz aus, mussten wir handlungsfähig bleiben. Um auf unvorhergesehene Schwankungen schnell reagieren zu können, strafften wir mit der Kombinatsbildung zugleich die Organisationsstruktur. Dazu gehörten monatliche Zusammenkünfte von Vertretern der Plankommissionen, der Ministerien Gesundheitswesen und Chemische Industrie, des Kombinats, des SVPM, der Apotheker und Ärzte.

Nicht alle Arzneimittelhersteller oder Zulieferer kamen unter das Dach unseres Kombinates. So gehörte das *VEB Hydrierwerk Rodleben* zum *Kosmetik-Kombinat Berlin*, *Fahlberg-List* in Magdeburg zum *VEB Kombinat Agrochemie Piesteritz*. Ebenso verhielt es sich mit Bitterfeld und Leuna, wo ebenfalls Arzneimittel hergestellt wurden, oder dem *Sächsischen Serumwerk* (Impfstoffe), das dem Ministerium für Gesundheitswesen unterstellt war. Als Kombinat hatten wir die Gesamtverantwortung für die Arzneimittelherstellung in diesen Betrieben und somit die Aufsichts- und Kontrollpflicht. Auch der nationale und internationale Vertrieb lag in unseren Händen.

Bereits 1964 hatte die Pharmaindustrie einen Warenzeichenverband unter dem Namen GERMED gegründet. Unter diesem Dach vertrieben sämtliche Arzneimittelhersteller unter Zurückstellung ihrer Eigenmarke weltweit ihre Produkte. Zur Wende war diese Marke in 90 Ländern präsent.

Nachdem der für Medizintechnik und Arzneimittel zuständige Außenhandelsbetrieb *Intermed* 1981 unserem Kombinat unterstellt wurde, firmierte er ebenfalls unter GERMED. Ihm oblagen sämtliche Angelegenheiten des Exports und Imports sowie die Öffentlichkeitsarbeit, deren vornehmliche Aufgabe darin bestand, unseren Erkenntnissen ein Echo in wissenschaftlichen Fachpublikationen und der internationalen Fachpresse zu verleihen.

Leitung und Leistung

Mit 95 Prozent ging der Großteil unserer Exporte in RGW-Länder, hauptsächlich in die UdSSR. Die Zulassung unserer Produkte im kapitalistischen Ausland unterlag besonders strengen Regelungen. So mussten wir beispielsweise ausländische Inspektoren in unsere Betriebe lassen. Oftmals genügten Lagerung oder Reinraumtechnik nicht hundertprozentig den westlichen Standards. Später stellte ich anlässlich meiner Besuche in westdeutschen Firmen fest, dass dies nur ein Vorwand war. Dort bestanden die gleichen Produktionsbedingungen wie bei uns. Schließlich wurden unsere Produktionsanlagen ständig vom Institut für Arzneimittelprüfung und Registrierung kontrolliert.

Ursprünglich war vorgesehen, Kombinat und Stammbetrieb wie in anderen Kombinaten unter eine Leitung zu stellen. Nun hatte allein schon der Stammbetrieb

VEB Arzneimittelwerk Dresden zehn Betriebsteile mit 4000 Mitarbeitern. Der Kombinatsdirektor musste sich um alle Betriebe kümmern. Das führte automatisch zu Problemen. Es ging damit los, dass sich das Kombinat in Dresden (Dresden-Stadt), der Sitz jedoch in Radebeul (Dresden-Land) befand. Die Genossen in Radebeul konnten mit dem Kombinat nichts anfangen. Erst als sie spitz kriegten, dass ein Kombinat – ihrer Meinung nach – Aufgaben im Territorium zu übernehmen hat, leckten sie Blut. Plötzlich sollten wir Straßen, Wohnungen und Wasserleitungen bauen und Mitarbeiter für Ernteeinsätze freistellen.

Wie jedes Kombinat mussten auch wir 5 Prozent Konsumgüter produzieren. Nun wäre der größte Unsinn gewesen, die 5 Prozent auf jeden Betrieb runterzubrechen. Kurzerhand stellten wir die Produktion im *VEB Pharmazeutisches Werk Halle*, das sich auf Pflanzen- und Aromastoffe spezialisiert hatte, auf Konsumgüter um. Mit granulierten Tees, Gewürzmischungen und Trinkbrühen für das Staatsunternehmen *Delikat* erfüllten wir unser Kombinatspensum.

Um die vorhandenen Kapazitäten besser auszunutzen, profilierten wir unsere Betriebe in zwei Richtungen: Auf der einen Seite versuchten wir die Forschung zu konzentrieren, auf der anderen die Applikationen, um Maschinen und Ausrüstungen optimal auszunutzen. Das *Arzneimittelwerk Dresden* war spezialisiert auf Chemie- und Syntheseforschung. Ein Drittel der Forschungskapazitäten des Kombinats war in Dresden konzentriert. Unsere Forschungstruppe bestand aus großartigen Leuten. Da Neuentwicklungen bei Arzneimitteln einem Vabanquespiel gleichen (dafür waren wir zu klein), warteten wir darauf, dass die Patentlaufzeit von Spitzenerzeugnissen, die andere entwickelt hatten, endete – so wie es heute die

Generikahersteller tun. Unsere Leute warfen die Erzeugnisse in dem Moment auf den Markt, in dem das Patent auslief. Dadurch schnellte der Exportanteil in die Höhe. Wir hatten eine traumhafte Devisenrentabilität. Im Jahr 1989 führte das Kombinat 900 Mio. Mark Nettogewinn an den Staatshaushalt ab.

Forschung und Entwicklung

Als ich am 1. Juli 1979 meinen Job als Generaldirektor bei GERMED antrat, stand das größte pharmazeutische Vorhaben dieser Zeit unmittelbar vor dem Probebetrieb. Es hieß »Rationalisierung und Erweiterung der Arzneimittelproduktion Dresden«, kurz READ. In der Mehrzweckanlage, die Forscher in Dresden erdacht und konstruiert hatten, konnten über hundert Verfahrensstufen produziert werden – damit waren wir schnell und flexibel. Am 1. August 1979 begann der Probebetrieb. Kurz darauf die Hiobsbotschaft: »Wir müssen die Anlage herunterfahren.« Wie sich herausstellte, war nicht die Maschine das Problem, sondern die pneumatische Steuer- und Regelungstechnik. Die Druckluft dafür lieferte eine mehrere Kilometer entfernte Kompressoranlage. Als die Leitung verlegt wurde, war Hochwasser. Die Jungs, die die Leitung verlegten hatten, hatten die Rohre offenbar nicht ordentlich abgedichtet. Rost und Schmutz, legten nun das gesamte System lahm. Mit Unterstützung des *VEB Chemieanlagenbau* gelang es uns, die Anlage zu reparieren und mit einem halben Jahr Verspätung in Betrieb zu nehmen. Heute gehört sie *Hexal.* Der neue Eigentümer hat unsere Maschine generalüberholt. Die Grundidee ist unverändert. Die Anlage läuft topp.

Ende der 1980er Jahre stellen wir unsere größte Investition fertig: den Fermentationsbetrieb Neubrandenburg, eine Betriebsstätte des *VEB Jenapharm*. Obwohl die ostdeutschen Betriebe Pioniere in der Penicillin-Herstellung waren, entschied der RGW: Antibiotika werden ausschließlich in die ČSSR produziert. Während der 60er und 70er Jahre mussten wir Penicillin teuer im Westen erstehen, weil die Tschechen mit der Produktion nicht hinterherkamen. Also entschieden wir: Wir bauen unsere eigene Anlage auf der grünen Wiese in Neubrandenburg mit Technik vom Feinsten: 100-Kubikmeter-Fermenter vom *Chemieanlagenbau*, Konfektionierungstechnik von *Bayer*.

Peter Grabley: Ursprünglich sollte das Werk einem anderen Zweck dienen. Die Landwirtschaft brauchte Lysin, eine Aminosäure, mit der das Tierfutter aufgewertet werden sollte. Hintergrund war die Einsparung von Kraftfutter- und Eiweißimporten. Im gleichen Werk sollten in der zweiten Ausbaustufe Antibiotika für Humanmedizin und Tierproduktion erzeugt werden. Etwa 300–400 Mio. Mark sollten in diese Anlage investiert werden. Die Neubrandenburger Bezirksleitung zeigte sich begeistert: »Das ist Zukunftstechnologie – ein wissenschaftliches Zentrum zwischen Greifswald und Berlin. Wir sind dabei!«

Dann machte uns Herbert Weiz, Minister für Wissenschaft und Technik, einen Strich durch die Rechnung. Er schlug vor, eine Anlage zur Produktion von Futtereiweiß auf Basis von Erdölfraktionen zu errichten. Einer Forschungsgruppe unter der Leitung von Prof. Manfred Ringpfeil von der Akademie der Wissenschaften war ein Geniestreich gelungen: Sie hatte ein Verfahren entwickelt, das es erlaubte, Biomasse auf Erdölparaffinen zu züchten. Da die Kapazitäten des *Baukombinat Ost* begrenzt waren, stand die Frage: entweder Lysin in Neubrandenburg oder Erdöl-Eiweiß in Schwedt. Die Entscheidung fiel zugunsten der Spitzentechnologie in Schwedt, obwohl ich Berechnungen vorgelegt hatte, demzufolge die Lysinproduktion wesentlich geringere Aufwendungen erfordern würde. Somit ruhten die Bauvorbereitungen in Neubrandenburg mehrere Jahre, während Schwedt Investitionsmittel in Milliardenhöhe erhielt. Als die Anlage in Schwedt in Betrieb ging, hatten sich die Weltmarktpreise so verändert, dass es rentabler war, die Erdölparaffine zu exportieren und Futtereiweiß zu importieren. Hinzu kamen toxikologische Bedenken über den Einsatz von Futtermitteln auf Erdölbasis. Die Anlage in Schwedt wurde abgestellt.

Nun kam Neubrandenburg wieder ins Spiel, doch entweder mangelte es an Baukapazitäten oder es gab Probleme mit der Technologie: Erst Ende der 1980er Jahre ging es richtig los, doch da war es eigentlich zu spät …

Winfried Noack: 1989 startete der Probebetrieb. Wir erbrachten im ersten Jahr 32 Mio. Mark Umsatz – dann wurde der Betrieb eingestellt und abgewickelt. Über tausend Leute, die extra aus anderen Betrieben und Regionen dort angesiedelt worden waren, standen auf der Straße.

Eine hohe Arbeitsproduktivität erreichten wir mittels der eher ungewöhnlichen Spezialisierung einzelner Betriebe auf bestimmte Applikationsformen. So wurden auf Grundlage ein und desselben pharmazeutischen Wirkstoffes Produkte an bis zu drei unterschiedlichen Standorten hergestellt: Crémes und Salben in Leipzig; Tropfen, Lösungen und Sprays in den Betrieben Rudolstadt, Wernigerode und Meuselbach; Suppositorien in Berlin. Durch die Produktion hoher Stückzahlen konnten die Hochleistungsmaschinen effektiv genutzt werden.

Auf internationale Forschungsergebnisse konnten wir in der DDR nur sehr eingeschränkt zugreifen. Dennoch gelang es uns, oftmals gemeinsam mit Instituten anderer osteuropäischer Länder, mit der internationalen Entwicklung Schritt zu halten. So entwickelten wir gemeinsam mit der UdSSR ein Krebsmittel, das 1989 kurz vor der Zulassung stand. Zwischen all unseren Forschungseinrichtungen und den Einrichtungen der Akademie der Wissenschaft gab es Kooperationsverträge. Es gab das Zentralinstitut für Technische Mikrobiologie (ZIMET) in Jena. In Berlin-Friedrichsfelde war das Institut für Pharmakologische Forschung angesiedelt. Am gleichen Standort befand sich das Institut für Wirkstoffforschung der Akademie der Wissenschaft. Aus beiden Instituten wurde der Akademie Industriekomplex Arzneimittelforschung gebildet. Es bestanden vertragliche Bindungen mit rund vierzig wissenschaftlichen Einrichtungen in allen RGW-Staaten sowie mit Kuba und Vietnam. Ab Mitte der 80er Jahre wurden wissenschaftlich-technische Kooperationsvereinbarungen zu 17 Konzernen des NSW geschlossen, darunter *Bayer*, *Ciba-Geigy*, *Sandoz* oder *Hoechst* – um nur einige zu nennen. Alle dieser Kooperationen bestanden zu gegenseitigem Nutzen.

Bezogen auf die Warenproduktion betrugen unsere Forschungsausgaben 39 Prozent. Damit war GERMED einsame Spitze vor Bitterfeld und Leuna, die ebenfalls forschungsintensiv waren, aber in ganz anderen Dimensionen produzierten. Diese Forschungsausgaben waren ökonomisch berechtigt: Die neuen Produkte und Verfahren (nicht zuletzt die Dresdener Mehrzweckanlage) brachten enorme Exportgewinne.

Mit der Abwicklung des Kombinates durch die Treuhand brach der komplette osteuropäische Markt weg, für uns genauso wie für das vereinigte Deutschland. Für die Westunternehmen zählte – wie in vielen anderen Fällen – nur eines: einen unliebsamen Konkurrenten ausschalten zu können.

Meine Betriebsdirektoren waren Spitzenleute. Sie wurden nach der Wende Geschäftsführer oder Vorstandsvorsitzende in ihren oder anderen Betrieben. Ich hatte gehofft, dass wir gemeinsam das Kombinat weiterführen. Doch das war nicht gewollt. Heute sind wir gute Kollegen und können uns in die Augen gucken.

Diskussion

Generaldirektoren-Salon »Pharmazie« vom
7. November 2013

Jörg Roesler: Die Pharmazie war kein Schwerpunktzweig. Außerdem war GERMED – und das kommt in den 80er Jahren verschärfend hinzu – kein Westexporteur. Aber auch die vereinbarte Arbeitsteilung innerhalb des RGW funktionierte, wie wir bereits mehrfach gehört haben, nicht reibungsfrei. Entweder es wurde nicht geliefert oder nicht in der notwendigen Qualität. Es gab einen Versuch, ein gemeinsames Planungsgremium zu schaffen, das die Vereinbarung der nationalen Institute koordinieren und überwachen sollte. Das scheiterte bereits Anfang der 1960er Jahre, weil die nationalen Interessen offensichtlich stärker waren.

Winfried Noack: Wir exportierten jährlich für 10–15 Mio. Valutamark ins NSW. Die Rentabilität war katastrophal – vergleichbar mit den Strickwaren, die als

Lohnarbeit für die westlichen Handelsketten hergestellt wurden. Demgegenüber war die Rentabilität ins sozialistische Ausland hervorragend. Für eine Mark, die wir aufwandten, erzielten wir zehn Mark Erlös. Im Inland funktionierte das nicht.

Peter Grabley: Ich erinnere mich an eine Diskussion über das Exportvolumen in die UdSSR, die wir 1964/1965 führten. Werner Hohtanz, Winfried Noacks Vorgänger als General im *VVB Pharmazeutische Industrie*, hielt einen jährlichen Export von 20 Mio. Mark für möglich, mehr würde GOSPLAN (die Plankommission der UdSSR) aus Gründen der Zahlungsbilanz nicht genehmigen. Ich hielt dagegen: »Die werden durch die steigenden Erdölpreise so viel Geld einspülen, dass man im Interesse der besseren pharmazeutischen Versorgung der Bevölkerung auch höhere Importe genehmigen wird«. So kam es auch. Der Export stieg schrittweise auf 100–130 Mio. Rubel pro Jahr, das sind 500 Mio. DDR-Mark.

Bei den letzten Verhandlungen mit der UdSSR forderten die Sowjets »gebundene« Ware statt des üblichen Kompensationsgeschäfts: »Wir liefern nicht mehr Öl oder Stahl gegen Mähdrescher. Wir wollen NSW-wertige Ware«, hieß es. Es gelang uns, die Pharmazie als rohstoffwertige Ware gegen Erdöl einzubringen. Für die kleine DDR war dieser Deal – Medikamente gegen Erdöl – ein Riesengeschäft.

Jörg Roesler: Eine Absicht, die Günter Mittag mit der Kombinatsbildung verfolgt hatte, bestand darin, die Kombinatsbetriebe, die über die gesamte Republik verstreut waren, dem Zugriff der regionalen Parteiinstanzen zu entziehen. Deshalb wurde im Zuge der zweiten Kombinatsgründungswelle vom ZK ein Parteibeauftragter für jedes Kombinat eingesetzt. Ich war bislang davon ausgegangen, der Generaldirektor konnte Forderungen von Kreis oder Bezirk auf den Parteisekretär abschieben. Denn dieser hatte nicht in erster Linie die Interessen der regionalen Parteiinstanzen zu vertreten, sondern die zentralen ökonomischen Aufgaben.

Winfried Noack: Der Parteisekretär unterstand – wie der Generaldirektor als Betriebsdirektor des Stammbetriebes – der Kreisleitung. Er musste sich rechtfertigen, wenn etwas nicht klappte. Der hatte genau so einen schweren Stand wie ich.

Unserer Betriebe waren tatsächlich republikweit verstreut. Einige lagen im Bezirk Gera, wo mein selbstherrlicher »Freund« Herbert Ziegenhahn schaltete und waltete. Was sich da abspielte, war unter der Gürtellinie. Dagegen war im Bezirk Dresden, bei Hans Modrow, jederzeit ein sachliches Gespräch möglich. Genauso in Neubrandenburg bei Johannes Chemnitzer. Das waren vernünftige Leute.

Hermann Leihkauf: Es gab entgegengesetzte Interessen. Aus Sicht der Regierung ging es um Effektivitätssteigerung, aus regionaler Sicht um die Versorgungsaufgaben der Kombinate. Andererseits hatte jeder Kreissekretär darauf zu achten, dass die ortsansässigen Betriebe 5 Prozent Konsumgüter produzierten. Hans-Joachim Lauck etwa, Generaldirektor des Stahlwerks Brandenburg, wollte um die (Konsumgüter-)Produktion von Pkw-Anhängern zu steigern, die Kapazitäten auf einen Standort konzentrieren. Dies wäre mit geringen Investitionen im Rationalisierungsmittelbau möglich gewesen. Doch der Parteisekretär des Landkreises Genthin beklagte sich beim ZK, wenn Laucks Wunsch stattgegeben würde, dann könne er seine Fünf-Prozent-Kennziffer nicht erfüllen. Da konnte Lauck nichts machen.

Es gibt auch positive Beispiele: Als die IFA-Kombinate die Fahrzeugproduktion auf Viertakter umstellten, benötigten sie zusätzliche Kunststoffteile, die nicht bilanziert waren. Der Plan bot den Zulieferern keinen Spielraum. Schließlich kam die Weisung vom ZK, die zusätzlichen Kapazitäten zur Verfügung zu stellen. Die Auflage ging an die Ministerien, von dort an die Kreisleitung – damit stand der Umsetzung nichts im Wege.

Hans Modrow: Es gab noch einen anderen Weg. Anlässlich eines runden Geburtstages verkündete Konrad Naumann, Erster Sekretär der Bezirksleitung Berlin und Mitglied des Politbüros, dass das Politbüro beschlossen habe, 2 Mio. Jeanshosen aus dem NSW für den Weihnachtsverkauf zu importierten.

Ich meinte: »Warum könnt ihr nicht beschließen, dass wir Maschinen importieren, um Stoff und Hosen selbst zu fertigen?«

Drei Wochen später nahm mich Erich Honecker auf einer ZK-Tagung beiseite: »Hans, ich spreche jetzt mit dir als Generalsekretär.« Damit war klar, dass es sich nicht um einen gutgemeinten persönlichen Rat handelte. »Was du Naumann gesagt hast, verstößt gegen die Prinzipien der Partei.«

Damit wurde aus meiner Frage eine Grundsatzfrage, die nicht ohne personelle Konsequenzen diskutiert werden konnte.

Der Generaldirektor des *VEB Kombinat Textima* wusste sich dennoch zu helfen. Wir exportieren etwas mehr Waren ins NSW, als der Plan vorsah, und kauften von dem zusätzlichen Erlös die notwendigen Ausrüstungen für die Stoffherstellung. Kein Parteibeschluss – ein entschlossener Generaldirektor löste das Problem.

Wolfgang Neupert

Sport frei! –
Erfolg im Sportgerätebau

Geboren wird Wolfgang Neupert am 18. November 1931 in Plauen. Er stammt aus einer Arbeiterfamilie: Sein Vater verdient das Geld als Busfahrer, die Mutter versorgt die drei Kinder, schuftet nach dem Krieg als Trümmerfrau und ist später als Verkäuferin tätig. Das Familienleben ist einfach, aber harmonisch. Die Eltern sind passionierte Turner und noch im hohen Alter als Kampfrichter tätig. Auch der junge Wolfgang turnt, später spielt er 15 Jahre lang Handball. Er selbst resümiert über diesen Sport: »Damals musste man gut springen, rennen und werfen können; heute braucht man für diesen Sport die Härte eines Eishockeyspielers!«

Ab 1950 fasst Wolfgang Neupert Fuß in der Arbeitswelt. Er fängt im Handel als Kontorist und Gruppenleiter für Kalkulation und Preisfestsetzung an, verdingt sich als Inventurleiter und arbeitet im Ministerium für Handel und Versorgung. Während eines Heimatbesuchs lernt er im Zug Mitarbeiter der VVB Musikinstrumente und Kulturwaren Plauen kennen, die ihm von den Problemen ihrer Arbeit erzählen und sein Interesse wecken. Er bewirbt sich als Sachbearbeiter. Weil er umfassende Handelserfahrung mitbringt – mehr als musikalischen Sachverstand – wird er eingestellt.

Wie viele seiner Generation macht er neben der täglichen Arbeit an Abenden und Wochenenden sein Diplom – an der Hochschule für Ökonomie. In den folgenden Jahren ist er in der VVB als Absatzleiter, ökonomischer Leiter und Direktor für Beschaffung und Absatz tätig. 1970 erfolgt die Berufung zum Ersten Stellvertreter des Generaldirektors.

In den 20 Betrieben der VVB arbeiteten 12 000 Beschäftigte. Wolfgang Neupert bezeichnet die Jahre als Direktor sowie als Erster Stellvertreter des Generaldirektors als »seine schönste Zeit«, denn: »Mein Generaldirektor ließ mir freie Hand bei der Lösung der Probleme.«

»Einmal Stellvertreter – immer Stellvertreter« gilt für Neupert nicht: 1977 wird er Generaldirektor. Mit der Kombinatsbildung Ende 1980 wird die VVB aufgelöst und Neupert im Januar 1981 zum Generaldirektor des neuen VEB Kombinat Sportgeräte GERMINA nach Schmalkalden berufen.

Nach der Wende wird er bis 1992 von der Treuhandanstalt als Geschäftsführer der GERMINA Vertriebs- und Dienstleistungs-GmbH Schmalkalden eingesetzt und nach deren Privatisierung ihr Geschäftsführender Gesellschafter. Seit 1999 be-

findet sich der Vater einer Tochter im (Un-)Ruhestand, arbeitet
wissenschaftlich und hält Vorträge zu Fragen der Wirtschafts-
organisation.

»Gehöre nie zu den drei Besten ...«

Körperkultur und Sport besaßen in der DDR einen hohen Stellenwert. Sowohl Breiten- als auch Spitzensport
wurden allseitig gefördert. Beispielhaft standen dafür die
11 000 Sportgemeinschaften, die *Deutsche Hochschule für
Körperkultur* (DHfK) in Leipzig, die vielen Kinder- und Ju-
gendsportschulen, Kinder- und Jugendspartakiaden und
nicht zuletzt die Erfolge der DDR-Sportler bei Olympischen Spielen, Welt- und Europameisterschaften. Schul-
und Freizeitsport spielten eine entscheidende Rolle.

Bei einem Treffen am Rande der Olympischen Sommer-
spiele in Moskau stellte die politische und sportpolitische
Prominenz der DDR fest, dass es »in unserem Sportland«
nicht sein durfte, dass wir kein Sportgeräte-Kombinat
besaßen. Innerhalb eines halben Jahres wurde daraufhin
der *VEB Kombinat Sportgeräte GERMINA* geschaffen, fortan einer der größten Sportartikelproduzenten der Welt
und ein wichtiger Exporteur der DDR-Volkswirtschaft.

Im Januar 1981 wurde ich als Generaldirektor berufen und befand mich damit im Blickfeld der Berliner
Entscheider – einerseits ging es der strengen Volksbil-
dungsministerin Margot Honecker um die Ausstattung
der Schulen mit Sportgerät, andererseits forderten die
Sportfunktionäre die besten Geräte für den DDR-Spit-
zensport. Schwerwiegende Konflikte mit der SED-Wirt-
schaftsführung blieben aus, weil das Kombinat beständig
den devisenträchtigen Exportplan erfüllte, dabei jedoch
nie über den Plan hinausschoss. Ich beherzigte den Rat

eines befreundeten Genossen: »Gehöre nie zu den drei besten Kombinaten und nie zu den letzten zehn!« Denn an denen probierte die SED exemplarisch ihre Führungsqualität aus.

Von der VVB zum Kombinat

Aus äußerst schwierigen Bedingungen entwickelte sich die Produktion von Sportgeräten nach dem Zweiten Weltkrieg in der DDR vorwiegend in den traditionellen Gebieten Thüringen und Sachsen. Planungs- und Lenkungsorgan war die *VVB Musikinstrumente und Kulturwaren Plauen.* Ihr gehörte der *VEB Möbel- und Sportgeräte Schmalkalden* an. Die VVB umfasste viele Branchen und Produktionszweige mit ähnlicher Charakteristik wie die Sport- und Campingproduktion. Alle besaßen große Bedeutung für den Export und versorgten die Bevölkerung der DDR mit sehr spezifischen Produkten. Dazu gehörten Musikinstrumente aller Art – vom Klavier bis zur Mundharmonika, für professionelle Orchestermusiker, aber auch für Freizeitmusiker – Schmuck, Kunsthandwerk, Bürstenwaren oder Schreibgeräte.

Eine effektive und erfolgreiche Entwicklung dieser Branchen und Betriebe war nur durch eine hochentwickelte Erzeugnisgruppenarbeit möglich, bei der den Interessen der einzelnen Partner Rechnung getragen wurde. Notwendig war ebenso die schrittweise Entwicklung aller Formen der Wirtschaftsorganisation – Spezialisierung, Konzentration, Kooperation, Rationalisierungsmittelbau – bis hin zur gemeinsamen Absatztätigkeit in engster Zusammenarbeit mit den Außen- und Binnenhandelsorganen.

Bereits unter den Bedingungen der *VVB Musikinstrumente und Kulturwaren* wurden diese Maßstäbe zielgerichtet für die Sportartikelproduktion angewendet, um die wachsenden Bedürfnisse zu befriedigen. Besonders bei Ski, Schlitten und Metallsportartikeln gelang die Steigerung der Produktion. Jährlich wurden mindestens 300 neue Turnhallen ausgestattet, der Export steigerte sich überdurchschnittlich. Zur raschen Produktionssteigerung trugen verschiedene Maßnahmen bei: die Bildung des Kooperationsverbandes Sportartikel im Jahr 1965, die Bildung des Warenzeichenverbandes für Freizeit- und Sportartikel 1967 sowie die Schaffung der Freizeitschau EXPOVITA auf der *Leipziger Herbstmesse* 1969. Schließlich wurde 1981 das Kombinat in Schmalkalden errichtet.

Kombinatsbildung

Schmalkalden und seine Umgebung mit den Orten Oberhof, Brotterode und Zella-Mehlis ist ein hervorragendes Wintersportgebiet. Aus dieser Region gingen seit den 1960er Jahren zahlreiche Olympiasieger, Weltmeister und Spitzenathleten hervor – darunter Skispringer, Biathleten, Langläufer, Rennschlitten- und Bobsportler sowie Leichtathleten. Zudem hatte die Herstellung von Wintersportgeräten hier eine lange Tradition.

So lag es nahe, im Schmalkaldener Raum eine Konzentration der Thüringer Sportgerätefertigung vorzunehmen. 1976 erfolgte die Bildung des bezirksgeleiteten Kombinats *VEB Sportgeräte Schmalkalden.* In ihm wurden alle volkseigenen Sportartikelproduzenten des Bezirkes Suhl zusammengeführt. Die erfolgreiche Entwicklung dieses bezirksgeleiteten Kombinats schuf eine gute Basis für die Gründung eines zentralgeleiteten Kombinats, in dem alle Betriebe aus den Bezirken der DDR mit den unterschiedlichsten Sport- und Freizeitartikelsortimenten zusammengeschlossen werden konnten.

Am 1. Januar 1981 wurde das zentral geleitete *Kombinat Sportgeräte GERMINA* gebildet und dem Ministerium für Bezirksgeleitete Industrie und Lebensmittelindustrie unterstellt – analog den Kombinaten *Möbel*, *Spielwaren* und *Musikinstrumente*. Schmalkalden wurde Sitz der Kombinatsleitung und Standort des Stammbetriebes mit seinen Betriebsstellen in Floh-Seligenthal, Trusetal, Fambach, Wasungen, Näherstille, Geschwenda, Klingenthal/Schneckenstein.

Das Kombinat GERMINA bestand aus einer Vielzahl kleiner und mittlerer sowie aus wenigen Großbetrieben aller Eigentumsformen. Die Betriebe produzierten zum Teil nur niedrige Stückzahlen, die trotzdem allen Erfordernissen des wissenschaftlich-technischen Fortschritts entsprachen. Sie mussten den hohen Anforderungen der eigenen Bevölkerung und denen des Exports in die sozialistischen und kapitalistischen Länder genügen.

GERMINA bildete das Zentrum für die gesamte Sport- und Freizeitartikelproduktion der DDR. Dem Kombinat gehörten 14 Betriebe mit einer Vielzahl von Produktionsstätten und nahezu 8000 Beschäftigten an. Während im Thüringer Raum besonders die Wintersportgeräte aller Art, Rollschuhe, Lederwaren (Kleinschmalkalden, Geraberg, Kaltensundheim), Camping- und Gartenmöbel (Gotha, Großfurra, Näherstille) produziert wurden, lagen die Betriebe für komplette Turnhallenausstattungen, Fitnessgeräte, Leichtathletik und Sportspiele in Chemnitz, Dresden und im Erzgebirge. Angelgeräte wurden in Bestensee und Leipzig hergestellt, Sportschuhe in Stadtilm. Auch die Zeitzer Kinderwagenindustrie *Zekiwa* und der *VEB Kinderfahrzeuge Mühlhausen* wurden dem Kombinat angegliedert.

Durch überdurchschnittliche Zuwachsraten – die wir durch Modernisierungsmaßnahmen wie Neubau, Investitionen in Technologien und sport- und weltmarktgerechte Innovationen sowie Importablösung erreichten – entwickelte sich das Kombinat GERMINA zu einem der führenden europäischen Sportgerätehersteller. In den Hauptsortimenten erreichten wir einen jährlichen Innovationsgrad von 40 Prozent. Wir verbesserten Design und Funktionalität durch moderne Werkstoffe wie Glas- und Kohlefaser und fertigten neuartige Erzeugnisse wie Snowboards.

In den Jahren 1981 und 1982 bauten wir am Sitz des Stammbetriebs ein eigenes Forschungszentrum auf. Dies war für die Entwicklung des Kombinats entscheidend. Es kooperierte von Anfang an intensiv mit Hochschulen und Instituten sowie den Forschungseinrichtungen des Sports. 1989 arbeiteten dort 120 Beschäftigte einschließlich der Entwicklungsstellen des Stammbetriebes.

Eng verbunden mit dem Aufbau der Forschung erfolgte die Einführung von EDV-Systemen. Bis 1989 entstanden 68 CAD-CAM-Arbeitsplätze auf Basis des Kleinrechnersystems KBR A 6402 von *Robotron* sowie des IBM XT CAD-Systems Caddy und des Kleincomputers MC 80. Neben der Arbeit am komplexen Kombinatsinformationssystem unter Einbeziehung aller Betriebe nutzten wir die elektronische Datenverarbeitung, um Produktion und Verwaltung zu rationalisieren, neue Erzeugnisse zu entwickeln und zu gestalten, aber auch um Arbeitskräfte freizusetzen.

EXPOVITA

Das Sportgeräte-Kombinat war zugleich koordinierendes und organisierendes Zentrum der EXPOVITA. Jeweils auf der Leipziger Herbstmesse wurde im Rahmen der EXPOVITA das komplexe Leistungsangebot von 22 Industriezweigen der DDR für alle Arten der Freizeitgestaltung gezeigt. Fünfzig Kombinate mit 220 Betrieben sowie Außenhandels- und Binnenhandelsorgane waren vertreten.

Mit der EXPOVITA gelang der Versuch, das Angebot mehrerer Produktionszweige für Sport und Freizeit »von Kopf bis Fuß« zu präsentieren. Auch wenn sich die Ausstellung mit denen der Fachmessen der Textil-, Schuh-, Kulturwaren-, Elektro- und anderer Industriezweige überschnitt, trug sie wesentlich zur Verbesserung der Marktarbeit und der Werbung aller Unternehmen und damit zur Exportsteigerung bei. Mit Hilfe der EXPOVITA wurden nicht zuletzt die Warenzeichen GERMINA, POUCH (Campingerzeugnisse) und YASPO (Boote) international durchgesetzt.

Über die *Leipziger Messe* hinaus war die EXPOVITA Impulsgeber bei der Entwicklung der Freizeitbranchen. Dies begann bereits bei den Konferenzen, die zur Vorbereitung der Messeausstellung im Vogtland stattfanden. Alle beteiligten Branchen und Handelspartner trafen sich ein Jahr im Vorfeld der Messe, um Erzeugnisentwicklungen, Markt- und Gestaltungsideen zu besprechen. Im Zuge der EXPOVITA entstanden in mehreren Städten der DDR niveauvolle EXPOVITA-Warenhäuser sowie Sonderveranstaltungen wie die Segelregatta bei Leipzig, Sportärztetreffs sowie Fachtagungen.

Eine Bilanz

Es galt, die Zusammenarbeit in den Erzeugnisgruppen so zu gestalten, dass die Erfordernisse des Plans sowie die ökonomischen Interessen der beteiligten Zweige und Betriebe bestmöglich beachtet wurden und sich alle Beteiligten erfolgreich entwickelten. Dies gelang uns mit der deutlichen Verbesserung der Bevölkerungsversorgung in Quantität und Qualität und der erzeugnisseitigen Absicherung der Entwicklung des Sports. Wir statteten die Kinder- und Jugendspartakiaden sowie Leistungssportler aus und belieferten sämtliche Sportstätten mit Geräten bei gleichzeitiger Steigerung der Exporte.

Das Fertigungsprogramm umfasste weit mehr als 2000 Erzeugnisse. Haupterzeugnislinien waren Wintersportgeräte, Hallen- und Rasensport-, Fitness- und Angelgeräte, Sportschuhe, Camping- und Gartenmöbel sowie Kinderwagen. Von den 2500 Mitarbeitern im Stammbetrieb Schmalkalden wurden 1989 fast 800 000 Paar Ski, 150 000 Holzrodel und eine noch höhere Zahl Plastikrodel, 170 000 Paar Schlittschuhe, 660 000 Paar Rollschuhe, 290 000 Federballschläger, 280 000 Angelrollen sowie eine Vielzahl von Geräten für den Hochleistungssport produziert.

Der Exportanteil betrug im gesamten Kombinat 50 Prozent, im Stammbetrieb sogar 60 Prozent. Zwei Drittel davon gingen in die westlichen Länder – davon allein 50 000 Paar Ski nach Kanada.

Trotzdem gehörte unser Industriezweig nicht zu den führenden der Volkswirtschaft. Bei der Planung der Arbeitskräfte und Investitionen sowie bei der Materialbeschaffung mussten wir viele Probleme meistern. So kämpften wir mit fehlenden Arbeitskräften, ungenügender Baukapazität, Material- und Vorstufenproblemen.

Die unterschiedlich hohe Stückzahl und Rentabilität einzelner Erzeugnisse führte zu Problemen bei der planmäßigen Gewinnerwirtschaftung. Um Widersprüche zwischen den Erfordernissen des Exports und denen des Binnenhandels zu beseitigen, zeigten unsere Werktätigen große Einsatzbereitschaft bei Sondereinsätzen in der Produktion. So schafften wir es, Lieferzeiten doch einzuhalten oder entsprechend umzustellen.

Probleme brachte uns auch die Wetterabhängigkeit beim Absatz von Wintersportartikeln und die Einführung neuer Produkte, bei der wir auf die Zulieferung bestimmter Bauteile angewiesen waren. Unter diesen Bedingungen Heimsport- und Fitnessgeräte zu produzieren, stellte uns vor große Herausforderungen.

An die Führungskräfte wurde auf allen Ebenen im Kombinat ein hoher Anspruch gestellt. Die verantwortlichen Leiter, Ingenieure und Fachkräfte meisterten die verschiedensten Problemkreise und Aufgabenkomplexe mit vorbildlichem Einsatz, Ideenreichtum und hoher Sachkenntnis. Weil die General- und Betriebsdirektoren echte Unternehmertypen waren, lösten sie mit hohem Einsatz und hoher Qualifikation unter teilweise sehr schwierigen Bedingungen ihre Aufgaben.

Privatisierung

Die Gesamtentwicklung der Sportartikelindustrie in der DDR sowie die Erfolge bei der Bedarfsdeckung im Inland bei beträchtlicher Exportsteigerung – auch Dank der weltbekannten Marken GERMINA, POUCH und YASPO – bewiesen, dass wir den richtigen Weg eingeschlagen hatten. Nach der politischen Wende und der Auflösung des Kombinats zum 30. Juni 1990 konnten die Produktionskapazitäten mit mehreren tausend Arbeitskräften trotz weltmarktfähiger Sortimente und Technologien jedoch nicht erhalten werden.

Gelungen ist die Privatisierung von kleinen und mittelgroßen Betrieben und von den Betriebsteilen des Kombinats, die bis Mitte 1990 bei fast unveränderter Struktur (Sortiment, Arbeitskräfte, Leitung) bestanden. Davon existieren heute noch die Firmen *KHW Kunststoff- und Holzverarbeitungswerk Geschwenda* (Lenk- und Plastrodel) und *Sonnholz Großfurra* (Camping- und Gartenmöbel).

Dagegen wurde die Produktion der Großbetriebe (Skifertigung in Schmalkalden und Floh-Seligenthal, Schlittschuh- und Rollschuhproduktion Trusetal, Hallensportgeräte *SachsenSport Chemnitz* sowie der modernsten und größten Kinderwagenfabrik Europas ZEKIWA) in kurzer Zeit – zum Teil nach erfolglosen Privatisierungen – vollständig eingestellt.

Die Ursache waren grobe Fehler der Treuhandanstalt, die übereilte Einführung der Marktwirtschaft inklusive der Währungsunion. Eine entscheidende Veränderung auf den Hauptabsatzmärkten der ostdeutschen Firmen war die fehlende Zahlungsfähigkeit der Abnehmer im sozialistischen Wirtschaftsgebiet. Diese wurde nur teilweise mit Hermesbürgschaften ausgeglichen. Auch der ostdeutsche Markt brach weg. Die Menschen kauften Westprodukte, die Preise verfielen durch die Umstellung auf die D-Mark.

Es fehlten Maßnahmen der Treuhand und des Staates zur langfristigen und dauerhaften Unterstützung der privatisierten Unternehmen. Diese wären notwendig gewesen, um anfängliche Finanzierungsprobleme der Betriebe zu überwinden und Arbeitsplätze zu erhalten. Vorteile aus dieser Situation konnten die Konkurrenzunternehmen in Westdeutschland, Österreich und den USA ziehen.

Während im Branchenverband *Sport- und Campingar-tikelproduktion e.V.* der DDR im Jahr 1990 noch 28 Unternehmen zusammenarbeiteten, sind gegenwärtig in der Mitgliederliste des *Bundesverbands der Sportartikelindustrie e.V.* (BSI) nur noch zwei Firmen aus dem Osten – *KHW Geschwenda* (Rodel) und *Sponeta Schlotheim* (Tischtennisplatten u.a.) – vertreten. Angesichts dieser Entwicklung ist es für mich als ehemaliger Verantwortungsträger in dieser wichtigen Branche ein äußerst schwacher Trost, dass die von vielen Weltklassespringern benutzten Spezialsprungski auch heute noch in Schmalkalden/Floh hergestellt werden, dass die besten Spezialsprungstiefel der Welt von der Firma *Volkmar Rass* in Schönheide stammen und dass das von der *GERMINA Vertriebs- und Dienstleistungs GmbH* aus der ehemaligen Sportschule des DTSB gegründete *Sporthotel Oberhof* hervorragend funktioniert und damit den Olympiastützpunkt Oberhof bereichert.

Peter Lietz

Der Mikrobiologe und das Bier – Spirituosen, Wein & Sekt

Peter Lietz wird am 17. Mai 1933 in Berlin als Sohn eines Bäckermeisters und einer Schneiderin/Hutmacherin geboren. Nachdem die Familie durch die schweren Kriegszerstörungen ihr Zuhause verliert, wird der Sohn 1943 zur Tante ins Erzgebirge geschickt, wo er die Oberschule besucht.

Nach Kriegsende kehrt der Junge zur Familie nach Berlin zurück. Im neuen Zuhause, einem kleinen Einfamilienhaus mit Garten, beginnt, was Peter Lietz Lebensweg entscheidend prägen wird: Er wird leidenschaftlicher Bienenzüchter. Während eines Lehrgangs über Bienenkrankheiten lernt er die Arbeit in einem mikrobiologischen Labor kennen. Peter Lietz entschließt sich, Mikrobiologe zu werden.

Sein erster Versuch, über ein Lehramtsstudium mit Hauptfach Biologie in die Nähe der Mikrobiologie zu kommen, gelingt nicht. Er beginnt in der Berliner Kindl-Brauerei in Weißensee mit der Lehre zum Brauer und Mälzer. Der Lehre folgt das Studium des Brauereiwesens an der Humboldt-Universität zu Berlin. Nach dem Abschluss arbeitet er als Diplom-Braumeister-Ingenieur in verschiedenen Funktionen in Berliner Brauereien – als Brauführer, Malzmeister, Gerstenanbauberater und schließlich als Leiter eines biologischen Labors.

1959 zieht es ihn zurück an die Humboldt-Universität, wo er als wissenschaftlicher Assistent am Institut für Mikrobiologie der Landwirtschaftlich-Gärtnerischen Fakultät arbeitet. Er unterrichtet und hält 1963 erste eigene Vorlesungen über die Technologie des Gär- und Lagerkellers. Neben seiner Arbeit an der Universität absolviert er ein Diplom-Studium der Ökonomie an der HfÖ in Berlin. Als Doktor der Agrarwissenschaften und Diplom-Ökonom wird er in der Abteilung Technische Mikrobiologie am Institut für Gärungs- und Getränkeindustrie Berlin als wissenschaftlicher Mitarbeiter eingestellt. Peter Lietz steigt vom Gruppen- zum Abteilungsleiter, anschließend zum Forschungsleiter für Technische Enzyme und schließlich 1975 zum Institutsdirektor auf.

Als 1980 das Kombinat Spirituosen, Wein und Sekt gegründet wird, erhält Peter Lietz die Berufung zum Direktor für Wissenschaft und Technik und damit zum Stellvertretenden Generaldirektor. Unter seinem Chef Heinz Block bleibt er bis zum März 1990 Stellvertretender Generaldirektor.

Peter Lietz erhält für seine Forschungen und technischen Neuerungen die Auszeichnung zum Verdienten Techniker des Volkes und wird mit dem Nationalpreis Zweiter Klasse für Wissenschaft und Technik geehrt.

Wie kam ich zum Brauberuf?

Ein Jahr vor meinem Abitur tagte der Familienrat: »Was soll aus dem Jungen werden?«

Ich sagte: »Ich will Mikrobiologe werden.«

Mein Vater erwiderte: »Würmer und Käfer zu untersuchen, das ist kein Beruf. Das kommt nicht in Frage! Lerne etwas Anständiges. Werde Lehrer! Da kannst du dich auch ein wenig mit Biologie beschäftigen.«

Und so kam es. Ich nahm das Studium an der Pädagogischen Fakultät der Humboldt-Universität zu Berlin auf, stellte jedoch nach kurzer Zeit fest, dass ich nur für eine Lehrerausbildung für Unterstufenklassen vorgesehen war. Eine spätere Spezialisierung auf naturwissenschaftlichem Gebiet wurde damit unmöglich. Ich beantragte einen Fakultätswechsel zur Mathematisch-Naturwissenschaftlichen Fakultät. Dem wurde nicht stattgegeben, da Volksschullehrer gebraucht wurden. Kurzerhand ließ ich mich exmatrikulieren.

Über Kollegen vom Bieneninstitut lernte ich meinen späteren Doktorvater Prof. Richard Koch, Ordinarius für Mikrobiologie am Institut für Gärungschemie und landwirtschaftliche Technologie kennen. Er zeigte mir einen Weg auf, meinem Berufswunsch näherzukommen. Ich begann eine Brauer- und Mälzerausbildung mit anschließendem Studium zum Diplom-Brauerei-Ingenieur und weiteren Spezialisierungen auf dem Gebiet der Mikrobiologie.

So begann meine Entwicklung zum technischen Mikrobiologen. Im Jahre 1974 wurde mir von der Institutsleitung von heute auf morgen die Leitung der Enzymforschung übertragen. Wie kam es dazu? Entscheidend war die Entwicklung des Bierbedarfs in der DDR!

Die Besonderheiten der Entwicklung der Brau- und

Malzindustrie waren durch die Teilung Deutschlands bedingt und eine Folge der wirtschaftspolitischen Entscheidungen nach dem Krieg. Durch Staatsgrenzen wurde die sowjetische Besatzungszone 1945 von den Gebieten getrennt, mit denen zuvor enge wirtschaftliche Beziehungen bestanden hatten: durch die Grenze zur späteren BRD im Westen und durch die Oder-Neiße-Grenze zu Polen im Osten. Für die weitere wirtschaftliche Entwicklung, insbesondere für die Versorgung mit Getränken, hatte das gravierende Folgen.

Der Norden der späteren DDR wurde vor dem Krieg von Westpreußen und Schlesien aus versorgt. Dort befanden sich große Brauereien, die bis nach Rügen lieferten, nun jedoch nicht mehr zur DDR gehörten. Durch die Herauslösung Westberlins entstanden weitere Probleme – menschliche wie wirtschaftliche. Denn bis dato pflegte die Berliner Industrie intensive Beziehungen ins Umland. Insbesondere das südliche Brandenburg war von den Brauereien Westberlins über ihr verzweigtes Netz von Niederlassungen mit Getränken beliefert worden.

Die klassischen Ausrüstungsbetriebe, die beispielsweise Flaschenkellereianlagen bauten, hatten ihren Sitz im Frankfurter und Kölner Raum. Die Demontage wichtiger Ausrüstungsunternehmen im Osten brachte zusätzliche Probleme. Da der große Herstellerbetrieb für Mälzereianlagen *Topf und Söhne* in der Zeit des Nationalsozialismus unter anderem Ausrüster für die Konzentrationslager war, wurde er nach dem Krieg demontiert und zum Teil zerstört.

Auch die Versorgung mit Rohstoffen für die Bierproduktion musste neu organisiert werden. Die östlich der Oder liegenden Anbaugebiete für Braugerste fielen weg. Um die Versorgungslücke zu schließen, wurden neue Anbauflächen zu Lasten des Brotgetreideanbaus freigestellt.

Ähnliche Probleme gab es bei der Hopfenversorgung. Die traditionellen Anbauflächen für Hopfen liegen bis heute in der Hallertau in Franken und nördlich des Bodensees. Nach der Währungsreform und der Einführung der D-Mark musste Hopfen für teure und knappe Valuta aus der Bundesrepublik importiert werden.

Der Hopfenanbau bedurfte einer Neuorganisation. Da klimatisch gute Voraussetzungen bestanden und bereits im Mittelalter in Sachsen und Sachsen-Anhalt, im Berliner Raum sowie in der Märkischen Schweiz Hopfen angebaut worden war, sollten dort die ostdeutschen Anbaugebiete entstehen. Zum Glück siedelten sich viele ehemalige Hopfenanbauer aus dem Sudetenland in diesen Bezirken an und brachten ihr Know-how ein. Zunächst wurden die landwirtschaftlichen Flächen jedoch dringend für die Versorgung der Bevölkerung mit pflanzlichen und tierischen Lebensmitteln benötigt. Erst ab Ende der 1960er Jahre wurde so viel Hopfen produziert, dass damit die Versorgung der Brauindustrie aus eigenem Anbau gesichert war.

Die Brauereien und Mälzereien selbst wiesen in den 50er Jahren einen hohen Verschleißgrad auf. Ihre Bausubstanz stammte zum Großteil aus der zweiten Hälfte des 19. Jahrhunderts. Im günstigsten Fall war die Ausrüstung wenig jünger. Hinzu kamen erhebliche Kriegszerstörungen. Bis Anfang der 60er Jahr wurde kaum investiert. Die Brau- und Malzindustrie war angehalten, den Bedarf mit den vorhandenen Möglichkeiten zu decken.

Wie können wir den Bedarf decken?

Trotz der Schwierigkeiten genügten die vorhandenen Braukapazitäten zunächst, um den Bedarf der Bevölkerung an Bier zu decken. 1959 betrug der Pro-Kopf-Verbrauch in der DDR 20 Liter. Schon 1960 war er jedoch auf 60 Liter angestiegen. Trotzdem reichten die vorhandenen Kapazitäten aus.

Mit dem weiteren Anstieg des Bierverbrauchs begann jedoch die Malzversorgung in Schieflage zu geraten. Es boten sich zwei Möglichkeiten, die Versorgungslücke zu schließen: die Produktion von Dünnbieren und die Zugabe von Rohgerste zum Malz.

Indem der Stammwürzegehalt um ein Prozent reduziert wurde, entstanden Dünnbiere – die Perlonbiere. Unsere Bevölkerung war davon nicht begeistert, die westliche Presse schlachtete die Maßnahme mächtig aus. Heute sind die Brauer stolz darauf, Biere mit niedrigerem Stammwürzegehalt, Leichtbiere und alkoholfreie Biere, zu brauen. Damals war es ein Politikum und wir mussten eine andere Lösung finden.

Die Alternative sahen wir in der Zugabe ungemälzter Gerste. Wir begannen, eine entsprechende Technologie zu entwickeln. Bis zu 20 Prozent Rohgerste mischten wir dem Malz zu. Das Ergebnis war ernüchternd, denn die Biere ließen sich nicht filtrieren. Wir rauften uns die Haare, um herauszufinden, worin die Ursache lag. Schließlich erkannten wir, dass ungemälzte Gerste Gummistoffe enthält, die im Sudhaus nicht abgebaut werden konnten. Diese Gummistoffe verursachten die Filtrationsschwierigkeiten. Wir gingen auf die Suche nach Möglichkeiten, um sie abzubauen.

Spezielle Enzyme, die wir aus Dänemark importierten, brachten die Lösung. Der Einsatz der dänischen Enzympräparate hatte jedoch zur Folge, dass für jeden produzierten Hektoliter Bier Valutamark aufgewendet werden mussten. Deshalb bekam das Institut für die Gärungs- und Getränkeindustrie in Berlin – später unter dem Namen *Forschungsinstitut für Gärungsindustrie, Enzymologie und Technische Mikrobiologie* (FIGEM) – die Aufgabe, dieses Enzympräparat herzustellen. Ein Staatsplanvorhaben!

In der DDR gab es zu diesem Zeitpunkt wenig Erfahrung in der Herstellung von biologischen Präparaten. Im Bereich des Ministeriums für die Bezirksgeleitete Industrie und Lebensmittelindustrie produzierte lediglich der *VEB Prowiko* (Produktion von Wirkstoffkonzentraten) in Schönebeck Kohlensäure, Ethanol und Back- sowie Futterhefe.

Anfang der Siebzigerjahre wurde in der biotechnologischen Forschung die Meinung vertreten, dass es möglich sei, biotechnologische Verfahren aus dem Labormaßstab sofort in den großtechnischen Maßstab zu überführen, ohne dass aufwendige, kleintechnische Versuche durchgeführt werden mussten. Das erwies sich im Fall der Enzymverfahren als falsch.

Wir bekamen große Probleme bei der Umsetzung des Verfahrens in der großtechnischen Versuchsanlage in Schönebeck und mussten in den ersten Monaten sehr viel Lehrgeld bezahlen. Jeder zweite Ansatz misslang und ging in den Kanal, da er keine Enzymleistung brachte. Niemand wusste, warum! In dieser Situation wurde ich Anfang Februar 1974 zur Parteileitung gebeten.

Als ich das Zimmer betrat, saßen zehn Genossen sowie Direktor Dickscheid und sein Stellvertreter rings um den Konferenztisch. Ich guckte mir die Runde an; ich kannte sie alle und konnte mir denken, worum es ging. Prof. Dickscheid begann: »Du weißt doch bestimmt, weshalb du zu uns gekommen bist.«

»Nein,« antwortete ich, »ich hab keine Ahnung.«

Im Grunde stimmte das, denn über die Hintergründe der aufgetretenen Probleme bei der Realisierung des Staatsplanvorhabens mit hohem Vertraulichkeitsgrad wusste ich so gut wie nichts. Nach kurzer Erläuterung der prekären Situation hieß es: »Du bist ab heute, ab sofort Forschungsdirektor für die Enzymforschung. Du bist verantwortlich für das gesamte Forschungskollektiv!«

Mir unterstanden 40 Mitarbeiter, alles gestandene und zum Teil promovierte Mikrobiologen, Chemiker, Biochemiker und Verfahrenstechniker. Vom einen auf den anderen Tag musste ich mich mit einem neuen Metier beschäftigen – anstelle von Hefen nun mit Bakterien. Eine Herausforderung!

Uns war bewusst, dass wir die gesamte Enzymforschung neu aufrollen mussten. Nach einem halben Jahr, im August 1974, war es jedoch so weit. Wir hatten unser eigenes Präparat erzeugt und produzierten so viel Enzym, dass wir die gesamte Bierproduktion sichern und den Rohfruchtanteil erhöhen konnten.

Die Entwicklung des »Druckgärverfahrens«

Ein weiteres Problem, das uns seit den 60er Jahren beschäftigte, waren die Gär- und Reifungskapazitäten. Die Gärkeller waren vielerorts stark überlastet, wodurch die technologischen Gärzeiten kaum eingehalten werden konnten. Viele Gär- und Reifungsgefäße waren zerschlissen und undicht und mussten mit speziellen Auskleidungen versehen werden.

Bei der klassischen Gärung und Reifung wurde das Bier während der Hauptgärung sechs bis sieben Tage im Gärkeller belassen und reifte dann vier bis sechs Wochen im Lagerkeller. In den Sommermonaten mussten die Brauereien den Gär- und Reifungsprozess beschleunigen und die Gärzeiten drastisch verkürzen. Dadurch kamen die Biere zu jung in den Handel. Von Qualität konnte keine Rede sein.

Anfang 1960 wandten sich verschiedene Brauereien an meinen Chef Prof. Koch, damit er ihnen bei der Lösung der Gär- und Reifungsprobleme helfe. Koch schaute mich an und sagte: »Herr Lietz, das ist doch Ihr Gebiet. Kümmern Sie sich darum.«

Als junger Assistent hatte ich gerade mit meiner Doktorarbeit über Hefen begonnen. Ich erarbeitete eine Methode zur Auswahl von Heferassen im Labormaßstab. Die Ergebnisse dieser Arbeit brachten bei der Bierherstellung nicht mehr als einen Tag Einsparung. Das war nicht der große Wurf, den wir brauchten, um die Kapazitätsengpässe zu überwinden.

In dieser Situation meldete sich die *Brauerei Greifswald*. Die Kollegen wussten weder ein noch aus. Sie waren bereit, alles auszuprobieren und neue Wege in der Gär- und Lagerkellertechnologie zu beschreiten. Wir leisteten echte Pionierarbeit und entwickelten das »Druckgärverfahren«. Es ermöglichte, die Gär- und Reifungszeit von sechs Wochen auf 14 Tage zu reduzieren und dabei ein gereiftes Bier zu erhalten. Über Wochen und Monate erarbeiteten wir die neue Technologie – mit den vorhandenen Ausrüstungen, die sich nicht im besten Zustand befanden. Das Verfahren wurde in der Folgezeit von vielen anderen Brauereien übernommen. Es setzte sich nicht nur in Deutschland, sondern international durch.

Für mich war es eine interessante Zeit, zumal mir zur Durchführung der Versuche keine Versuchsbrauerei zur Verfügung stand. Ich musste am Schreibtisch und in meinem Labor auf der Grundlage der von der Brauerei übermittelten Betriebsparameter die weiteren Versuchsabläufe planen. Nebenbei hielt ich in Berlin mein Unterrichtsprogramm ab, einschließlich meiner Vorlesungen, und beendete mein Ökonomiefernstudium in Karlshorst. Abends, zwischen acht und neun Uhr, telefonierte ich mit dem

Braumeister in Greifswald. Er gab mir alle Daten durch, berichtete, wie die Versuche gelaufen waren und wie die Biere sich entwickelten. Jeden Donnerstag fuhr ich in die Brauerei nach Greifswald, um mir alles vor Ort anzusehen, die Versuchsbiere zu verkosten und die weiteren Arbeitsschritte abzustimmen. Abends ging es mit dem D-Zug zurück, denn am nächsten Tag stand ich wieder vor meinen Studenten.

Von der Forschung in die Praxis

Anfang der 1970er Jahre stand die Aufgabe vor uns, sowohl die Rohfruchtverarbeitung als auch die Druckgärung in allen Betrieben einzuführen. Dies war nur durch eine sehr gezielte und effektive Zusammenarbeit zwischen der Industrieforschung, vertreten durch das Industrieforschungsinstitut, dem Hochschulforschungsinstitut an der Humboldt-Universität und den Industriebetrieben mit ihren Laboreinrichtungen möglich. Alles erfolgte unter Mitwirkung der Kammer der Technik. Diese wirkte sowohl in den Betrieben als auch überbetrieblich in den Bezirken.

Alle zwei Jahre fanden unter Leitung der Kammer gemeinsam mit der Humboldt Universität zu Berlin große Kolloquien statt, in denen die Ergebnisse der Forschung und die gesammelten Erfahrungen vorgestellt und diskutiert wurden – ein effektiver Erfahrungsaustausch zwischen den Betrieben. Die Braumeister fuhren zu ihren Kollegen in den Nachbarbrauereien und werteten ihre Erfahrungen aus.

Diese Form der Zusammenarbeit war nur in einem volkseigenen Betrieb möglich. Neue Erkenntnisse konnten in kurzer Zeit umgesetzt werden, alle Brauereibetriebe hatten daran teil. In der Kammer der Technik waren alle Braumeister und Techniker organisiert. Sie saßen gemeinsam am Tisch, diskutierten und sagten, was funktionierte und was nicht, wie es besser gehen sollte. Heute erklärt kein Braumeister der Konkurrenz, wie er seinen Betrieb führt. Im Deutschen Braumeisterbund, in dem alle Brauer organisiert sind, gibt es zwar Konsultationen und Vorträge, zumeist von Ausrüsterfirmen, aber eigenes Know-how wird nicht veröffentlicht. Was wir machten – in unseren Betrieben neue Technologien offen vorzuführen, gemeinsam zu experimentieren – das gibt es heute nicht mehr. Für uns stand das kollektive Vorankommen und die Gemeinwohlorientierung an erster Stelle.

Wie konnte die Getränkeversorgung gesichert werden?

Die einzelnen Getränkekombinate wurden auf der Ebene der Bezirke durch die jeweiligen Bezirkswirtschaftsräte geleitet. Um die Versorgung mit Rohstoffen zu sichern und die überregionale Getränkeversorgung zu organisieren, schuf das Ministerium für Bezirksgeleitete Industrie und Lebensmittelindustrie das *Staatliche Getränkekontor*. Dieses war dem Minister direkt unterstellt und handelte in seinem Auftrag, hatte aber selbst keine Weisungsbefugnis gegenüber den Wirtschaftsräten.

Die Wirtschaftsräte achteten auf die Sicherung der Versorgung in ihrem Territorium. Bezirke mit hohen Produktionskapazitäten – die Bezirke Dresden, Karl-Marx-Stadt, Erfurt und Suhl – hatten keine Probleme. Für die Bezirke mit Fehlkapazitäten – Rostock, Schwerin, Neubrandenburg, Frankfurt Oder sowie vor allen Dingen Potsdam und Cottbus – musste eine Zulieferung aus anderen Bezirken organisiert werden.

Es musste ein Ausgleich zwischen den Bezirken geschaffen werden. Vor allem in den Sommermonaten standen wir vor dem Problem, das Bier in den Norden zu bekommen. Die dort ansässigen Brauereien – in Rostock, Schwerin, Strahlsund und Greifswald – waren hoffnungslos überfordert. Ein zusätzliches Problem entstand dadurch, dass die Bezirksparteileitungen stets Kontrollen durchführten und im Interesse der Planerfüllung des Bezirks in die Kombinatsbetriebe hineinregierten. Sie veranlassten die Betriebe zu Sonderschichten bei der Abfüllung von höherwertigen Produkten. So entstanden Differenzen zwischen der zentralen Leitung durch das Getränkekontor und den Territorien, die im Interesse der Versorgung der Bevölkerung gelöst werden mussten.

Diskussion

Generaldirektoren-Salon »Spirituosen, Wein und Sekt« vom 10. April 2014

Jörg Roesler: Am Beispiel der Brauindustrie zeigt sich eines der großen Probleme der DDR-Wirtschaftsgeschichte besonders gut: Von der Wissenschaft wurde es »Spaltungsdisproportionen« genannt. Für die DDR hatte die Trennung des einstigen gesamtdeutschen Wirtschaftsgebietes immense Folgen. Der Maschinenbau war im Osten angesiedelt – insbesondere in Sachsen –, die Rohstoffe lagen im Westen. Es bedurfte eines ungeheuren Aufwands, diese Verluste auszugleichen. Die Spaltungsdisproportionen waren nach den sehr ungleich verteilten Zahlungen von Reparationsleistungen der Hauptgrund, weshalb es für die neu gegründete DDR so schwierig war, wirtschaftlich voranzukommen.

Hermann Hering: Bevor ich zum Generaldirektor des *Kombinats Öl und Margarine* berufen wurde, war ich in der Magdeburger Bezirksplankommission tätig und Stellvertretender Chef des Wirtschaftsrates. Das Hauptproblem war der politische Einfluss der jeweiligen Territorien. »Wir wollen eure Magdeburger Plörre nicht, wir wollen das gute *Hasseröder*!«, hieß es.

Dietrich Mühlberg: Karl Marx beschrieb Bier als eine regionale, weil in größeren Mengen nur schwer zu transportierende Ware. Wegen der örtlichen Trinkgewohnheiten lohne der Transport ohnehin nicht, denn die regionale Gewöhnung an das eigene Bier – ein starker kultureller Faktor – bremse die Lust am Trinken fremder Biere.

Steigender Bierverbrauch ist ein Indiz für günstigere Lebensverhältnisse und für Kommunikationsfreudigkeit. Bier gehört zur öffentlichen wie privaten Geselligkeit.

Die Gesellschaft der DDR war von den Lebensgewohnheiten und Erwartungen der kleinen Leute dieser preußisch-sächsischen Region geprägt. Das hat eine lange Geschichte. Einst erklärte Kanzler Bismarck als Lobbyist der schnapsbrennenden Junker in einer Steuerdebatte das Bier zum Getränk des gehobenen Bürgertums. Dabei war es das erste in großem Stil industriell hergestellte keimfreie Getränk. Faktisch hat es bei Arbeitern den alltäglichen Schnapskonsum verdrängt.

Wurde Schnaps leistungssteigernd im Bergbau, in den Ziegeleien und bei den Lokomotivheizern eingesetzt, war das Bier bei Arbeitern eher ein Feierabend- und Festtagsgetränk. Mit dem wachsenden Lebensstandard stieg der Bierkonsum. Mit längerer Freizeit gab es mehr private und öffentliche Geselligkeit. Zwar wurde Jahr für Jahr auch mehr Wein getrunken, doch insgesamt wurden die Trinkgewohnheiten nur langsam anspruchsvoller.

Peter Lietz: Als nach 1970 neue Brauereien entstanden, konnte der Bierbedarf ab diesem Zeitpunkt hundertprozentig gedeckt werden. In Relation gesehen, verlief der Anstieg des Bierverbrauchs in der BRD gleich, eine

Differenz gab es jedoch im Spirituosenverbrauch. Dieser war in der DDR höher.

Auch im Wein- und Sektkonsum unterschieden sich die beiden deutschen Staaten. Die Bürger der DDR konsumierten jährlich zehn Liter Wein, der Pro-Kopf-Verbrauch in der BRD lag hingegen bei 25 Litern. Heutzutage geht der Bierkonsum zurück.

Uwe Trostel: Meine Aufgabe als Plankommissar war es, dem Rat des Bezirkes einen Plan zur Beschlussfassung vorzulegen, der alle Erfordernisse für eine bedarfsgerechte Versorgung mit Getränken beinhaltete. Das betraf insbesondere Investitionen, Arbeitskräfte und Maßnahmen aus Wissenschaft und Technik. Wann immer es in der Ratssitzung um die Planerfüllung ging, wurde berichtet, wie es um die Getränkeindustrie stand, ob sie genügend Leute hatte, ob im Sommer genug Schüler da waren, um die Abfüllung vorzunehmen, welche unterstützenden Maßnahmen einzuleiten waren. Diese komplexe Verantwortung der Räte trug dazu bei, die Versorgung zu sichern. Angesichts der Vielzahl von Prioritäten ist das allerdings nicht immer gelungen.

Ich erinnere mich daran, wie das Beispiel der HO-Verkaufsstelle in Regis, im mitteldeutschen Braunkohlegebiet ausgewertet wurde. Morgens waren drei Kästen Selters angeliefert worden. Die Verkaufsstellenleiterin hing ein Schild daran: »Bitte nur zwei Flaschen nehmen«. Um elf Uhr waren die Kästen leer. Natürlich ist bei diesem Beispiel zu bedenken, dass der dortige Rat zuallererst an der Sicherung der Braunkohleförderung gemessen wurde!

Peter Lietz: Problematisch bei der Getränkeversorgung war die Rückführung des Leergutes. Die Zirkulation der Flaschen stellte ein Riesenproblem dar, insbesondere in Berlin. Die meisten Menschen kauften einen Kasten Bier und nahmen ihn zur Familie oder zu Bekannten mit. Das

Leergut kam aus diesem Grund oft nicht zurück. So gab es in den Betrieben zwar eine ausreichende Bier-Kapazität. Weil das Leergut fehlte, konnte das Bier jedoch nicht abgefüllt werden.

Zum Zweiten war der Rücklauf von Altflaschen bei Spirituosen problematisch. Zur Produktion wurden neben wenigen Neuflaschen Altflaschen aus verschiedenen Glaswerken benutzt. Solange die Lieferung aus einem Glaswerk kam, konnte sich der Abfüller darauf einstellen. Oft aber differierte die Größe der Mündungen der Flaschen und die Stopfen rutschten durch. Die Flaschen mussten dann mühsam entfernt werden.

Katrin Rohnstock: Warum gelang es, mit *Radeberger*, *Wernesgrüner* und *Lübzer* gute Biere herzustellen, während die Qualität der Biere aus Magdeburg und Rostock ungenügend war?

Peter Lietz: *Radeberger*, *Wernesgrüner* und *Lübzer* waren Exportbierbrauereien. Diese wurden bevorzugt mit neuen Anlagen ausgestattet, die importiert werden mussten. Sie konnten ihr technologisches Regime darauf einstellen. Das Bier war demzufolge ausgereift. Oftmals wurden diese Brauereien mit Pasteurisierungsanlagen versehen, durch die das Bier haltbar gemacht werden konnte. Die anderen Brauereien mussten mit klassischen Massefiltern auskommen. Damit war es nicht möglich, ein Bier länger als 14 Tage haltbar zu machen.

Antonius Teren: Wie hoch waren die Investitionskosten der Brauerei-Industrie? Der Aufwand für eine Modernisierung der meist kleinen Brauereibetriebe, in denen noch die Technik des 19. und 20. Jahrhunderts stand, muss enorme Größenordnungen betragen haben.

Peter Lietz: Das *Kombinat Spirituosen, Wein und Sekt* besaß einen Investitionsfonds von 100 Mio. Mark pro Jahr. Mit diesem wurden die Erweiterungen der Spirituosenindustrie finanziert, als Beispiel soll der *VEB Nordbrand Nordhausen* dienen. In Nordhausen bauten wir eine riesengroße Anlage, die Konti-Brennerei mit 170 000 Hektolitern Produktionskapazität, damals die größte Anlage in Europa. Die Baukosten betrugen 60 Mio. Mark. In die Ausrüstung investierten wir weitere 340 Millionen.

Hermann Hering: Die Lebensmittelindustrie ist weniger investitionsintensiv als zum Beispiel der Schwermaschinenbau. Unter meiner Verantwortung beim Wirtschaftsrat wurde die Brauerei in Hasserode generalüberholt und erweitert. Danach arbeiteten dort 200 Beschäftigte. Das Ganze kostete 20 Mio. Mark. Eine Abfüllanlage, die 60 000 Flaschen pro Stunde abfüllte, kostete 3 Mio. Daran arbeiteten später im Dreischichtbetrieb 30 Mann.

Katrin Rohnstock: Welche Erfahrungen machten Sie mit den Regelungen zur Qualitätssicherung in der Lebensmittelindustrie?

Peter Lietz: Die Deklaration war bei uns entscheidend. In unserem Lebensmittelgesetz war über die Technischen Normen, Gütevorschriften und Lieferbedingungen (TGL) – das Gegenstück zu den westlichen DIN-Normen – festgelegt, was an Inhaltsstoffen enthalten sein durfte, was deklariert und wie es deklariert werden musste. Alle Inhaltsstoffe mussten genannt sein – das gibt es heute nicht mehr. Auf jedem Etikett stand, welcher Betrieb das Produkt hergestellt hatte. Es durfte nicht aufgedruckt sein, dass der Inhalt besonders gesundheitsfördernd sei oder dergleichen mehr.

In allen Betrieben der Lebensmittelbranche gab es eine Technische Kontrollorganisation (TKO), die mikrobiologische und chemisch-analytische Untersuchungen der Produkte durchführte. Die TKO unterstand dem Amt für Material- und Warenprüfung (ASMW). Die Angestellten bekamen ihr Gehalt zwar vom Betrieb, der TKO-Leiter war jedoch staatlicher Kontrolleur und unterstand als solcher nicht dem Betriebsdirektor. Die gesamte Ware des Betriebs ging über seinen Tisch. Wenn sie nicht der TGL entsprach, konnte er sie sperren und sogar Strafen festlegen. Der Staat hatte ein Eingriffsrecht in der Lebensmittelbranche, wenn etwas nicht funktionierte.

Hermann Hering: Die TKO unterstand zunächst dem Amt für Standardisierung, Messwesen und Warenprüfung, später nur dem Generaldirektor. Jedoch wollte die Partei- und Staatsführung nicht vollkommen auf die Möglichkeit des direkten Eingriffs in die Qualitätsprüfung verzichten. Mit dem Beschluss des ZK der SED vom 18. Mai 1983 wurde eine zweite Säule installiert– die Staatlichen Qualitätssicherheitsinspektionen des Amtes für Standardisierung, Messwesen und Warenprüfung. Diese bildeten zusätzliche Kontrollorgane in den Kombinaten. Durch die Zweiteilung der Qualitätssicherung – intern vom Kombinat selbst geleistet und extern durch unabhängige Experten – waren das Qualitätsbestreben und auch die Qualität selbst hoch. Dennoch stand die Versorgung der Bevölkerung an erster Stelle. Heute stehen absatzbedingte Qualitätsfragen im Interesse der Profitsicherung und Umsatzgenerierung an oberster Stelle.

Ein kollektives Nachdenken über Vergangenheit und Zukunft

Was wir aus der DDR-Wirtschaft lernen können

Generaldirektoren-Salon »Was wir aus der DDR-Wirtschaft lernen können« vom 2. Mai 2016

Ein unverzichtbarer Beitrag zur deutschen Wirtschaftsgeschichte

Christa Bertag: Ich habe lange überlegt, was ich im heutigen Salon sage angesichts der gegenwärtigen politischen Lage in Deutschland, in Europa, in der Welt: die EU ein Scherbenhaufen, Rechtsruck allerorten, Kriegsbeteiligung von Deutschland. Brisante Themen, die politische Entscheidungen erfordern. Aber ich will mich auf die DDR-Wirtschaftspolitik beschränken. Wir haben in vielen Gesprächsrunden Erfahrungen von Generaldirektoren und Wirtschaftsexperten kennengelernt. Wir erfuhren von Lebensläufen und Schicksalen, die uns berührten. Jedes Gespräch hat auf individuelle Weise die historischen Bedingungen, die Erfolge und Schwierigkeiten der DDR-Wirtschaft dargestellt. Wir wurden Zeugen der Wirtschaftsentwicklung bis zu ihrer Auflösung im Zuge des Anschlusses an die BRD – aus meiner Sicht eine der umfassendsten Enteignungen und Vernichtungen von Werten der Menschheitsgeschichte.

Wenn unsere persönlichen Erfahrungen auch sehr unterschiedlich waren, so haben sie doch eines gemeinsam: das Bemühen eines jeden für die Wirtschaft Verantwortlichen, mit hohem persönlichen Einsatz aus dem Vorhandenen das Beste zum Nutzen der Gesellschaft zu machen. Diese Verantwortung von Wirtschaftslenkern für das Gemeinwohl im Sinne einer Solidargemeinschaft ist in der deutschen Geschichte einmalig. Deshalb sind die Gespräche ein unverzichtbarer Beitrag zur deutschen Wirtschaftsgeschichte.

Was können wir aus diesen Erfahrungen lernen? Die Frage müssten jene beantworten, die heute Verantwortung für die Entwicklung des Gemeinwohls tragen. Dazu gehören aus meiner Sicht die Eigentumsverwaltung, die Daseinsvorsorge, Energie, Verkehr, Wasser, Umwelt, Wohnungswirtschaft und Sozialwesen.

Den Managern von Unternehmen empfehle ich, nicht nur für hohen Profit zu sorgen, sondern Verantwortung für die Arbeitnehmer, die durch Bereitstellung ihrer Arbeitskraft eigentlich die Arbeitgeber sind, wahrzunehmen – durch gerechte Entlohnung, betriebliche Ausbildung und Unterstützung von weitergehender Bildung aus dem Unternehmen heraus, Schaffung guter Voraussetzungen zur

Beschäftigung von Frauen durch Bereitstellung von Kinderbetreuung und spezifischer Weiterbildung sowie die Beteiligung aller Beschäftigten am Unternehmensgewinn. Insgesamt wünsche ich mir, dass eine neue gemeinschaftliche Umgangskultur wächst. Dazu zähle ich die Achtung der Arbeit und die Anerkennung der Leistung eines jeden Einzelnen, die Gleichbehandlung aller Bürger, die Solidarität mit Bedürftigen und die Verwendung von Reichtum für das Allgemeinwohl.

Ich gehöre einer Generation an, die diese Werte gelebt hat. Und ich schätze mich glücklich, dass ich meinen Beitrag zum Aufbau einer neuen Gesellschaft leisten konnte, mit Freude und aus Überzeugung. Das Gefühl im Dienste einer ganzen Gesellschaft und zum Wohle aller gewirkt zu haben, erfüllt mich mit Stolz und innerer Befriedigung. Ich wünsche den nachfolgenden Generationen, dass sie Ähnliches erleben, indem sie aus unseren Erfahrungen lernen. Ich wünsche mir aber auch, dass sie einiges besser machen als wir es vermochten.

Hoffnung ist Mangel an Information

Walter Siegert: Die Medien reden unentwegt über »schwaches Wachstum«, »angespannte Finanzmärkte« und den bevorstehenden »globalen Finanzkollaps«. Das heutige Finanzsystem startete aus Sicht der Ostdeutschen am 18. März 1990, als eine deutliche Mehrheit der DDR-Bevölkerung die jüngste Vergangenheit abwählte zugunsten einer ungewissen Zukunft im vereinigten Deutschland. Die Hoffnung, die man an die D-Mark, weniger schon an den EURO knüpfte, ist heute längst verflogen. Hoffnung ist Mangel an Information – die Ernüchterung war umso gravierender.

Vor diesem Hintergrund möchte ich an die positiven Eigenschaften des DDR Finanzsystems erinnern ...

Unsere Finanz- und Haushaltswirtschaft beruhte auf dem Volkseigentum. Sie hatte direkten Zugang zu den ökonomischen Ergebnissen der volkseigenen Betriebe und demzufolge stabile Fundamente.

Im Gegensatz zur aktuellen Finanzpolitik, die tatenlos zusieht, wie ihr dreistellige Milliardenbeträge durch die Lappen gehen, finanzierte sich der DDR-Staatshaushalt zu 80 Prozent aus Gewinnen der volkseigenen Wirtschaft, zu etwa 10 Prozent aus Steuern der Bürger. Unser Staatshaushalt war bis 1989 schuldenfrei, weil wir dem Verfassungsgrundsatz folgten, dass nur ausgegeben werden darf, was an Einnahmen verfügbar ist. Erst in den letzten Monaten der Krise entstanden etwa 50 Mrd. Mark Haushaltsschulden – unter anderem im Zusammenhang mit der Währungsunion. Zu dieser Zeit hatte die Bundesrepublik fast 1 Billion (1 000 Mrd.!) D-Mark Schulden. Wie kam es dazu?

Im Bundeshaushalt begann die Schuldenmacherei in den 1960er Jahren. Dafür gibt es mehrere Gründe. Der erste ist: Die Unternehmenssteuern wurden gesetzlich immer mehr reduziert und die Steuertricks nahmen zu. Jetzt betragen die Unternehmenssteuern etwa noch 5 Prozent am gesamten Steueraufkommen, während die Verbrauchssteuern und die Einkommenssteuer – die sofort vom Lohn abgezogen wird – die größten Einnahmequellen sind. Die krisenhafte Wirtschaftsentwicklung, die hohe Arbeitslosenquoten nach sich zog, bewirkte weitere Lasten der Haushaltswirtschaft.

Der Staatshaushalt der DDR war unmittelbar mit der Sozialversicherung der Bürger verbunden. Das heißt: Die Einnahmen unserer Sozialversicherung – die Beiträge der Bürger – flossen direkt in den Haushalt – daraus wurde das Gesundheitswesen finanziert. Ein System, bei dem keine Mark Profit abgezweigt wurde. Das Gleiche bei unserer Staatlichen Versicherung: Es gab keine Profite für Aktionäre. Was der Bürger an Prämien für seine Risiko- oder Lebensversicherung einzahlte, wurde vom Staat ohne Abzug für diesen Zweck eingesetzt. Wenn es etwa zu Missernten kam, schloss der Staat diese Lücke aus dem Staatshaushalt.

Das Finanzministerium hat sich immer um die Wirtschaftlichkeit unserer Betriebe gekümmert. Ich kann das aus der Sicht meiner Erfahrungen als Leiter der Staatlichen Finanzrevision – eine dem Ministerium der Finanzen zugehörige Kontrollinstitution mit etwa 2000 Mitarbeitern, meist Diplomökonomen mit speziellen Fachkenntnissen – beteuern. Jeder Betrieb, jede Einrichtung bis hinab zur Gemeindeebene wurde regelmäßig geprüft. Jedes Kombinat arbeitete auf Grundlage einer soliden Betriebswirtschaft. Nicht umsonst waren die in der DDR – im Universitätsstudium – ausgebildeten Wirtschaftsprüfer nach der Wende bei den einschlägigen Gesellschaften heißbegehrt.

Die Haushalts- und Finanzwirtschaft der DDR als die wichtigste Säule unseres Finanzsystems war strukturell, fachlich und personell gut aufgestellt. Und sie war in Theorie und Praxis auf das Bürgerwohl ausgerichtet! Insofern hat sie für die Reformierung und Gesundung der heutigen Verhältnisse allerhand Lehren zu bieten!

Molle und Korn oder: Alles ist relativ

Peter Lietz: Ich komme aus der Nahrungs- und Genussmittelwirtschaft. Als Bierbrauer habe ich einen eigenen Blick auf die Gesellschaft. Ich erinnere mich an meine

Kindheit in den 30er Jahren des vorigen Jahrhunderts, als die Erwachsenen am Tisch saßen und über vergangene Zeiten sprachen: »Damals bekam man für ein Groschen ne Molle und nen Korn. Und heute?« Es ist also alles relativ.

Wie haben die Kollegen der Brau- und Malzindustrie die Probleme des Übergangs in die Marktwirtschaft gemeistert? In den ersten Jahren nach der Angliederung der DDR, wurde unsere Arbeit wenig geachtet. »Was habt ihr denn gemacht?«, hieß es herablassend. »Ihr habt über Marxismus-Leninismus gesprochen – fachlich habt ihr nichts drauf!«

Mitte der 1990er Jahre erkannte man, dass unsere Mitarbeiter, ob Facharbeiter oder Braumeister, über eine solide fachliche Ausbildung verfügten und unsere Technik sich nicht zu verstecken brauchte. Heute stehen in fast jeder Brauerei die großen Gärbehälter, die in der DDR entwickelt wurden. Unsere Gär- und Reifungsanlagen gingen in die ganze Welt. Ein großer Teil der heutigen Fachliteratur der Brau- und Malzindustrie stammt von ehemaligen DDR-Wissenschaftlern. Auch ich war in den letzten Jahren an mehreren Büchern beteiligt. Viele davon sind sogar ins Russisch und Englische übersetzt.

Grundsätzlich sollten zwei Dinge aus unserer DDR-Erfahrung in die Jetztzeit hineinwirken: einmal die Rechtsvorschriften im Lebensmittelrecht. Darin wurde klar und deutlich definiert, wie das Produkt aussehen, welche Rohstoffe es enthalten, welche technologischen Prozesse es durchlaufen soll. Etwa beim Bier: Was ist Malz, welche Malzsorten kommen in Frage, wie werden sie hergestellt? Klare Definitionen, die keinen Spielraum für verschiedene Sichtweisen und Rechtsauslegungen zulassen! Vor 500 Jahren hat Bayern eine Landesordnung verabschiedet, in der festgelegt wurde, dass keine anderen Zutaten für

Bier verwendet werden dürfen als Gerste, Hopfen und Wasser. Im deutschen Reinheitsgebot, das als Steuerrecht gilt, heißt es, dass nur Malz, Gerste, Hopfen und Wasser verwendet werden dürfen, ohne klar zu definieren was Malz eigentlich ist. In der DDR galt dieses alte Biersteuergesetz nicht, wir produzierten unsere Lebensmittel auf der Grundlage des Lebensmittelrechts nach TKO-Vorschriften. Heute gilt wieder das Biersteuergesetz, aber nur der Form nach. Es ist ein Trend in der Lebensmittelherstellung mit unterschiedlichen (meist geheimen) Zutaten zu beobachten, um »interessante« Geschmacksnoten zu kreieren. Dies erfolgt oft auch von Leuten ohne eine gediegene fachliche Ausbildung und damit unzulänglicher Qualifizierung. Lebensmittel und Arzneimittel gehören zu den Produkten, die von uns täglich konsumiert werden, aber vom Verbraucher selbst kaum auf ihre Inhaltsstoffe kontrolliert werden können. Hier muss er sich auf die Sorgfaltspflicht der Hersteller und eine wirksame staatliche Kontrolle verlassen können und sicher sein, dass nicht nur die Qualität stimmt, sondern das Produkt tatsächlich das enthält was auf dem Etikett steht. Hier sind klare Definitionen im Lebensmittelrecht und eine verstärkte staatliche Kontrolle, ähnlich der in der DDR praktizierten Verfahrensweise zu empfehlen, um den Verbraucher vor leichtfertig beigemischten, gesundheitsgefährdenden beziehungsweise bedenklichen Zusatzstoffen und unzulänglichen Technologien zu schützen.

Ein zweiter Punkt, den ich ansprechen möchte, ist das Rentensystem. Die Renten für Produktionsarbeiter, Verwaltungsangestellte, Beamte etc. werden aus unterschiedlichen Töpfen gezahlt. In der DDR wurden die Renten einheitlich aus dem Staatshaushalt finanziert. Die Anzahl der in der Industrie beschäftigten Bürger, die heute noch in die Rentenkasse einzahlen, werden von Jahr zu Jahr weniger, da die vergegenständlichte Arbeit überproportional zunimmt. Wenn beispielsweise früher ein Auto von hundert Personen gebaut wurde, dann haben diese hundert Arbeiter in die Rentenkasse eingezahlt und damit ihre spätere Rente gesichert. Heute wird das gleiche Auto von zwei Arbeitskräften gebaut. Die Roboter, die die anderen 98 Arbeiter ersetzen, zahlen aber nicht in die Rentenkasse ein, sondern erhöhen den Profit. Hier müsste der Staat stärker eingreifen.

Aus Zerfallsprozessen lernen

Mechthild Schrooten: Ich bin als einziger Wessi der Fremdkörper in dieser Runde. Wenn wir die Frage beantworten wollen, was wir von der DDR für heute lernen können, müssen wir uns ansehen, was das Heute ist. Frau Bertag hat bereits festgestellt, dass es heute unendlich viele Probleme gibt, die aus Zerfallsprozessen entstehen. Und das ist das erste, was wir von der DDR lernen können: den Zerfallsprozess erkennen! Der Zerfallsprozess der DDR kann uns eine Lehre sein. Jede Krise ist eine Verteilungskrise und man muss sich seiner eigenen Interessen sicher sein. Die Treuhand hätte es nie gegeben, wenn man sich damit auseinandergesetzt hätte, was es bedeutet, eine Treuhand zu schaffen.

Die DDR war ja nicht nur eine hochvitale Wirtschaft, sondern es gab durchaus auch Probleme. Die analysierten wir auch im Westen – beispielsweise im *Deutschen Institut für Wirtschaftsforschung*. Wir sind also in einer Situation des permanenten Zerfalls und Neuaufbaus. Aber Zerfall und Neuaufbau unterliegen einem bestimmten Gesetz. Dieses Gesetz folgt aus der renditeorientierten Marktwirtschaft. Wir sind in einer Situation, in der alles der Rendite folgt. Selbst kleine private Haushalte wollen heute eine hohe »Rendite« auf ihr Sparkonto. Also, wir haben nicht mehr nur den Unternehmer, die Unternehmerin, das Unternehmen, die Rendite generieren wollen, sondern es gibt eine allgemeine Tendenz zur Renditegenerierung. Alles läuft in dieselbe Richtung. Das ist etwas, was wir vielleicht mit DDR-Wirtschaft vergleichen können.

Bei all den Debatten kommt niemand – aber wirklich niemand! – auf die Idee zu sagen: Wir brauchen die DDR als Zukunftsmodell. Wenn man sich die Frage stellt, was kann man lernen, dann muss man das auf einzelne Bereiche begrenzen, denn die DDR als solche hat sich – nicht nur historisch – überlebt …

Die alte bundesrepublikanische Gesellschaft hat beispielsweise nicht so sehr auf die Berufstätigkeit der Frau gesetzt. Inzwischen ist klar: Frauen wollen arbeiten. Den Ausbau der Kitas hätte es ohne die Wiedervereinigung nicht gegeben. Es ließen sich viele Beispiele bringen, die auf der mikroökonomischen Ebene zu vertreten und interessant sind. Ob die DDR eine Gemeinwohlökonomie hatte, dass würde ich allerdings schwer bezweifeln.

Betriebswirtschaftliche und gesellschaftliche Arbeitsproduktivität

Jörg Roesler: Dass die Wirtschaftsentwicklung der DDR hinter derjenigen der Bundesrepublik zurückblieb, scheint heute niemand mehr anzuzweifeln. Charakteristisch dafür ist das Editorial des Herausgebers der ZEIT vom 23. November 2014, das den Titel trug: »Das Gegenmodell DDR ist total gescheitert.« Darin schreibt Josef Joffe sinngemäß: Die beiden deutschen Staaten hatten nach den Zerstörungen des Zweiten Weltkriegs ungefähr das gleiche Ausgangsniveau. 1950 sei die DDR im Vergleich zur BRD bereits um 50 Prozent zurückgefallen und zum Schluss war die Arbeitsproduktivität im Osten auf 33 Prozent des Westens. Guckt man genau hin, dann meinte er das Jahr 1991. Doch zwischen 1990 und 1991 wurde in Ostdeutschland die Transformation von der Planwirtschaft zur Marktwirtschaft vollzogen. Wie entwickelte sich die Arbeitsproduktivität jedoch im Verhältnis zum Bruttoinlandsprodukt? 2009 berechnete das Leibniz-Institut für Sozialwissenschaften in Köln die Arbeitsproduktivität für die neuen und für die alten Bundesländer. Sie setzten das Niveau der Bundesrepublik von 1950 gleich einhundert. Die DDR erreichte zum gleichen Zeitpunkt 39 Prozent, kletterte 1960 auf 40, 1980 auf 51 und schließlich 1985 auf 56 Prozent. Das ist weit weg von dem, was wir uns mit »überholen ohne einzuholen« versprochen hatten. Dennoch: Das enorme Tempo, das als westdeutsches Wirtschaftswunder bezeichnet wird, hielten wir mit. Die Wirtschaftswissenschaftler, die ideologisch nicht so eingebunden sind wie die Historiker, sagen, der Rückgang der Arbeitsproduktivität binnen zweier Jahre um 20 Prozent war die größte deutsche Wirtschaftskatastrophe des 20. Jahrhunderts. Ich habe ausgerechnet: Die Wiederherstellung des Vorkriegszustands nach 1945 ging schneller als die Angleichung der DDR-Wirtschaft ans Westniveau nach der Wende.

Die Ungleichheit setzte gleich nach Kriegsbeginn ein. Das betrifft nicht nur die Reparationsleistungen an die Sowjetunion, sondern auch die Einfuhrbestimmungen des Westens, sprich: das Embargo. Die Produktivität bei der Herstellung von Autos musste in der DDR niedriger sein als in der BRD, weil Plaste nicht so schnell bearbeitet werden kann wie Blech. Dass Plaste verwendet wurde, lag am Embargo. Die DDR durfte kein Stahlblech aus dem

Westen einführen. Viele Dinge haben mit dem Kalten Krieg zu tun und nicht mit der Organisation der sozialistischen Wirtschaft.

Auch muss man die Arbeitsproduktivität der Beschäftigten unterscheiden von der Arbeitsproduktivität je Einwohner. Die Arbeitsproduktivität der Beschäftigten – also die unternehmensbezogene, betriebswirtschaftliche Arbeitsproduktivität – nahm in der DDR langsamer zu als in der Bundesrepublik. Hingegen wuchs die gesellschaftsbezogene Arbeitsproduktivität schneller. In der Bundesrepublik stieg die unternehmensbezogene Arbeitsproduktivität schneller im Vergleich zur gesellschaftlichen. Es ist klar: Die Arbeitslosen fallen aus der betriebsbezogenen Arbeitsproduktivität rechnerisch heraus, aber gesamtgesellschaftlich werden sie mitgezählt und fallen schwer ins Gewicht. Je weniger Arbeitslose, umso höher – unter sonst gleichen Bedingungen – die gesellschaftliche Arbeitsproduktivität. Dasselbe trifft auf die Frauenbeschäftigung zu. Je größer die Einbeziehung der Frauen in die Produktion, desto größer die gesellschaftliche Arbeitsproduktivität. Natürlich ist das nur möglich, wenn entsprechende Vorbereitungen getroffen, zum Beispiel Kindergärten geschaffen werden.

Tatsächlich war in der DDR die Arbeitsintensität geringer, was jedoch kein Nachteil sein musste. Aus eigener Erfahrung als Arbeiter in der Brauerei weiß ich, dass die geringere Arbeitshetze auch Raum für Solidarität mit den Kollegen ließ. Ich musste gemeinsam mit einem anderen Arbeiter die Gerste aufs Band schippen. Ich war längst nicht so stark wie die Kollegen und darauf angewiesen, dass die anderen mein Defizit ausglichen. In einem angespannten Arbeitsverhältnis nach strikten Vorgaben wäre das nie möglich gewesen.

Die Verantwortung dafür, dass das System zwischen

1989 und 1990 kollabierte, trugen nicht die Arbeiter, auch nicht die Kombinatsleiter, sondern diejenigen Mitglieder der SED-Führung, welche die jahrelang von Wirtschaftsexperten geforderten ökonomischen Reformen verweigerten.

Plädoyer für das Kombinat

Uwe Trostel: Der Mainstream, die bürgerliche Ökonomie und die Politik bauen Barrieren gegen die DDR-Wirtschaft auf. Sie tun alles, um zu vermeiden, dass Erfahrungen der DDR-Wirtschaft weitergegeben werden. Die heutigen Konzerne erfüllen einzig und allein den Zweck, das Geld der Kapitalanleger zu vermehren. Die Kombinate der DDR hatten Gemeinwohlaufgaben. Sie erzeugten Gebrauchswerte, die einen gesellschaftlichen Nutzen hatten. Für den Staat stand der Gewinn nicht im Vordergrund. Natürlich sollten die Kombinate so effizient wie möglich arbeiten, aber das Ziel war die Erzeugung eines konkreten Gebrauchswertes.

Die staatliche Kontrolle beschränkte sich auf die Regulierung und die Kontrolle der ökonomischen Prozesse. Die ökonomische Verantwortung für die Betriebe lag ausschließlich bei der Kombinatsleitung und war damit – zumeist – in kompetenten Händen.

Für die heutige Wirtschaftstheorie und -praxis ist Konkurrenzlosigkeit völlig undenkbar. Die Kombinate haben bewiesen, dass es ohne Konkurrenz auch geht. Sie waren im positiven Sinne Monopolisten. Als Alleinhersteller standen sie unter staatlicher Kontrolle, um diese Funktion nicht zu missbrauchen und beispielweise überhöhte Preise festzulegen oder millionenfach Arbeitsplätze zu vernichten.

Einen letzter Gedanke: Ein Generaldirektor der DDR hat jährlich um die 40.000 Mark verdient. Er hatte mindestens die gleiche Verantwortung, wie heute ein Konzernchef (der sieben- bis achtstellig verdient) und musste im Zweifel seinen Kopf hinhalten.

Dieter Knoch: Die Spitzenverdiener in der Chemie waren die Generaldirektoren von Leuna und Schwedt, die hatten dreieinhalb Tausend, alle anderen weniger. Das muss man sich auf der Zunge zergehen lassen. Ich begann unmittelbar nach der Wende in einem Privatbankhaus zu arbeiten. Im Einstellungsgespräch wurde ich nach meinen Gehaltsvorstellungen gefragt. Als ich mir zögerlich eine Antwort abrang, dachten sie, ich meine das Gehalt für eine Woche. Später bekam ich mit, dass ich weit weniger als die Chefsekretärin verdiente …

Winfried Noack: Mein Einstiegsgehalt als Generaldirektor waren 2 700 Mark der DDR.

Levin D. Röder: Lenin schreibt in seinen Aprilthesen sinngemäß: Die Funktionäre dürfen nicht mehr verdienen als ein qualifizierter Arbeiter.

Wir wussten, dass es schiefgeht

Manfred Dahms: Ich bin der festen Überzeugung, dass es mit der Zerschlagung des Neuen Ökonomischen Systems durch die Sowjets keine Impulse mehr für Kreativität und Neugestaltung in der DDR-Wirtschaft gab, sondern nur ein Reagieren und Improvisieren als Selbsterhaltungstrieb.

Die Konzerne der alten Bundesrepublik wussten, was sie von uns lernen können. Die meisten meiner ehemaligen Kollegen sind integriert worden. Und wir haben alle länger gearbeitet als bis 65. Die Wessis wussten, was sie von uns erwarten können. Es gab die stille Vereinbarung: Ihr haltet die Klappe, wenn's um den Westen geht, da wissen wir besser Bescheid, und wir halten die Klappe, wenn es um den Osten geht. Also gelernt wurde schon.

Ich habe hier einen FAZ-Artikel von 1995. Darin werden leitende Wirtschaftsfunktionäre der ehemaligen DDR zur Planwirtschaft befragt, darunter Günter Mittag, Alexander Schalck-Golodkowski, Wolfgang Rauchfuß, Helmut Koziolek und andere. Der Grundtenor: »Wir wussten, dass es schief geht, aber auf uns haben die Betonköpfe nicht gehört.«

Ich sage: Die hörten, aber sie mussten vor Moskau kuschen. Ende der 1970er Jahre haben wir Erich Honecker mit getürkten Bilanzen klarmachen wollen, dass die Einheit von Wirtschafts- und Sozialpolitik der Sargnagel der DDR ist. Dass wir in den 90er Jahren tatsächlich pleite waren, war damals schon abzusehen. Die Strauß'schen Milliardenkredite waren der letzte Versuch, unsere Bonität wiederherzustellen. Was wir nicht gesehen haben: Die Sowjetunion ging immer davon aus, dass die Deutschen vereint leben wollen. Als Moskau Mitte der 70er Jahre klar wurde, dass die UdSSR das wirtschaftliche Überleben der DDR nicht finanzieren kann, war die tatsächliche Entwicklung von 1989/90 vorprogrammiert. Das begriffen wir erst im Nachhinein.

Jörg Roesler: Ich würde diese Aussage zum Neuen Ökonomischen System gern relativieren: Das NÖS hat in den Köpfen der Leute, die wirtschaftlich Verantwortung trugen, weiter gewirkt und seine besten Gedanken haben ihre Wiedergeburt gefunden in dem Dokument, das Anfang Februar 1990 veröffentlicht wurde: das Reformprogramm der Regierung Modrow. Verantwortlich dafür zeichnete Christa Luft als Wirtschaftsministerin. Das Reformprogramm war am nächsten dran an der slowenischen Lösung. Die Slowenen haben sich Zeit gelassen, nicht alle Betriebe auf Biegen und Brechen privatisiert. Slowenien ist das Land, das am besten über die wirtschaftlichen Transformationsprozesse hinweggekommen ist.

Im Dezember 1989, bei ihrem Treffen in Dresden, waren Hans Modrow und Helmut Kohl sich einig, dass die Transformation schrittweise erfolgen müsse. Im Januar 1990 haben sich Expertengruppen in Bonn und Berlin hingesetzt und entsprechende Vorschläge entwickelt. Wenn man diese Vorstellungen für eine Reform in der DDR durchliest, diejenigen, die im Osten und diejenigen, die im Westen gemacht wurden, dann sind die sehr ähnlich, weil auf beiden Seiten über eine behutsame, gangbare Lösung nachgedacht wurde.

Erst der Kabinettsbeschluss der Bundesregierung über die rasche Währungsunion vom 6. Februar 1990 leitete die Kehrtwende ein. Hintergrund war die Flüchtlingsfrage. Im Dezember 1989 ließ der Flüchtlingsstrom in den Westen nach. Als die Flüchtlingszahlen im Januar 1990 wieder anstiegen, bekam die Bundesregierung Panik. »Es sitzen zwei Millionen auf gepackten Koffern«, schilderte Lothar de Maizière die Lage. Das Volk West begann zu murren. In Köln wurden die Übersiedler aus dem Osten demonstrativ im Leichenschauhaus untergebracht. Kohl, der um seine Wiederwahl bangte, mag sich gesagt haben: Wenn wir die materiellen Bedürfnisse der Ostdeutschen befriedigen, bekommen wir den Flüchtlingsstrom in Griff. Damit war das gemeinsam vereinbarte Vorgehen von DDR und BRD bezüglich der Transformation der Wirtschaft Geschichte. Nach der Volkskammerwahl am 18. März 1990, die Kohls »Allianz für Deutschland« gewann, wurde Christa Lufts Reformprogramm – und damit die Chance einer späten Rehabilitierung des NÖS – endgültig ad acta gelegt.

Gesamtgesellschaftliche Anstrengung

Wolfram Adolphi: Heute wird oft über »die Wirtschaft« geredet, als gehöre sie gar nicht zur Gesellschaft, sondern sei etwas Eigenständiges, Übergeordnetes.

Ich will etwas zur Integration sagen. Was bedeutet Integration? Es heißt: Ich nehme mir vom anderen das, was ich brauche, und den Rest lasse ich weg. Also: Die erfahrenen, erfolgreichen Wirtschaftsleute aus der DDR, von denen hier geredet wurde, machten im Westen große Karriere, indem sie sich integrieren ließen. Wer wo hinein? Und was war gefragt? Das ist zu bedenken.

Ich finde es prinzipiell schwierig, wenn jemand sagt: »1963 habe ich das gesagt und 1968 auch. Wenn ich nicht auf taube Ohren gestoßen wäre, hätte ich die gesamte sozialistische Welt von Havanna bis Wladiwostok gerettet.«

Mir gefallen Christa Bertags Einstiegssätze, weil sie uns auf die gemeinsame Suche schicken. Aber sind wir denn, Frau Professor Schrooten, gemeinsam auf der Suche? Sätze wie: »Ich glaube nicht, dass die DDR eine gemeinwohlorientierte Wirtschaft war«, zeigen doch, dass wir nicht auf Augenhöhe miteinander reden. Wir haben da auf der einen Seite eine Gesellschaft, die ist weg, die hat sich, ihren Worten zufolge »selbst überlebt«, von der können wir nichts mehr lernen. Aber was haben wir auf der anderen? Eine, die strahlend vor uns liegt und vor Zukunft nur so strotzt? Keineswegs! Wir leben in einer Gesellschaft, in der Zukunft überhaupt nicht vorkommt. Die Kanzlerin sagt: »Wir schaffen das«. Aber sie sagt nicht wie und mit wem. Wir haben eine Generation, die komplett international aufwächst. Für Millionen junger Leute ist es völlig selbstverständlich, mit Menschen anderer Länder, anderer Kulturen, anderer Gebräuche, anderer Essweisen umzugehen. Aber die werden gar nicht angesprochen.

Alle sind sich einig, dass unsere Ost-Erfahrungen nichts taugen. Dabei hatte die DDR ein vorbildliches Sozialsystem, wie hier schon beschrieben worden ist. Und was ganz wichtig ist: Das System hat die Menschen dazu gebracht, alternative Ideen zu entwickeln und neue Handlungsmuster zu erproben, die der gesamten Gesellschaft zugute kamen. Wer könnte das vom aktuellen System behaupten? Wenn heute ein Hauseigentümer sein Objekt für Flüchtlinge zur Verfügung stellt, weil er dafür Geld vom Staat bekommt, hat das mit gesamtgesellschaftlicher Anstrengung nichts zu tun. Und obwohl das Wort verpönt ist, werden wir sie brauchen, die gesamtgesellschaftliche Anstrengung.

Es gibt Hunderte Millionen Menschen, für die der Weltmarkt keinen Platz hat. Wenn wir uns diesem Problem stellen wollen – und das müssen wir! –, muss über die Gestaltung von Weltwirtschaft in völlig neuen Dimensionen nachgedacht werden. Dabei sind die Erfahrungen aus der DDR genauso wichtig wie die Erfahrungen aus der alten Bundesrepublik. Wenn wir zulassen, dass die einen als weniger wichtig betrachtet werden als die anderen, grenzen wir einen Teil, grenzen wir 40 Jahre europäischer Entwicklung aus der menschlichen Erfahrung aus. Das geht nicht. Und wenn ich das sage, will ich das als Ermutigung verstanden wissen: Schreibt es auf! Es ist gut, wie sich das bisher in dieser Runde entwickelt hat und wie auch diese Punkte ihren Platz haben in der Beschreibung dessen, was getan worden und was zu tun ist.

Mechthild Schrooten: Wir können nicht wissen, wie die Zukunft aussieht. Die Zukunft wird sicherlich nicht dieses neoliberale System sein, das gerade sein Leben aushaucht. Es wird noch beatmet mit unendlich viel Geld von der Europäischen Zentralbank. Aber das geht nicht ewig so weiter. Das Bargeld soll abgeschafft, die Banken

sollen aufgewertet werden – das sind die letzten Rettungs-
anker.

Ein zukunftsfähiges Gesellschafts- und Wirtschaftssystem

Christa Luft: Bis heute gilt bei Politikern etablierter Parteien und tonangebenden Medien jeder, der behauptet,
es hätte in der realsozialistischen Wirtschaftspraxis etwas
Bedenkens- oder Erhaltenswertes gegeben, bestenfalls als
Nostalgiker, zumeist jedoch als Ewig-Gestriger oder Be-
tonkopf. Keiner leugnet, dass in der DDR-Wirtschaftspolitik und -praxis nicht auch Fehler gemacht wurden. Aber
die Wirtschaft eines Gemeinwesens, das wie die DDR 40
Jahre unter schwierigsten äußeren Bedingungen existierte
und sich mit den Ergebnissen mancher kapitalistischer
Industrieländer messen konnte, kann nicht nur von Fehlern und Schwächen geprägt gewesen sein. Ich will nach
den bereits genannten interessanten, teils originellen Lösungen in verschiedenen Bereichen auf vier übergreifen-
de Aspekte hinweisen, von denen ich überzeugt bin, dass
sie für ein alternatives, zukunftsfähiges Gesellschafts- und
Wirtschaftssystem von prinzipieller Bedeutung sein werden.

Erstens: Naturressourcen, die nur beschränkt zur Ver-
fügung stehen und nicht vermehrbar sind wie Grund und
Boden, befanden sich in öffentlichem (staatlichen oder
kommunalen) beziehungsweise genossenschaftlichem Ei-
gentum. Damit waren sie der Spekulation entzogen. Einer
Preisentwicklung, wie sie heute auf dem Immobilien- und
Wohnungsmarkt beobachten können, wäre damit die
Grundlage entzogen.

Zweitens: Einkommen und Vermögen konnte man in

der DDR nur durch Arbeit erwerben. Dabei waren die Einkommensunterschiede überschaubar und die Erbschaften – gemessen an dem, was heute in manchen Bevölkerungskreisen leistungslos vererbt wird – kaum der Rede wert. Heute besteht der weitaus größere Teil allen Reichtums nicht in Arbeitseinkommen, sondern in Vermögen. Letzteres wird auch heute weniger erworben als vielmehr ererbt – in einem Maße, wie das zuletzt im frühen 19. Jahrhundert der Fall gewesen ist, wie Thomas Piketty in seinem Bestseller *Das Kapital im 21. Jahrhundert* feststellt.

Drittens: Der Zugang zu Gütern der öffentlichen Daseinsvorsorge wie Bildungs- und Gesundheitsleistungen, Energie- und Wasserversorgung, Kulturangebote etc. war für alle Bürgerinnen und Bürger kostenlos beziehungsweise kostengünstig gewährleistet. Niemand konnte über den Preis ausgeschlossen werden.

Viertens: Das Finanzwesen war Dienstleister der Realwirtschaft und nicht – wie heute – verselbständigt deren Knechter. Statt mehrheitlich privater, auf Profiterzielung orientierter Banken, agierten kommunale (Sparkassen) beziehungsweise genossenschaftliche (Raiffeisenbanken) Geldinstitute. Finanzspekulation gehörte nicht zu deren Geschäftsmodell.

Fazit: Auch von einer Wirtschaft, die aus verschiedenen Gründen letztlich gescheitert ist, kann man viele Dinge lernen. Nur: Bei dominierendem privatkapitalistischen Eigentum und den aktuellen politischen Mehrheitsverhältnissen gibt es dazu keine Bereitschaft. Und doch: Mit dem Ende des Realsozialismus ist das Nachdenken über Alternativen zum Kapitalismus nicht hinfällig, sondern dringlicher denn je. Eine Blaupause bietet Vergangenes dafür nicht, aber sehr wohl nützliche positive als auch kritisch-konstruktiv zu analysierende Erfahrungen.

Lob der Planung

Katrin Rohnstock: Welche Rolle spielte die Struktur- und Regionalentwicklung im wirtschaftspolitischen System der DDR?

Berthold Fege: Es gab in der DDR eine klar ausgerichtete Standortpolitik. Ein wichtiger Grundsatz bestand darin, die Arbeit dorthin zu bringen, wo Menschen sie brauchten. Beispiel Eisenhüttenstadt. Hier sammelten sich nach Kriegsende viele Menschen aus den ehemaligen Ostgebieten des Deutschen Reiches. Auf Grundlage eines Beschlusses des III. Parteitags der SED von 1950 wurde in der Stadt an der Oder ein gigantisches Hütten-, Stahl- und Walzwerk errichtet, das Tausenden Menschen Lohn und Brot gab, nahe den Rohstofflieferanten und Handelspartnern im europäischen Osten. Das ist kluge Strukturpolitik. Bei solchen Entscheidungen spielten strategische Überlegungen eine Rolle, wie man die Raumstrukturen unter Beachtung der Ressourcen in den Regionen entwickeln kann.

Auch heute gibt es ein wichtiges strategisches Instrument der Raumentwicklung: das Raumordnungsgesetz. Es enthält wichtige Zielsetzungen der räumlichen Entwicklung, auch für die Regionen Ostdeutschlands. Nur werden diese Gesetze immer seltener umgesetzt, weil sie privaten Investitionsinteressen und Finanzströmen im Wege stehen.

Günter Buhlke: In der DDR wurden Fünfjahrpläne mit den sozialistischen Ländern abgestimmt, sodass die Industrie Absatz- und Bezugssicherheiten hatte. Es gab Festpreise. Ich kann als Wirtschaftler besser kalkulieren und investieren, wenn der Markt berechenbar ist.

Andererseits war der Plan flexibel genug, um auf Unwägbarkeiten zu reagieren. Dazu gab es die jährliche

Komplexberatung, bei der das Ministerium für bezirksgeleitete Industrie, die bezirksgeleitete Plankommission
und die wichtigsten Kombinate des Bezirkes zusammen-
kamen. Dort wurde nachjustiert, was bei der Erstellung
des Planes noch nicht abgesehen werden konnte.

Der westdeutsche Staat plant auch langfristig. Es gibt
zig Programme, die langfristig angelegt sind. Sie haben
nur einen Mangel: Sie bilanzieren nicht. Wie viele Schulen, wurden in den letzten zweieinhalb Jahrzehnten geschlossen, wie viele Lehrer entlassen? Heute steigen die
Schülerzahlen in vielen Ballungszentren wieder an. Dort
fehlen nun die Schulgebäude – und die Lehrer sind weg.
Das ist die Zukunft.

Kurzbiografien

Dr. Dr. Wolfram Adolphi wurde 1951 in Leuna geboren. Er schließt 1976 sein Diplom-Studium in Außenpolitik an der Akademie für Rechtswissenschaften in Potsdam-Babelsberg ab. Von 1980 bis 1985 ist er als Außenkorrespondent für die Wochenzeitung *Horizont* in Japan tätig und wird von 1985 bis 1988 wissenschaftlicher Aspirant an der Humboldt Universität zu Berlin. Nach der Wiedervereinigung wird er Redakteur bei der Zeitschrift *Utopie kreativ* und gehört zur Redaktion der Zeitschrift *Das Argument.*

Dr. Christa Bertag wurde 1942 in Jecha (Sondershausen) geboren. 1961 macht sie ihr Abitur an der AFB II in Halle. 1967 erhält sie an der TH Leuna-Merseburg ihren Abschluss als Diplom-Chemikerin. Zwischen 1974 und 1977 legt sie ein weiteres Studium an der Parteihochschule Karl-Marx ab. 1985 wird sie Generaldirektorin des *VEB Kosmetik-Kombinat Berlin.* Nach der Wende ist sie dort, nach Übernahme durch einen US-Konzern, weiterhin als Chief Operating Office tätig.

Günter Buhlke wurde 1934 in Berlin geboren. Er ist gelernter Bäcker und studierter Volkswirt und außerdem als Außenhandelskaufmann tätig. Ende der 60er Jahre wird er als Handelsattaché nach Mexico berufen und ist danach Handelsrat in Caracas/Venezuela. 1983 kehrt er in die DDR zurück und arbeitet in der Staatlichen Plankommission. Von 1990 bis 1999 leitet er die Berliner Niederlassung des Schweizerischen Instituts für Betriebsökonomie. Zudem machte er sich als Essayist und Buchautor einen Namen.

Manfred Dahms wurde 1936 in Bernöwe/Brandenburg geboren. Er studiert in Rostock Schiffbau und Ökonomie in Dresden. Nach einer Anstellung in der *Schiffswerft Berlin* wird er Sonderbeauftragter für Schwermaschinen- und Anlagenbau der Staatlichen Plankommission der DDR. Ab 1967 ist er Betriebsdirektor des *VEB Strömungsmaschinen Pirna*. Von 1975–1989 ist er Generaldirektor des *VEB Kombinat Kraftwerksanlagenbau Berlin*. Nach der Wiedervereinigung ist er zunächst leitender Angestellter bei *RWE Gas* und danach selbständiger Berater.

Prof. Dr. Dr. Karl Döring wurde 1937 in Hohenstein-Ernstthal in Sachsen geboren. 1955 wird er zum Studium der Eisenhüttenkunde nach Moskau delegiert. Nach seinem Abschluss wird er Schichttechnologe im Stahl- und Walzwerk Brandenburg und promoviert wiederum in Moskau. 1973 promoviert er im Fernstudium zum Dr. der Ökonomie und ist ab 1979 im Ministerium für Erzbergbau, Metallurgie und Kali Stellvertreter des Ministers, ab 1985 Generaldirektor im *Bandstahlkombinat Hermann Matern*. Nach der Wende ist er bis 1994 zunächst Vorstandsvorsitzender bei EKO. Nach 2000 gründet er sein eigenes Beratungsunternehmen.

Dr. Manfred Domagk, geboren 1938 in Baruth/Mark, macht 1960 sein Abitur und beginnt eine Lehre als Preiskontrolleur auf dem Gebiet der Preis- und Finanzpolitik in Leipzig. Anschließend absolviert er ein Fernstudium an der HfÖ. Von 1978 bis 1990 ist er Staatssekretär im Amt für Preise beim Ministerrat der DDR. Nach der Wiedervereinigung ist er als selbständiger Berater für finnische und englische Unternehmen tätig.

Dr. Berthold Fege wurde 1934 in Teosin/Ostpolen geboren. 1952 bis 1956 studiert er an der mathematisch-naturwissenschaftlichen Fakultät der HU Berlin. 1964 promoviert er über die Abgrenzung von Stadt-Umland-Regionen. Nach seiner Tätigkeit als Hochschuldozent wird er von 1990 bis 1992 Direktor des Instituts für Raumordnung und Umweltökonomie. Ab 1992 ist er als Unternehmensberater für *Software Union* sowie *Syseca* tätig. Seit 1995 berät er die *Lausitzer- und Mitteldeutsche Braunkohle Verwaltungsgesellschaft mbH* (LMBV).

Dr. Peter Grabley, geboren 1931, holt nach einer Lehre zum Bühnenarbeiter 1951 sein Abitur am Internat in Wickersdorf/Thüringen nach. Anschließend studiert er Betriebsökonomie an der HfÖ Berlin-Karlshorst. Nach seinem Abschluss arbeitet er in verschiedenen Betrieben, bis er in die Staatliche Plankommission berufen wird. Dort leitet er 20 Jahre die Abteilung Chemie. Ab Mitte der 1980er Jahre ist er der Stellvertreter von Gerhard Schürer im Bereich Außenwirtschaft. Nach der Wende zieht er 1993 mit seiner Frau nach Bad Saarow, wo er sich stark in der Kommunalpolitik und der Entwicklung des kulturellen Lebens engagiert.

Wilhelm Hans, 1940 in Dessau geboren, studiert nach dem Abitur an der TU Dresden. 1965 wird er Exportgruppenleiter des MAFA Sangerhausen. Ab 1967 ist er Absatzleiter und ab 1970 Direktor für Absatz und Außenwirtschaft im *Kombinat Chemieanlagenbau Leipzig*. Von 1971 bis 1990 ist er Direktor für Import im *Außenhandelsbetrieb Industrieanlagen-Import* in Düsseldorf und Tokio. Nach der Wende ist er bis 2002 Niederlassungsleiter und Mitinhaber der Firma *Grenke AG* in Berlin und Leipzig.

Hermann Hering wurde 1938 in Crimmitschau/Sachsen geboren. Von 1956 bis 1961 studiert er an der TH Leuna-Merseburg und macht einen Abschluss zum Diplom-Chemiker. 1962 nimmt er eine Tätigkeit im *VEB Härtolwerk Magdeburg* an, wo er bis 1973 verschiedene leitende Tätigkeiten inne hat, zuletzt ist er Werkdirektor. Von 1983 bis zur Wende ist er Generaldirektor des *Kombinates Öl und Margarine*. Nach der Wende ist er als selbständiger Berater tätig und geht 1992 in den Ruhestand.

Detlef Jank wurde 1938 in Görlitz geboren. Nach einer Lehre zum Maschinenschlosser studiert er Betriebswirtschaft und schließt sein Studium als Diplom-Betriebswirtschaftler ab. Von 1966 bis 1982 ist er im *Kombinat TAKRAF* angestellt. Dort ist er als Leiter Vertretung in Kairo/Ägypten, Betriebsdirektor der Förderanlagen Magdeburg und Betriebsdirektor der Verlade- und Transportanlagen tätig. Von 1982 bis 1986 ist er Generaldirektor des *VEB Kombinat Schienenfahrzeugbau Berlin*. Nach der Wende ist er als Geschäftsführer, Wirtschaftsberater und Gebietsleiter tätig.

Dr. Dieter Knoch wurde 1936 in Dresden geboren. Er macht 1954 sein Abitur in Dresden und beginnt ein Studium an der HfÖ Berlin. 1958 erhält er sein Diplom und promoviert 1968. Von 1960 bis 1969 ist er Direktor für Ökonomie in der *VVB Gummi und Asbest Berlin*. Anschließend ist er bis 1976 Leiter der Abteilung Planung und Ökonomie im Ministerium für Chemische Industrie und danach bis zur Wende Stellvertreter des Ministers für Chemische Industrie. Nach der Wende ist er unter anderem leitender Angestellter in einer Bank und Geschäftsführer einer Holdinggesellschaft. 2001 geht er in den Ruhestand.

Dr. Boris Kudevita wurde 1936 in Reval (Tallin) im heutigen Estland geboren. Nach seinem Schulabschluss absolviert er ein Ökonomiestudium in Stralsund und promoviert an der TU Rostock. Später wird er der Leiter der Staatlichen Energieinspektion. Nach 1990 arbeitet er in einem Umweltingenieur-Büro und einem Conversion & Consulting Unternehmen.

Dr. Wolfgang Kühn wurde 1934 in Berlin geboren. Nach seinem Schulabschluss studiert er Ökonomie an der HfÖ und ist von 1974 bis 1990 am Statistischen Amt der DDR als Volkswirtschaftler tätig. Nach der Wende arbeitet er als freischaffender Ökonom.

Günter Kretschmer wurde 1929 in Breslau/Schlesien geboren. Nach einer Schlosserlehre macht er 1954 seinen Abschluss als Diplom-Ingenieur an der TU Dresden in der Fachrichtung Fördertechnik und beginnt im *VEB ZEMAG Zeitz*. Dort steigt in den Folgejahren zunächst zum Hauptingenieur, dann zum technischen Direktor und daraufhin zum Werksdirektor auf. 1968 wird er zum Generaldirektor des *VVB Luft- und Kältetechnik* ernannt und hat diesen Posten bis 1990 inne. Nach der Wende ist er als Berater tätig.

Dr. Hermann Leihkauf wurde 1928 in Plauen/Vogtland geboren. 1944 beginnt er eine Ausbildung zum Industriekaufmann. Von 1946 bis 1949 studiert er Betriebswirtschaft. 1968 promoviert er. Von 1949 bis 1990 leitet er die (VVB) Vereinigung Volkseigener Betriebe Kulturwaren. Im Ministerium für Leichtindustrie ist er Stellvertreter HV-Leiter und hat von 1957 bis 1990 in der Staatlichen Plankommission verschiedene Funktionen inne, zuletzt als Stellvertreter des Vorsitzenden und Volkswirtschaftsplaner auf dem Gebiet der Konsumgüterindustrie und Konsumption. Seit Anfang 1990 gehört er dem Arbeitskreis »Weißenseer Blätter« an.

Joachim Lezoch wurde 1944 in Oppeln/Schlesien geboren. Im Herbst 1945 wird seine Familie vertrieben und landet in der Nähe von Bremen. Dort lernt er den Beruf des Lederzuschneiders. Anschließend wird er nach Weißenfels delegiert, um an der dortigen FH Lederverarbeitungstechnik zu studieren, und schließt als Ingenieur für Schuhtechnologie ab. Vom Generaldirektor des *VVB Schuhe* wird er mit 22 Jahren zum Leiter des Generaldirektor-Büros berufen, 1979 dann zum Generaldirektor. Diesen Posten hatte er bis 1990 inne. Nach der Wende ist Joachim Lezoch Privatunternehmer, bis er 1996 in den Ruhestand geht.

Dr. Peter Lietz wurde 1933 in Berlin geboren. Er absolviert eine Lehre zum Brauer und Mälzer an der *Kindl Brauerei Berlin-Weißensee* und studiert anschließend Brauereiwesen an der HU Berlin. Er arbeitet als Brauführer und Malzmeister in verschiedenen Brauereien. Ab 1959 hält er Vorlesungen an der HU über die Technologie des Gär- und Lagerkellers und promoviert dort, neben einem Fernstudium an der HfÖ, zum Doktor der Agrarwissenschaften. Mit Gründung des *VEB Kombinat Spirituosen, Wein und Sekt* wird er 1980 zum Stellvertretenden Generaldirektor und Direktor für Wissenschaft und Technik berufen. In diesen Positionen ist er bis 1990 tätig.

Prof. Dr. Christa Luft wurde 1938 in Krakow am See/Mecklenburg geboren. Nach dem Schulabschluss studiert sie Wirtschaft an der HfÖ. 1971 wird sie Professorin für soziale Außenwirtschaft. Von 1978 bis 1981 ist sie Stellvertretende Direktorin des Internationalen Instituts für Ökonomische Probleme des sozialistischen Weltsystems beim RGW. In der Modrow-Regierung wird sie 1989/90 Vizepremier und Wirtschaftsministerin. Nach der Wende ist sie von 1994 bis 2002 MdB, ab 1998 Vorsitzende der PDS-Fraktion und bis 2013 Mitglied des Vorstandes der Rosa-Luxemburg-Stiftung.

Prof. Dr. Wilfried Maier wurde 1932 in Lewin/Tschechien geboren. Nach dem Schulabschluss beginnt er eine Lehre zum Verkäufer in Sangerhausen. Ab 1954 studiert er an der HfÖ und nimmt nach seinem Abschluss eine Stelle als Assistent und anschließend als Dozent an der Hochschule an. 1969 wird er zum Professor berufen. Von 1978 bis 1990 ist er im Amt für Preise tätig, unter anderem als Stellvertreter des Ministers.

Rolf Matthes wurde 1958 in Zittau geboren. 1976 absolviert er eine Ausbildung zum Elektromonteur. 1982 nimmt er ein Studium der Philosophie an der HU Berlin auf. Ab 1989 beginnt er seine wissenschaftliche Arbeit am Interdisziplinären Institut für Wissenschaftsphilosophie und Humanontogenetik der HU. Nach einer wissenschaftsjournalistischen Qualifizierung arbeitet er seit 2003 freiberuflich.

Dr. Günter Mittag (1926–1994) absolviert von 1953 bis 1945 eine Ausbildung bei der Deutschen Reichsbahn und schließt 1956 ein Fernstudium zum Diplom-Ökonom ab. Von 1966 bis 1989 ist er Mitglied des Politbüros des ZK der SED, ab 1976 ZK-Sekretär für Wirtschaftsfragen und Planwirtschaft der DDR. Nach der Wende geht er aus gesundheitlichen Gründen in den Ruhestand.

Dr. Hans Modrow wurde 1928 in Jasenitz/Westpommern geboren. Ab 1952 besucht er für ein Jahr die Komsomol-Hochschule in Moskau und absolviert zwischen 1954 und 1957 ein Fernstudium an der Parteihochschule »Karl Marx«. 1959 bis 1961 studiert er im Fernstudium an der HfÖ. Ab 1967 ist er Mitglied im ZK der SED. 1989 wird er Vorsitzender des Ministerrats der DDR. Nach der Wende sitzt er im Europaparlament und ist der Vorsitzende des Ältestenrats der Partei DIE LINKE.

Prof. Dr. Dietrich Mühlberg, 1936 geboren in Berlin, studiert nach seinem Schulabschluss Philosophie, Germanistik und Kunstgeschichte. Seit 1962 arbeitet er aktiv am Aufbau des Studiengangs Kulturwissenschaften in der DDR mit. Von 1974 bis 1996 hat er eine Professur für Kulturgeschichte an der HU Berlin inne. 1998 beginnt er eine Tätigkeit in Potsdam am Zentrum für Zeithistorische Forschung.

Karl Nendel wurde 1933 in Falkenau/Sachsen geboren. Nach dem Schulabschluss beginnt er eine Lehre zum Elektriker. Von 1952 bis 1955 studiert er an der Bergingenieurschule Zwickau und macht einen Abschluss zum Elektroingenieur. Er arbeitet zunächst im *Braunkohlekombinat Erich Weinert.* Danach wird er zum Bauleiter des *VEB Kohleanlagen Leipzig* ernannt und ist ab 1967 Stellvertretender Minister im Ministerium für Elektrotechnik und Elektronik. 1977 wird er Regierungsbeauftragter für Mikroelektronik. Nach der Wende findet er eine Anstellung in einem mittelständischen Unternehmen, in dem er bis 2003 arbeitet.

Eckhard Netzmann wurde 1938 in Metschlau/Schlesien geboren. Nach einer Lehre zum Werkzeugschlosser macht er im Alter von 20 Jahren einen Ingenieurabschluss auf dem Gebiet der Umformtechnik. 1966 schließt er sein Ingenieurstudium an der TU Dresden ab. 1979 wird er Generaldirektor des SKET und ist bis 1983 Stellvertretender Minister für Schwermaschinen- und Anlagenbau. Ab 1986 ist er Stellvertretender Generaldirektor des VEB Kombinat Kraftwerksanlagenbau. Nach der Wende ist er als Vorstandsvorsitzender der *Riesaer Beteiligungs-AG* tätig, später als selbständiger Unternehmensberater.

Wolfgang Neupert wurde 1931 in Plauen geboren. Er absolviert das Abitur an der Fachschule für Wirtschaft und Verwaltung Plauen und bekommt anschließend eine Anstellung in der zentralen Leitung der HO in Plauen. Ab 1964 ist er Leiter für Beschaffung und Absatz beim *VVB Musik-Kultur Plauen* und ab 1970 zusätzlich Leiter der Produktion und Erster Stellvertreter des Generaldirektors. Den Posten des Generaldirektors übernimmt er dann 1977. Ab 1981 ist er Generaldirektor des *VEB Kombinat Sportgeräte GERMINA* in Schmalkalden. Von 1990 bis 1998 ist er Geschäftsführer des *GERMINA Vertriebs- und Dienstleistungs-GmbH* Schmalkalden.

Winfried Noack wurde 1937 in Berlin geboren. 1952 beginnt er eine Ausbildung zum Chemiefacharbeiter beim *VEB Chemische Fabrik Grünau*. Nach dem Abschluss beginnt er ein Abendstudium zum Chemieingenieur. 1969 wird er Direktor des Versorgungskontors für chemische Grundstoffe und von 1979 bis 1990 Generaldirektor des *VEB Pharmazeutisches Kombinates GERMED Dresden*. Nach der Wende ist er Mitbegründer und geschäftsführender Gesellschafter einer *Arzneimittel GmbH* und verbleibt in dieser Position bis 2009.

Prof. Dr. Wilhelm Riesner wurde 1935 in Groß-Stieb-nitz/Tschechien geboren. Von 1955 bis 1960 studiert er Ingenieurökonomie an der TU Dresden in der Fachrichtung Energetik. Von 1986 bis 1992 sitzt er als Vizepräsident des Nationalkomitees im Programmkomitee des Weltenergierates im Bereich der Energieanwendung. Seit 1991 betreibt er den privaten *Informationsdienst Wirtschaftsinformation* mit dem Schwerpunkt auf rationeller Energieanwendung. Zudem war er bis 2000 an der FH Zittau am Lehrstuhl für rationelle Energieanwendung tätig.

Prof. Dr. Jörg Roesler wurde 1940 in Berlin geboren. Er absolviert von 1959 bis 1964 ein Wirtschaftsgeschichte-Studium an der HU Berlin und promoviert 1968. Von 1974 bis 1991 ist er als Wirtschaftshistoriker an der Akademie der Wissenschaften tätig. 1983 wird er zum Professor berufen. In den 1990er Jahren ist er mehrfach Gastprofessor in Montreal und Toronto. Außerdem forscht er bis 1995 am Zentrum für Zeithistorische Forschung in Potsdam. Seit der Wende ist er Mitglied der historischen Kommission der Partei DIE LINKE.

Herbert Roloff, Jahrgang 1936, verbrachte seine ersten Lebensjahre in Stettin/Westpommern, bevor er 1943 kriegsbedingt mit seiner Familie nach Rostock übersiedelt. 1951 beginnt er eine Lehre zum Schlosser in Wismar. 1962 schließt er ein Ingenieur-Studium an der TH Magdeburg ab. Von 1980 bis 1990 ist er Generaldirektor des *Außenhandelsbetrieb Industrieanlagen-Import*. Nach der Wende wird er Generalmanager eines deutsch-amerikanischen Konzerns und geschäftsführender Gesellschafter eines Exporteurs für Fleischverarbeitungsausrüstung.

Dr.-Ing. Hans Sandlaß, geboren 1931 in Dorndorf in der Rhön, erlernt nach dem Abitur den Beruf des Elektrikers. Er studiert von 1951 bis 1956 an der TH Dresden Elektrotechnik. 1958 bis 1975 ist er im *VEB Verbundnetz Elektroenergie* tätig, und von 1971 bis 1975 ist er dort Werkdirektor. Von 1975 bis 1979 ist er Generaldirektor der *VVB Energieversorgung*. Zusätzlich bekleidet er zwischen 1979 und 1989 die Position des Stellvertretenden Ministers und ist zuständig für den Bereich Territoriale Energieversorgung. Als Hauptgeschäftsführer des Wirtschaftsverbands Energieversorgung ab 1989 ist er für die Vertretung der Interessen der Energieversorgungskombinate auch nach der Wende zuständig. 1991 gründet er die IEE Ingenieurbüro Energieeinsparung GmbH – bis heute ist er dort tätig.

Prof. Dr. Mechthild Schrooten wurde 1961 in Duisburg geboren. Sie studiert von 1980 bis 1983 Mathematik, Geschichte und Germanistik in Marburg und zwischen 1984 und 1990 Volkswirtschaftslehre an der FU Berlin. 1999 promoviert sie an der FU Berlin. Von 1992 bis 2007 ist sie zunächst als wissenschaftliche Mitarbeiterin am Deutschen Institut für Wirtschaftsforschung, zuletzt als Stellvertretende Abteilungsleiterin Weltwirtschaft tätig. 2005/2006 hat sie eine Professur an der Hitotsubashi University in Tokio inne. Seit März 2007 ist sie Professorin für Volkswirtschaftslehre an der HS Bremen. Sie ist Sprecherin der Arbeitsgruppe Alternative Wirtschaftspolitik.

Paul Gerhard Schürer (1921–2010) wurde in Zwickau geboren. Nach dem Schulabschluss beginnt er 1936 eine Lehre zum Maschinenschlosser, die er 1939 abschließt. Er leistet Kriegsdienst bis 1945 und besucht von 1947 bis

1951 die Industrieverwaltungsschule Mittweida in Sachsen. Ab 1965 ist er bis 1989 Vorsitzender der Staatlichen Plankommission beim Ministerrat der DDR und Mitglied des Politbüros im ZK der SED. Nach der Wende arbeitet er unter anderem als Unternehmensberater bei *Dussmann.*

Dr. Walter Siegert wurde 1929 in Siegmar bei Chemnitz geboren. Er absolviert eine Berufsausbildung zum Wirtschaftsprüfer und studiert Wirtschaftswissenschaften an der Akademie für Staats- und Rechtswissenschaften in Potsdam Babelsberg. 1960 promoviert er an der HS Finanzwirtschaft. Er leitet ab 1966 den Forschungsbereich »Wirtschaftliche Rechnungsführung im Neuen Ökonomischen System« und ist von 1968 bis 1980 Leiter der staatlichen Finanzrevision. 1980 wird er als Staatssekretär ins Ministerium der Finanzen berufen und übt diese Funktion bis 1990 aus. Als Minister für Finanzen sitzt er 1990 im Kabinett Modrow. Ab 1990 ist er Geschäftsführer in einem Projektentwicklungsunternehmen.

Dr. Winfried Sonntag, geboren 1924 in Zwickau, absolviert von 1938 bis 1941 eine Lehre zum Werkzeugmacher. Aufgrund der Einberufung zum Kriegsdienst kann er diese jedoch erst 1951 abschließen. Anschließend geht er an die Ingenieurschule für Fahrzeugbau in Karl-Marx-Stadt. Von 1968 bis 1978 leitet er als Generaldirektor die *VVB Automobilbau Zwickau.* Als die VVB 1978 in vier Kombinate aufgeteilt wird, wird er Stellvertretender Generaldirektor des IFA-PKW-Kombinats. 1987 wird ihm nach einer außerplanmäßigen Aspirantur der Doktortitel verliehen.

Uwe Trostel wurde 1941 in Reichenberg/Tschechien geboren. Er absolviert eine Ausbildung zum Industriekaufmann und studiert anschließend an der Fachschule für Industrieökonomie, später an der HfÖ. Bis 1979 ist er Vorsitzender der Bezirksplankommission Magdeburg und anschließend Stellvertretender Vorsitzender des Rates des Bezirks. Ab 1979 ist er Mitglied des Sekretariats der SED-Bezirksleitung und ab 1981 Abgeordneter des Bezirkstages und Leiter der Zentralen Staatlichen Inspektion für Investition bei der Staatlichen Plankommission. Nach der Wende ist er für ein deutsch-französisches Beratungsunternehmen tätig.

Glossar

Bilanz

Die Bilanz war in der DDR in zwei Richtungen bedeutsam: in der Wirtschaft, insbesondere in den Kombinaten und Betrieben und als Nachweis der Vermögensentwicklung, analog zu der heutigen Bilanz, die jeder Betrieb ausarbeitete. In der DDR wurden darüber hinaus auch Material-, Ausrüstungs- und Konsumgüterbilanzen durch die Staatliche Plankommission (für volkswirtschaftliche Schlüsselerzeugnisse), durch Ministerien (für volkswirtschaftlich wichtige Erzeugnisse des jeweiligen Wirtschaftszweiges) und ausgewählte Kombinate für deren Haupterzeugnisse erarbeitet. Diese Bilanzen wiesen konkret aus, welches quantitative Aufkommen eines bestimmten Erzeugnisses durch welche Kombinate (oder Importe) erbracht wurde und wem diese Erzeugnisse im Inland oder für den Export zur Verfügung gestellt wurden.

Das erfolgte im Wesentlichen durch die Erteilung von Bilanzentscheiden in Form von Fondsanteilen oder Bilanzanteilen, die Festlegungen beinhalteten, wer die Erzeugnisse, die im Aufkommen enthalten waren, in Anspruch nehmen kann.

Mit dem System der Bilanzierung wurde sichergestellt, dass die Kooperationen für zu erbringende Leistungen tatsächlich vorhanden waren. Falls sich im Zuge der wirtschaftlichen Tätigkeit ergab, dass in den Bilanzen enthaltene Erzeugnisse nicht bereitgestellt werden konnten, ergaben sich negative Wirkungen auf die gesamte Kooperationskette, die letztlich in fehlenden Erzeugnissen für die Wirtschaft selbst oder für die Versorgung der Bevölkerung ihren Ausdruck fanden.

CoCom

Kurzform für Coordinating Committee for East-West Trade Policy – Koordinationsausschuss für Ost-West-Handel, später: Coordinating Committee on Multilateral Export Controls.

Der Ausschuss wurde 1949 gegründet und hatte seinen Sitz in Paris. Mitglieder waren alle NATO-Staaten, denen sich alle neutralen Industriestaaten anschlossen. Mit dieser Organisation regulierte die USA den Export von westlicher Technologie in sozialistische Staaten. Dazu dienten die CoCom-Listen. Dabei handelte es sich um Listen von Industriegütern, deren Export in die sozialistischen Staaten nur unter Berücksichtigung von Embargobestimmungen erfolgen durfte. Praktisch alle Erzeugnisse der Hochtechnologie, alle Produktionsanlagen der Mikroelektronik waren Bestandteil dieser Listen und ihr Export in ein sozialistisches Land verboten. Das CoCom basierte nicht auf völkerrechtlichen Verträgen, es war ein Beratungs- und Koordinierungsgremium. Rechtlich war niemand verpflichtet, den Empfehlungen nachzukommen. Tatsächlich war der Druck der USA so groß, dass niemand es wagte, den USA-Empfehlungen nicht zu folgen. Die zuständigen DDR-Organe mussten weit überhöhte Preise zahlen, es mussten komplizierte Geschäftskonstruktionen gefunden werden, um trotz der USA-Maßnahmen wichtige technologische Ausrüstungen zu importieren. Der CoCom-Ausschuss wurde 1994 aufgelöst, seine Praxis aber gegenüber Russland fortgesetzt.

Devisen

Der Begriff Devisen wird im Allgemeinen als Sammelbezeichnung für Geldwerte in fremden Währungen (Valuta) angewendet. Im Bankverkehr sind solche Geldwerte vor allem bargeldlose Zahlungsmittel wie Schecks, Wechsel und andere Zahlungsanweisungen. Auch Banknoten oder Bankkredite in fremden Währungen sind Devisen. Nicht dazu zählen ausländische Banknoten und Münzen, die umgangssprachlich oft ebenfalls als Devisen bezeichnet werden.

In der DDR hatte der Staat das uneingeschränkte Valutamonopol (Devisengesetz vom 19. Dezember 1973), das heißt die Staatsbank der DDR regelte und kontrollierte den gesamten Devisenverkehr mit anderen Ländern. Die Aufgaben im grenzüberschreitenden Bank- und Devisenverkehr übernahm die *Deutsche Außenhandelsbank AG*, die in Verbindung mit der Bank des Rates für gegenseitige Wirtschaftshilfe (RGW) in Moskau und mit Banken in westlichen Ländern weltweit agierte. Aufgrund des umfangreichen Ex- und Importes der DDR sowohl in die Länder des RGW als auch in westliche Länder hatte die Planung und Steuerung des Devisenverkehrs und die Gewährleistung einer möglichst ausgeglichenen Bilanz der Valutaeinnahmen und -ausgaben einen hohen Stellenwert in der Wirtschaftsleitung.

Direktive des Parteitages zur Ausarbeitung des Fünfjahrplanes

Der Beschluss des Parteitages in Form einer Direktive für die Ausarbeitung der Fünfjahrpläne zur Entwicklung der Volkswirtschaft der DDR beinhaltete qualitative und quantitative Zielstellungen für wesentliche volkswirtschaftliche Entwicklungsrichtungen, teilweise mit Toleranzen oder von-bis-Vorgaben. Beispielsweise enthielt sie entscheidende wissenschaftlich-technische Entwicklungsrichtungen wichtiger Zweige der Volkswirtschaft oder quantitative Vorgaben zur Entwicklung des Nationaleinkommens, vergleichbar mit dem Bruttoinlandsprodukt. Solche Vorgaben erstreckten sich auf die Bereiche der Produktion, der internationalen Arbeitsteilung, des Exports, der Erhöhung des Lebensstandards der Bevölkerung, des Warenangebotes und der Geldeinnahmen der Bevölkerung oder des Wohnungsbaus. Die Direktive beinhaltete auch einen gesonderten, nach Bezirken gegliederten Abschnitt. Hier wurden insbesondere in bezirklicher Verantwortung zu realisierende Aufgaben erfasst, wie etwa die Entwicklung der Wohnverhältnisse, die Grundrichtung der Entwicklung der Dienstleistungen, des Gesundheitswesens und andere.

Die Ausarbeitung der Direktive erfolgte durch Arbeitsgruppen auf der Grundlage umfangreicher Analysen volkswirtschaftlicher Prozesse, der Erfüllung der Pläne sowie von Prognosen zu nationalen und internationalen Entwicklungen. Verbindlich für alle staatlichen Organe, wirtschaftsleitenden Einrichtungen und gesellschaftlichen Organisationen wurde die Direktive durch Beschlussfassung des jeweiligen Parteitages.

Gestattungsproduktion

Durch Lizenzproduktion bot sich westlichen Firmen die Möglichkeit, ihre Kooperationsbeziehungen zur DDR zu vertiefen, die dafür Zugang zu modernen Fertigungstechniken, westlichem Know-how und Trends erhielt. Westlichen Konzernen wie zum Beispiel *Salamander, Bosch, Triumph, Nestlé, Varta* oder *Beiersdorf* war es gestattet, ihre Waren in DDR-Betrieben zu fertigen. Die Waren aus der sogenannten Gestattungsproduktion wurden mit ihrem Markennamen versehen und im Nichtsozialistischen Wirtschaftsgebiet (NSW) verkauft. Ein kleiner Teil der Waren verblieb in der DDR und fand sich in den Regalen der Exquisit-, Delikat- und Intershop-Geschäfte zu hohen Preisen wieder. Aufgrund des Umfanges der Gestattungsproduktion, die bis zu 120 Artikel umfasste, kam ab den 1980er Jahren kaum noch ein Delikat-Produkt aus dem Westen, sondern wurde in Lizenzproduktion in der DDR selbst hergestellt.

Handelsrat

Der diplomatische Rang für den bevollmächtigten Vertreter des Ministeriums für Außenhandel im jeweiligen Partnerland und Leiter der handelspolitischen Abteilung bei der Botschaft war Handelsrat. Sein Auftrag war die Wahrnehmung der handelspolitischen Interessen der DDR, zum Beispiel bei Verhandlungen mit den zuständigen staatlichen Stellen des Partnerlandes und anderen wichtigen Institutionen. Als Leiter der handelspolitischen Abteilung hatte er seine Mitarbeiter, auch die der Außenhandelsbetriebe, zu kontrollieren und anzuleiten. Kommerzielle Entscheidungen wurden nur von den Außenhandelsbetrieben getroffen. Inhaltlich waren die konkreten Aufgaben in den sozialistischen und kapitalistischen Ländern sehr unterschiedlich. Der Handelsrat in den sozialistischen Ländern kümmerte sich vorrangig um die Verhandlungen und Durchführung der Handelsabkommen, den Import, in kapitalistischen Staaten ging es oft um Außenhandelsgenehmigungen, den Export.
Der Handelsrat erhielt seine Weisungen nur durch das Ministerium für Außenhandel.

Hauptverwaltung Aufklärung (HVA)

Die HVA war der Auslandsnachrichtendienst der DDR und eine besonders wichtige Abteilung des MfS (Ministeriums für Staatssicherheit). Die von der HVA betriebene Auslandsspionage erstreckte sich vor allem auf die Bereiche Politik, Wirtschaft, Technologie, Militär und andere Geheimdienste. Die operative Arbeit der HVA war darauf ausgerichtet, feindliche Stützpunkte sowie Agenturen im In- und Ausland möglichst schnell aufzudecken und genaue Kenntnisse über deren Pläne und Tätigkeiten zu erwerben, um sie effektiv ausschalten zu können. Da der DDR der Zugang zum Weltmarkt auf bestimmenden Wirtschafts- und Wissenschaftsgebieten durch das westliche Embargo versperrt war, blieb die Wirtschafts- und Technologiespionage von großer Bedeutung. Auf militärischem Gebiet sollte die HVA mögliche Kriegsvorbereitungen auf Seiten des Feindes frühzeitig erkennen. Im Winter 1989/90 gelang es den Mitarbeitern der Hauptverwaltung Aufklärung, die HVA weitgehend unkontrolliert selbst aufzulösen.

HO (Handelsorganisation)

Die HO war, neben den Konsumgenossenschaften, die zentrale Handelsorganisation in der DDR. Sie wurde 1948 gegründet und betrieb den Binnenhandel in den Städten. Dabei versorgte die HO die Stadtbevölkerung mit Lebensmitteln und anderen Waren des täglichen Bedarfs. Sie kaufte Waren im Großhandel und bot sie anschließend in ihren Verkaufsstellen an. Neben Kaufhallen und Gaststätten betrieb die HO die *Centrum*-Warenhäuser. Als HO wurden auch die einzelnen Geschäfte bezeichnet.

Horizontale Integration

Das Zusammenfassen von Betrieben mit gleicher Produktionsstufe unter einheitlichem Management wird als horizontale Integration bezeichnet. Durch den Zusammenschluss von verschiedenen Unternehmen an einem Ort wurden nicht nur Kapital, Konsumenten und Arbeitskräfte räumlich geballt werden. Zusätzlich profitierte man auch von niedrigen Transportkosten, der Erschließung eines größeren lokalen Marktes und eines breiteren Arbeitskräfteangebotes sowie der gemeinsamen Rohstoffbeschaffung.

Intershop

In Intershops wurden Importwaren aus dem NSW angeboten. Gezahlt wurde ausschließlich mit Devisen – insbesondere mit D-Mark. DDR-Bürger mussten Devisen ab 1979 in Forumschecks umtauschen und konnten nur mit diesen im Intershop einkaufen.

KdT (Kammer der Technik)

Die Kammer der Technik wurde 1946 in der Sowjetischen Besatzungszone als Vereinigung von Ingenieuren, Technikern und Wissenschaftlern gegründet. Sie bot ihren Mitgliedern die Möglichkeit der überbetrieblichen Zusammenarbeit und des internationalen Erfahrungsaustauschs. Die KdT war selbständiges und gleichberechtigtes Mitglied in zehn internationalen Organisationen verschiedener Fachgebiete sowie Gründungsmitglied der World Federation of Engineering Organizations. Besonders enge Beziehungen bestanden zu den Ingenieurverbänden der sozialistischen Staaten. Die KdT unterhielt eine der größten wissenschaftlich-technischen Bibliotheken der DDR und war Herausgeber von 26 technischen Fachzeitschriften. Die Aufgaben der KdT waren die Förderung der Sozialistischen Gemeinschaftsarbeit und des Wettbewerbs sowie die Heranbildung einer neuen technischen Intelligenz – insbesondere die Weckung des Interesses bei Frauen für technische Berufe und Mitarbeit an der Entwicklung der Normung, Typisierung und der Gütervorschriften. An der Spitze der KdT stand der Kongress, der sich aus Delegierten der einzelnen Unterorganisationen zusammensetzte, und das Präsidium, dem die fünfzehn Bezirksverbände, zwölf zentralen Fachverbände und wissenschaftlich-technischen Gesellschaften unterstanden. Den Fachverbänden wiederum waren Fachausschüsse, Fachunterausschüsse und Arbeitsgemeinschaften auf regionaler Ebene unterstellt, so dass die Mitgliederzahl Ende der 1980er Jahre auf 300 000 anwuchs.

Mark der DDR – nichtkonvertierbare Währung

Für die Konvertierbarkeit einer Währung, das heißt den Umtausch in eine andere Währung, ist das Vorhandensein eines amtlichen (möglichst stabilen) Wechselkurses notwendig. Der Wechselkurs ist der Preis für die betreffende Währung auf dem Markt, er bildet also praktisch die Grundlage für den Kauf beziehungsweise Tausch in andere Währungen, den grenzüberschreitenden Handel und Geldverkehr. Dafür gelten staatliche Regelungen, die den politischen und wirtschaftlichen Interessen Rechnung tragen. Die Mark der DDR entstand als Antwort auf die Währungsreform der Westalliierten vom 21. Juni 1948 und der damit verbundenen Einführung der D-Mark als neues Zahlungsmittel in Westdeutschland und Westberlin. Die Entscheidung der Sowjetischen Militäradministration für eine eigene ostdeutsche Mark war alternativlos, weil Ostdeutschland nur so politisch und ökonomisch handlungsfähig bleiben konnte. Die Mark der DDR war eine Binnenwährung und durfte nicht ausgeführt werden. In den Folgejahren waren die Außenhandelsbeziehungen und die ökonomische Zusammenarbeit zunehmend vom Kalten Krieg und Maßnahmen der USA (zum Beispiel der Battle Act von 1951) gekennzeichnet. Es galt die Währung der DDR abzuschirmen und die Ausfuhr zu verbieten. Durch das Übersiedeln von DDR-Bürgern in die BRD, aber auch durch illegalen Handel, etwa das Einkaufen der westlichen Besatzungsmächte zu billigen Preisen in der DDR, flossen Millionen Mark der DDR in die BRD. Trotzdem gelang es der DDR mit dieser eigenen Währung, die staatlichen und wirtschaftlichen Potenzen kontinuierlich zu stärken.

Die Mark der DDR war eine durch die Staatsbank der DDR und das gesamte System der Regelungen der Binnen- und Außenwirtschaft geschützte Säule der Wirtschaft und Staatlichkeit.

NÖS (Neues Ökonomisches System)

NÖS ist die Kurzform für Neues Ökonomisches System der Planung und Leitung (NÖSPL). Es handelt sich dabei um Neuerungen im Wirtschaftssystem der DDR, die in den 1960er Jahren unter Walter Ulbricht eingeführt wurden. Das NÖS hielt an der Planwirtschaft fest, reformierte diese aber dahingehend, dass die Volkseigenen Betriebe mehr Eigenverantwortung erhielten. Sie wurden stärker am Gewinn beteiligt und konnten eigenständig Kredite aufnehmen – auch in Valuten. Das NÖS sah stärkere Leistungsanreize wie Prämien und leistungsorientierte Gehälter für die Werktätigen vor. Ziel des NÖS war es, eine höhere Arbeitsproduktivität zu erlangen, die Effektivität der Betriebe zu steigern sowie Plan und Markt besser zu verbinden. Unter Erich Honecker wurden die Reformen des NÖS ab 1971 teilweise wieder zurückgenommen.

NSW (Nichtsozialistisches Wirtschaftsgebiet)

Unter dem Begriff des Nichtsozialistischen Wirtschaftsgebietes wurden alle Industriestaaten zusammengefasst, die nicht dem sozialistischen Werte- und Wirtschaftssystem angehörten.

Planpräzisierung

Falls sich im Zuge der Durchführung herausstellte, dass bestimmte Planziele nicht erfüllbar waren und das betreffende Kombinat dafür keine eigene Verantwortung trug, wurde das betreffende Planziel verändert, zumeist nach unten korrigiert.

Planschuldner

Ein Planschuldner war ein Kombinat oder Betrieb, der die Aufgaben des Planes aus eigenem Verschulden nicht erfüllen konnte. Dies hatte Auswirkungen auf die finanzielle Prämierung von Leitern oder Mitarbeitern. Um Nachteile für die Mitarbeiter zu vermeiden, wurden zumeist Möglichkeiten der Planpräzisierung gefunden.

Politbüro des Zentralkomitees (ZK) der Sozialistischen Einheitspartei Deutschlands (SED)

Das Politbüro wurde auf Beschluss des Parteivorstandes der SED vom 24. Januar 1949 ins Leben gerufen. Sein Vorgänger war das Zentralsekretariat. Das PB des Zentralkomitees der SED (ab Juli 1950) war das höchste Machtorgan der DDR. Seine Aufgabe bestand darin, das vom SED-Parteitag beschlossene Programm und die Beschlüsse des ZK zwischen den Parteitagen umzusetzen. Seine Beschlüsse waren bindend und von ausschlaggebender Bedeutung für die Entwicklung des gesellschaftlichen Systems der DDR. Sie betrafen unter anderem die Tätigkeit der SED, des Staatsapparates, der Blockparteien, gesellschaftlicher Organisationen, kommunalpolitischer Organisationen und Institutionen, die Außen-, Frauen-, Gesundheits-, Kirchen-, Sicherheits-, Sozial-, Sport-, West-, Wirtschafts- und Wissenschaftspolitik wie auch Personalentscheidungen. Das PB tagte in der Regel jeden Dienstag, letztmalig am 3. Dezember 1989.

QSS (Qualitätssicherungssystem)

Um die Entwicklung einer hohen Qualität und deren Sicherung im gesamten Produktionsprozess in der DDR sicherzustellen, fand der Begriff Qualitätssicherungssystem (QSS) in den 1970er Jahren Eingang in die staatlichen Beschlüsse zur Material- und Warenprüfung. Das Qualitätssicherungssystem galt als Standard und Richtlinie für die Entwicklung und Sicherung der Qualität der Erzeugnisse in Kombinaten, Betrieben, Genossenschaften und Einrichtungen. Es beinhaltete alle naturwissenschaftlich-technischen, ökonomischen, organisatorischen, ideologischen, soziologischen und juristischen Maßnahmen zur Gewährleistung der optimalen Erzeugnisgüte in allen Phasen der betrieblichen und gesellschaftlichen Produktion. Im staatlichen Standard TGL 29513 wurden all diese Anforderungen durch das Amt für Standardisierung, Messwesen und Warenprüfung (ASMW) geregelt, dem auch die Kontrolle der Erzeugnisse unterlag. Die Generaldirektoren, Betriebsdirektoren und Werkleiter hatten vor Ort die Durchsetzung der staatlichen Qualitätspolitik zu gewährleisten. Entscheidendes Mittel zur Qualitäts- und Gütesicherung war die Standardisierung und die Einführung und Erteilung von Gütezeichen.

RGW (Rat für gegenseitige Wirtschaftshilfe)

Der Rat für gegenseitige Wirtschaftshilfe wurde im Januar 1949 auf Empfehlung einer Beratung der kommunistischen und Arbeiterparteien der sozialistischen Länder gegründet. Als Gründungstermin gilt seine erste Tagung in Moskau vom 26. bis 28. April 1949.
Sein Statut legte fest, dass der RGW ein Organ gleichberechtigter sozialistischer Staaten war, die als Mitgliedsstaaten auf freiwilliger Grundlage Vorschläge und Maßnahmen zur wirtschaftlichen und wissenschaft-

lich-technischen Zusammenarbeit, der Entwicklung der Arbeitsteilung und der Integration festlegten. Beschlüsse mussten einstimmig gefasst werden.

Oberstes Organ war die Ratstagung, auf der auf Regierungsebene die entscheidenden Beschlüsse gefasst wurden. Zwischen den Ratstagungen leitete das Exekutivkommitee die Arbeit – es handelte sich um hauptamtliche Mitarbeiter des RGW. Es gab Kommitees für die Zusammenarbeit, weiterhin eine Vielzahl von Kommissionen, gemeinsamen Instituten, auch gemeinsame Produktionsbetriebe usw. Durch die Organe des RGW wurden die Volkswirtschaftspläne koordiniert, der Außenhandel der RGW-Länder gestaltet und gemeinsame Vorhaben, wie zum Beispiel Erdöl- und Erdgastrassen sowie Kernkraftwerke realisiert. Ende der 1960er Jahre und danach zeigten sich verstärkt Mängel in der Tätigkeit des RGW, zum Beispiel bei der Entwicklung der Arbeitsteilung und Spezialisierung der Produktion, besonders für neue Erzeugnisse.

Staatliche Plankommission/Bezirksplankommission

Die Staatliche Plankommission war ein Organ des Ministerrates der DDR (faktisch im Sinne eines Generalstabes) und für die gesamtstaatliche Planung der Entwicklung der Volkswirtschaft und für die Kontrolle der Durchführung der Pläne zuständig.

Die SPK legte dem Ministerrat die von ihr ausgearbeiteten Fünfjahr- und Jahrespläne zur Bestätigung und Weiterleitung der Beschlussfassung an die Volkskammer vor, die zuvor von der Parteiführung bewilligt werden mussten. Die Ausarbeitung der Pläne erfolgte auf der Grundlage der Direktive des jeweiligen Parteitages sowie in enger Abstimmung mit Ministerien, Räten der Bezirke, strukturentscheidenden Kombinaten und weiteren Organe (Gewerkschaften). In diesem Prozess musste vor allem widersprüchliche Tendenzen zwischen Forderungen nach höchster Leistung und den realen Möglichkeiten Rechnung getragen werden. Die SPK hatte zu gewährleisten, dass die in enger Zusammenarbeit mit den Ministerien und anderen Organen ausgearbeiteten Pläne den höchsten Ansprüchen in Bezug auf die zu erbringenden Leistungen entsprachen sowie die dafür erforderlichen Voraussetzungen (Realisierung erforderlicher Investitionen, materielle Untersetzung der Leistungsziele, Vorhandensein der erforderlichen Arbeitskräfte usw.) erfüllten. Dazu wurde ein System der Bilanzierung von Material, Ausrüstungen, Investitionen und Konsumgütern genutzt. In den Bezirken arbeiteten Bezirksplankommissionen (BPK), die analog der SPK den Räten der Bezirke die Fünfjahr- und Jahrespläne zur Bestätigung vorlegten und deren Umsetzung kontrollierten. Die SPK war in einem bestimmten Rahmen gegenüber den BPK weisungsberechtigt, selbst aber in ihrem Entscheidungsfeld durch die Vorgaben der Parteiführung erheblich eingeschränkt.

TGL (Technische Normen, Gütevorschriften und Lieferbedingungen)

Die Technischen Normen, Gütevorschriften und Lieferbedingungen (TGL) waren von 1955 bis 1990 in der DDR die Entsprechung der westdeutschen DIN-Normen. Für die gesamte Volkswirtschaft galten die DDR-Standards und die Fachbereich-Standards; für die jeweiligen Betriebe galten die Werk-Standards. Die TGL-Standards waren im Gegensatz zur DIN eine Vorschrift mit Gesetzescharakter und galten nicht nur als Empfehlung. Sie wurden in Gesetzblatt-Sonderdrucken, TGL-Taschenbüchern und in Zeitschriften veröffentlicht.

TKO (Technische Kontrollorganisation)

Die TKO war seit 1949 in der gesamten volkseigenen Industrie der DDR ein selbständiger Verantwortungsbereich innerhalb der Betriebe für die Kontrolle zur Gütesicherung. Sie war dafür zuständig, dass nur völlig einwandfreie, den Standards oder anderen Gütevereinbarungen entsprechende Erzeugnisse ausgeliefert wurden, und dass die Ausschussquote gesenkt und die Güte der Erzeugnisse verbessert wurden. Zur Sicherung einer objektiven Qualitätskontrolle unterstand der TKO-Leiter nicht nur dem Betriebsleiter, sondern auch dem Deutschen Amt für Material- und Warenprüfung, später Amt für Standardisierung, Messwesen und Warenprüfung (ASMW). Die Tätigkeit der TKO wurde zuletzt in der Verordnung über die Entwicklung und Sicherung der Erzeugnisse vom 1. Dezember 1983 und der Anordnung über die Technische Kontrollorganisation in den Kombinaten und Betrieben vom 21. März 1986 geregelt.

Valuta

Valuta bezeichnet alle ausländischen Zahlungsmittel und auf ausländische Währungen lautende Vermögenswerte. Die Begriffe Devisen, Sorten und Valuta wurden in der DDR zumeist synonym verwendet. Die Valutamark war eine Verrechnungseinheit zur Angabe der Ex- und Importpreise von Waren der DDR. Sie wurde mithilfe spezifischer und geheim gehaltener Kurse und Umrechnungswerte für die Mark der DDR ermittelt. Besonders für die Beurteilung der Aktivitäten des Außenhandels war die Valutamark von Bedeutung.

Vertikale Integration

Vertikale Integration bedeutet, dass ein Unternehmen vor- oder nachgelagerte Wertschöpfungs- und Lieferketten eingliederte, die zuvor von eigenständigen Akteuren erbracht worden waren. Einige oder alle Tätigkeiten der Beschaffungskette zwischen dem Erwerb der Rohstoffe bis hin zum Verkauf des Endproduktes konnten so miteinander kombiniert werden. Zur Steigerung von Kontrolle und Zuverlässigkeit wurden zum Beispiel Zulieferer, Großhändler und Einzelhändler integriert. Auf dem Gebiet der Landwirtschaft fanden sich zahlreiche Beispiele für die vertikale Integration, etwa in den Verträgen zwischen Milcherzeugern und Molkereien oder Gemüsebauern und Konservenfabriken. Wenn im konkreten Fall auf dem Landwirtschaftssektor eine Erzeugergemeinschaft einen Schlachthof übernahm und Markenware selbst produzierte, wurde dies als vertikale Integration von unten bezeichnet. Erfolgte die Übernahme jedoch aus einem nachgelagerten Bereich der Produktion, wenn beispielsweise eine Geflügelschlachterei die Zucht, Mast und Vermarktung integrierte, sprach man von einer vertikalen Integration von oben. Diese Form des Zusammenschlusses und der Zusammenarbeit hat heute angesichts des gewandelten Absatzes und der geänderten Ansprüche stark an Bedeutung gewonnen.

VVB (Vereinigung Volkseigener Betriebe)

Unter sowjetischer Militärverwaltung wurden 1948 auf dem Gebiet der späteren DDR die Vereinigungen Volkseigener Betriebe gegründet. Eine VVB war ein Zusammenschluss von Wirtschaftseinheiten eines Industriezweiges mit gleicher Produktion oder aufeinanderfolgenden Produktionsstufen. 1952 wurden die Vereinigungen Volkseigener Betriebe in Verwaltungen Volkseigener Betriebe umbenannt und ihre juristische Selbständigkeit aufgehoben. Die meisten Betriebe noch bestehender Vereinigungen und Verwaltungen Volkseigener Betriebe gingen im Zuge der Kombinatsbildungsprozesse in Kombinate über. Es gab aber auch Kombinate, die unter die Zweigleitung durch eine VVB gestellt wurden. Fast alle VVB wurden bis Ende der 1980er Jahre aufgelöst.

ZWK (Zentrales Warenkontor täglichen Bedarfs)

Das ZWK war eine Einrichtung des Konsumgüterbinnenhandels und unterstand dem Ministerium für Handel und Versorgung. Es war zuständig für die Leitung und Planung der Versorgung der Bevölkerung mit Waren des täglichen Bedarfs, insbesondere für Fragen der territorialen Warenverteilung und Konsumtion.

ZK (Zentralkomitee der Sozialistischen Einheitspartei Deutschlands)

Das ZK war laut Statut zwischen den Parteitagen das höchste Gremium der SED. Es wurde von den Delegierten des Parteitages zur Leitung der Partei zwischen den Parteitagen gewählt. Aus seiner Mitte wurden die Vertreter der Partei in die höchsten leitenden Organe des Parteiapparates gewählt (Sekretäre, Generalsekretäre, Mitglieder und Kandidaten des Politbüros und des Sekretariats des Zentralkomitees). Das ZK berief die Mitglieder und Kandidaten der Zentralen Parteikontrollkommission und bestätigte die Abteilungsleiter im zentralen Parteiapparat. Es informierte die Parteiorganisation über seine Tätigkeit und fasste Beschlüsse, die für alle Parteiorgane wie auch für alle Parteimitglieder und Kandidaten bindend waren. Das Zentralkomitee löste sich am 3. Dezember 1989 auf seiner zwölften Tagung auf.